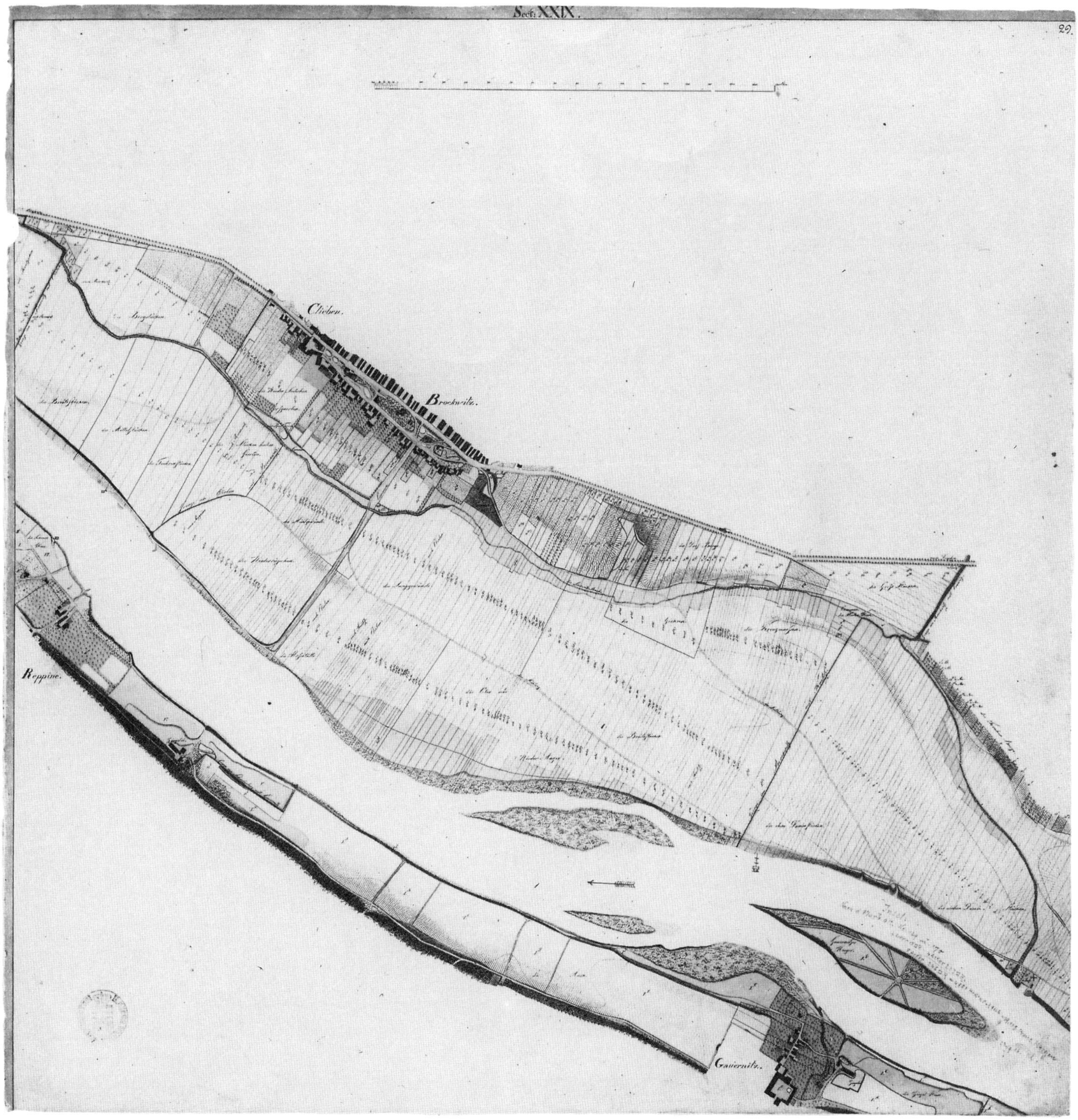
Sect. XXIX.
29.
Clieben.
Brockwitz.
Reppina.
Gauernitz.

Karl Jüngel

Die Elbe

Geschichte um einen Fluß

Karl Jüngel

Die Elbe

Geschichte um einen Fluß

Mit 160 Bildern

Anita Tykve Verlag

CIP – Titelaufnahme der Deutschen Bibliothek:
Jüngel, Karl:
Die Elbe / Geschichte um einen Fluß
Böblingen: Tykve 1993
ISBN: 3-925434-61-5

Postfach 1561, W-7030 Böblingen
Telefon (0 70 31) 38 54 36, Telefax 3 23 35
Gesamtherstellung: ad hoc! Typografie, D-7302 Ostfildern 1

ISBN: 3-925434-61-5

Inhaltsverzeichnis

Vorwort

Eine zusammenfassende Darstellung über die Entwicklungsgeschichte des zweitgrößten Flusses Deutschlands, der Elbe, die unmittelbar an der tschechisch-polnischen Grenze in der CSFR ihren Ursprung hat und bei Cuxhaven in die Nordsee mündet, ist seit geraumer Zeit überfällig.

Nachfolgend habe ich den Versuch unternommen, diese Lücke zu schließen und die historischen Entwicklungsstufen bei der Formung des Flußlaufes vom unregulierten zum kultivierten Strom darzustellen. Besonders als die Menschen in der ersten Hälfte des vergangenen Jahrhunderts begannen, sich der Dampfkraft mit ihren vielfältigen Anwendungsmöglichkeiten zu bedienen, wurden an die Fahrbahn der Elbe höhere Ansprüche gestellt. So wie sich die Dampfmaschine in der Folge durchsetzte und um die Jahrhundertwende ihren Höhepunkt erreichte, leitete sie gleichzeitig den Untergang der Bomätscher, der Schiffszieher, ein. Sie bildeten bis zu dieser Zeit eine Berufsgruppe, ohne die über Jahrhunderte Elbschiffahrt fast unmöglich war.

Auch bisweilen vergessenen Gewerken, die in unmittelbarer Beziehung zum Elbstrom standen, wurde in angemessenem Umfang gedacht. Ihnen schließt sich ein kurzer Überblick über die Neuformierung der Binnenschiffahrt auf der Elbe nach Beendigung des Zweiten Weltkrieges, besonders auf das östlich gelegene Gebiet bezogen, an.

Durch die Umwälzungen im gesamten osteuropäischen Raum rückt das Elbstromgebiet wieder in den Mittelpunkt zukunftsweisender Überlegungen für den Verkehrsträger Binnenschiffahrt, nachdem die Elbe als Transportweg infolge der Teilung Deutschlands an Einfluß stark verloren hat.

Jetzt kommt es darauf an, volkswirtschaftlich sinnvolle und umweltpolitisch akzeptable Konzeptionen zu entwickeln, die sowohl den Fluß Elbe als nutzungsfähige Wasserstraße als auch die Infrastruktur der an ihr ansässigen oder neu anzulegenden Industriebetriebe berücksichtigen.

Die Elbe ist jetzt kein Grenzfluß in einem geteilten Deutschland mehr; sie ist frei und ihre frühere Funktion als bedeutender Transportweg von und zum wichtigsten deutschen Hafen, Hamburg, ist wieder Realität.

Abschließend ist es mir ein Bedürfnis, Museen und Einrichtungen, Fachleuten sowie Freunden, auch über Ländergrenzen hinweg, Dank zu sagen für die geleistete Unterstützung. Durch die Möglichkeit zur Einsicht und Auswertung einmaliger Archivalien halfen sie mit, die Quellenlage zu verbessern, und sind erheblich am Gelingen dieser Elbchronik beteiligt.

Dank gilt auch den drei Gutachtern des Manuskripts, Herrn Prof. Dr. Fritz Heinrich, Dresden, Herrn Otto Melle, Berlin, und Herrn Prof. Dr. Rolf Sonnemann, Dresden, die durch sachkundige Beratung und verständnisvolle Unterstützung die Entstehung dieses Buches wesentlich förderten.

Für Hinweise, eventuell auf weitere Quellen, ist der Autor stets dankbar.

Karl Jüngel

1. Verlauf der Elbe und Ursprung des Flußnamens

1.1. Statistik des Stromes

„Der Elbstrom, nach der Länge seines Laufes von 154 Meilen, wovon über 100 schiffbar sind, nach der malerischen Schönheit seiner oberen Ufer, nach der Menge und Merkwürdigkeiten seiner Uferstädte (50 bis 60) und nach seiner Wichtigkeit für Schiffahrt und Handel, der dritte Hauptstrom Deutschlands, innerhalb dessen Grenzen er entspringt und 18 Meilen unter Hamburg meilenbreit in die Nordsee mündet, hat einen kleinen Anfang, wie alles Große auf Erden, und wird erst allmählich groß und mächtig durch den Zufluß vieler kleiner Gewässer.

Die Elbe durchströmt, von ihrem Ursprunge an, Böhmen, Ober- und Niedersachsen, und bespült mit ihren Wellen die Ufer von 10 deutschen Bundesstaaten, namentlich die Königreiche Böhmen und Sachsen, die preußischen Provinzen Sachsen und Brandenburg, die Herzogthümer Anhalt=Dessau, =Köthen, =Bernburg, das Großherzogthum Meklenburg=Schwerin, das Königreich Hannover, die freie Stadt Hamburg und die dänischen Herzogthümer Lauenburg und Holstein. Ihren Lauf beginnt sie in einer großen und erhabenen Felsenwelt, auf dem Riesengebirge, und setzt ihn dann zwischen reizenden Rebenhügeln und endlich zwischen fruchtbaren Gefilden bis zur Mündung fort, indem sie bald vor blühenden und gewerbreichen Städten und gewaltigen Festungen, bald vor malerischen Landschaften mit Schlössern, Burgen, Ruinen, Dörfern und Kirchen vorüberfließt, und auf diesem Laufe den Adler, die Moldau, die Eger, die Iser, die schwarze Elster, die Mulde, die Saale, die Havel mit der Spree und viele kleine Flüsse aufnimmt“ [1].

So wird die Elbe 1845 in dem bedeutenden Werk „Der Elbstrom, von seinem Ursprunge bis zu seiner Mündung in die Nordsee“ mit all ihren Schönheiten und Reizen beschrieben. Gleichzeitig lassen die vielen Anrainer auch einige Probleme, besonders wirtschaftliche, zwischen den Elbuferstaaten der damaligen Zeit vermuten.

Das Quellgebiet der Elbe liegt in einer Höhe von 1 390 m über dem Meeresspiegel inmitten der Labská Louka (Elbwiese) nordwestlich der Snezka (Schneekoppe), die wiederum ein Teil das Naturschutzgebietes Krknose (Riesengebirge) in der CSFR ist. Die Quelle entspringt unter 50 46’ nördlicher Breite und 33 12’ östlicher Länge und ist durch eine schon Jahrzehnte alte Steineinfassung markiert.

Nach einem Lauf von 1 165 km mündet die Elbe bei Cuxhaven an der Scharhörnbake in die Nordsee und hat dort die stattliche Breite von 15 km. Nach neuester Regelung endet die Kilometrierung des Flusses am früheren Liegeort des Feuerschiffs „Elbe I“ beim Elb-km 1 187. Dank der 15 Schleusenanlagen (85 m x 12 m) in der sogenannten „Kleinen Elbe“ ist der Fluß auch oberhalb der Stadt Melník (CSFR) weitere 102 km bis Chvaletice schiffbar.

Eine Verlängerung dieser Elbkanalisierung um weitere vier Schleusenanlagen und damit verbunden die Erweiterung der Schiffbarkeit der Elbe bis Pardubice (Pardubitz) hat schon konkrete Formen angenommen. Sie soll bis 1995 vollendet sein. Diese Strecke entspricht einer Länge von 24 km. Dann wären von dem 357,3 km langen CSFR-Elbabschnitt 235 km schiffbar.

Schon jetzt nimmt die Elbe einen der vorderen Plätze unter den Strömen Europas ein, sofern man die Verhältnisse ihrer Gesamtlängen zu ihren schiffbaren Längen vergleicht.

Das wasserwirtschaftliche Einzugsgebiet der Elbe mit ihren Nebenflüssen beträgt 147 744 km^2, wovon etwa ein Drittel auf das Gebiet der CSFR entfällt [2].

Die bedeutendsten Nebenflüsse der Elbe auf tschechoslowakischem Gebiet sind Úpa (Aupa), Metuje (Mettau), Orlice (Adler), Loucná (Laucna), Doubrava (Daubrawa), Vltava (Moldau) und Ohre (Eger), während rechtsseitig die Cidlina (Cydlina), Jizera (Iser) und Ploucnice (Polzen) von der Elbe aufgenommen werden. Innerhalb Deutschlands fließen linksseitig Mulde, Saale mit Unstrut, Ohre, Tanger, Jeetzel, Ilmenau mit der Luhe, Seeve, Este, Lühe, Schwinge und Oste in die Elbe, weiterhin der Hadelner Kanal, der den Bederkesaer See tangiert und mit der Geeste für niedriggebaute Binnenschiffe eine Verbindung von der Unterelbe bis zur Weser bei Bremerhaven herstellt. Auf der rechten Uferseite münden die Schwarze Elster, Havel mit der Spree, Stepenitz, Elde, Sude, Delvenau, Doveelbe, Bille, Alster, Pinnau, Krükau, Rhin und Stör in den Elbstrom.

Von diesen vielen Nebenflüssen sind heute nur noch die Moldau, Saale, Havel, Elde, Ilmenau bis Lüneburg (25 km), Bille und Alster (jeweils 12 km) sowie die Doveelbe schiffbar. Die Doveelbe verzweigt sich bei Hamburg-Tatenberg zur Goseelbe und zu einem Kanal, der nach Hamburg-Bergedorf führt. Die Doveelbe selbst ist bis Curslack schiffbar.

Schiffbare Nebenflüsse der Unterelbe sind die Este bis Buxtehude, die Lühe bis Steinkirchen, die Schwinge bis Stade und die Oste bis Geversdorf. Auf der gegenüberliegenden Uferseite die Pinnau bis Ütersen, die Krükau bis Elmshorn, die Rhin bis Glückstadt (2 km) und die Stör bis Itzehoe.

Der bei Brunsbüttelkoog abzweigende Nord-Ostsee-Kanal gewährt größeren Seeschiffen den Durchlaß zur Ostsee und ist die meistgenutzte künstliche Seewasserstraße der Welt.

In früheren Jahrhunderten waren die Sude mit der Schaale flößbar und schiffbar und auch das Flüßchen Aland galt noch am Ende des 19. Jahrhunderts auf etwa 22 km Länge von Seehausen an als schiffbar.

Mühlsteinfunde aus dem 7. bis 9. Jahrhundert lassen vermuten, daß auch auf der Ohre mit ihrem Nebenfluß Beber Schiffahrt betrieben wurde[3]. Die Schwarze Elster eignete sich jedoch nur zur Flößerei, wie ein Aktenstück von 1842 beweist[4].

Eigentlich hätte der größte Nebenfluß der Elbe, die Moldau, das Prädikat Quellfluß der Elbe zu sein, verdient; denn beim so oft besungenen Zusammenfluß mit der Elbe bei Melník ist sie mit 452 km nicht nur um 145 km länger als die „Kleine Elbe“, sondern sie führt bei der Vereinigung mit ihr auch das Doppelte der Wassermenge. Auch war die Moldau früher ab Budweis (Ceské Budejovice) 241 km schiffbar, während die „Kleine Elbe“ bestenfalls ab Königgrätz (Hradec Králové) flößbar war.

Die größere Höhe der Elbquelle und die oberhalb von Melník eingeschlagene nordwestliche Richtung sicherten dann letztendlich den Anspruch der „Kleinen Elbe“ als Hauptfluß[5].

Das natürliche Wassereinzugsgebiet
der 1187 km langen Elbe und die Kanal-
verbindungen zu anderen Wasserstraßen.

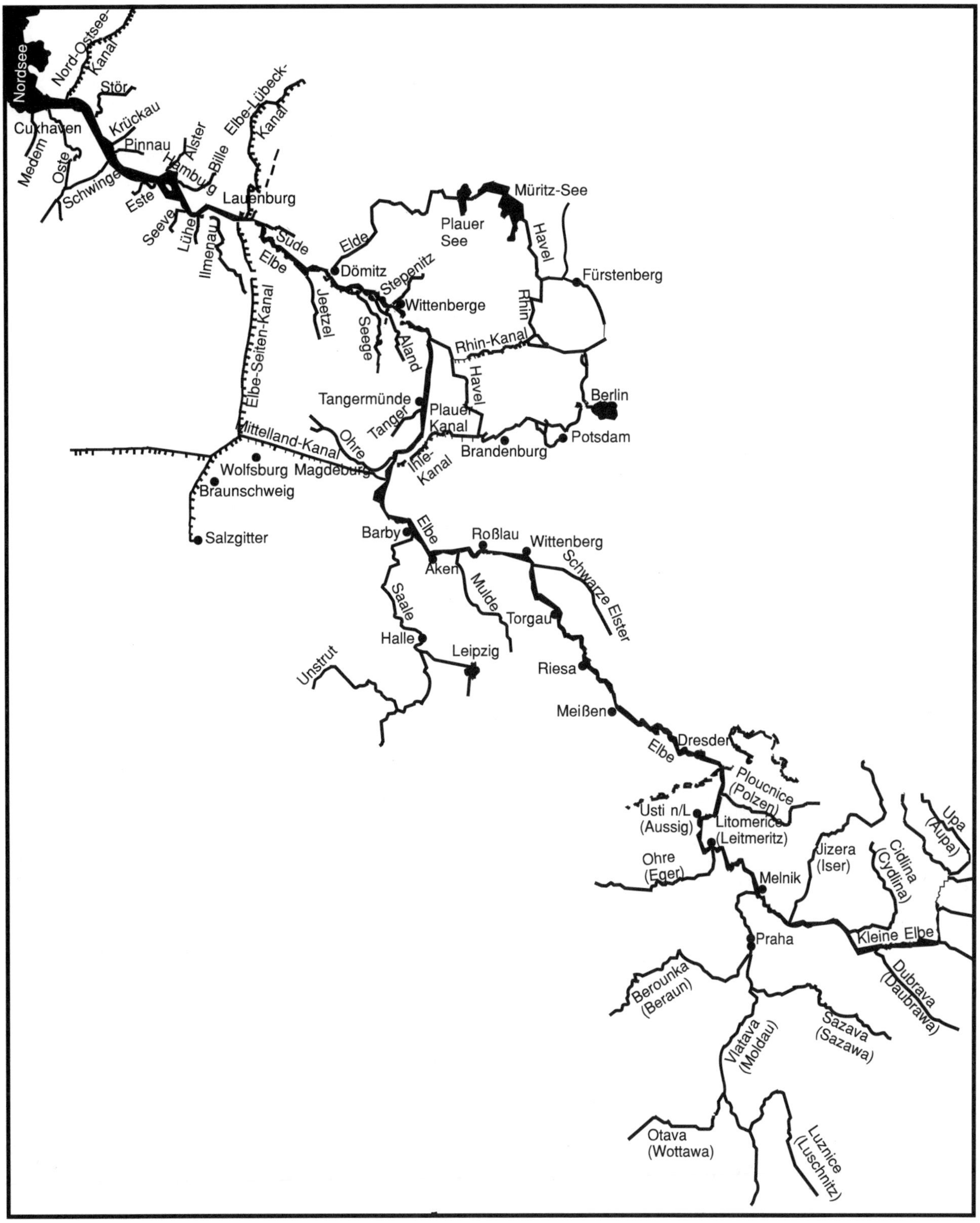

Neben den natürlichen Wasserzuläufen gewinnen aus wirtschaftlichen und politischen Beweggründen die künstlich geschaffenen Wasserstraßen zunehmend an Bedeutung. So besteht unmittelbar unterhalb Magdeburgs seit dem 30. Oktober 1938 eine Kanalverbindung in westlicher Richtung zum Mittellandkanal und damit zu den wichtigsten Industriezentren Deutschlands und der Benelux-Staaten.

Der Höhenunterschied zwischen Kanal und Mittelwasserspiegel der Elbe von 16 m wird durch das Schiffshebewere in Magdeburg-Rothensee ausgeglichen.

Der Plauer-Kanal, der in seiner ersten Ausbaustufe schon zur Zeit *Friedrich Wilhelm II.* projektiert und bauseitig 1746 abgeschlossen wurde, ermöglicht die Verbindung zwischen der Elbe und den Berliner Gewässern bis hin zur Oder und weiter nach Polen. Die vor dem Zweiten Weltkrieg geplante und bereits im Bau gewesene Elbüberführung des Mittellandkanals zum Plauer Kanal wurde bisher nicht zu Ende geführt, sie gewinnt jedoch durch die neue Situation in Deutschland mehr und mehr an Bedeutung. Eine Vollendung dieses Bauwerkes ist dringend erforderlich und steht im Mittelpunkt der Arbeitsaufgaben der Verkehrsplaner.

Ein weiteres Wasserstraßenkreuz an der Elbe bei Lauenburg verbindet unter Nutzung der Stecknitz schon seit alters her (1398) den Ostseehafen Lübeck mit der Elbe. Der jetzige Elbe-Lübeck-Kanal wurde 1900 eingeweiht. Der 1976 eröffnete Elbe-Seitenkanal wird den höheren Ansprüchen der Industrie gerecht und macht den Binnentransport von Gütern auf dem Wasserwege von und zum Seehafen Hamburg weitgehend von den jährlichen Wasserstandsschwankungen der Elbe zwischen Magdeburg und der Flutgrenze unabhängig.

Der Zusammenfluß der Elbe und der Vltava (Moldau) bei Melník (CSFR) aus dem Gesichtsfeld einer Schiffsbesatzung.

Die Praktiker gliedern die Binnenwasserstraße Elbe meist in die drei Gebiete *Oberelbe*, vom Beginn der Schiffbarkeit bis zur ehemaligen sächsisch-preußischen Grenze;
Mittelelbe, von der ehemaligen sächsisch-preußischen Grenze bis zur Flutgrenze;
Unterelbe, von der Flutgrenze bis Hamburg.

In der wissenschaftlichen Darstellungsweise unterscheidet man jedoch nur Ober- und Unterelbe. Die Oberelbe steht dabei für den schiffbaren Teil der Wasserstraße oberhalb von Hamburg, wobei die Unterelbe als Beginn des transatlantischen Seeverkehrs gewertet wird und hier der Kleinschiffahrtsverkehr nur lokale Bedeutung haben kann.

Lage der ehemals geplanten Kanalüberführung über die Elbe bei Magdeburg, die den Mittellandkanal und Berlin bei Nutzung des Plauer Kanals direkt verbinden sollte.

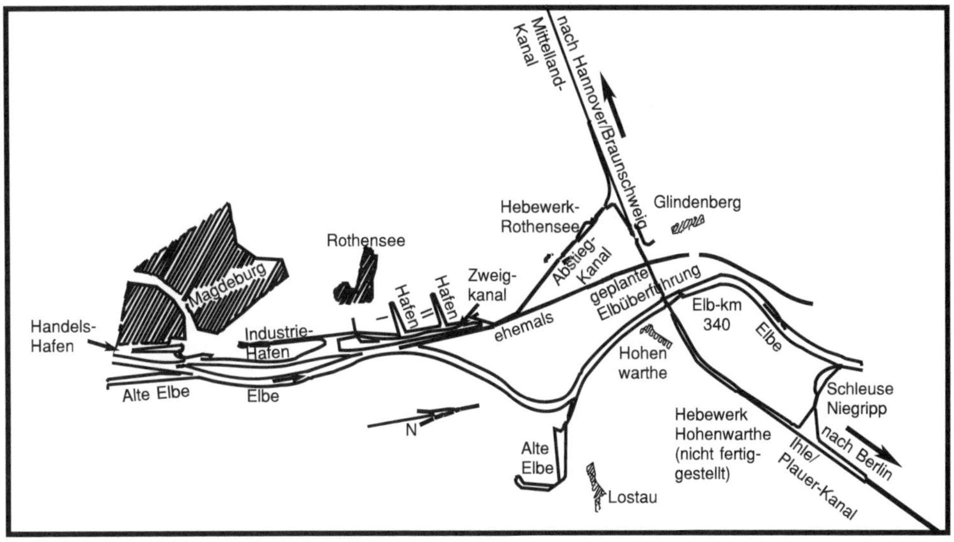

Die bedeutende Elbschifferstadt Lauenburg ist Schnittpunkt von drei wichtigen deutschen Wasserstraßen.

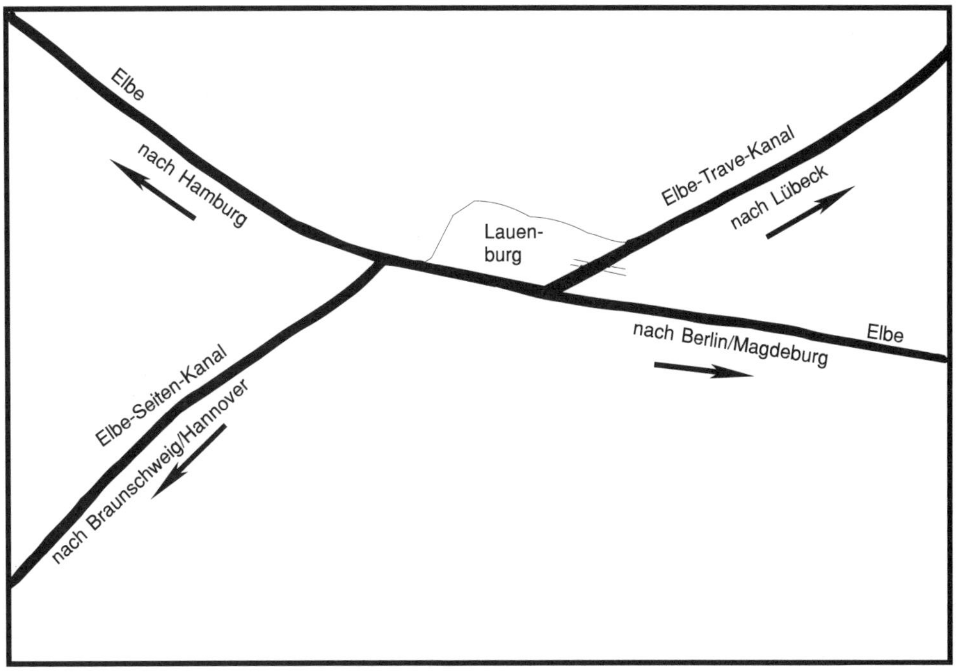

Die Elbe ist auch noch heute ein Grenzstrom. Zwischen der CSFR und Deutschland verläuft die Grenze mit einer Länge von 3,3 km inmitten des Stromes. Bis zur jüngsten Vergangenheit trennte der Fluß auch zwei deutsche Teilstaaten im Bereich zwischen Schnackenburg (Elb-km 472,6) und Boizenburg (Elb-km 566,2) durch fast unüberwindliche Grenzanlagen. Eine friedlich verlaufene Revolution im Ostteil des Landes sorgte glücklicherweise für eine Beendigung dieses Zustandes.

1.2. Zur Entstehung des Flußnamens

Über die Entstehung des Namens Elbe besteht noch keine eindeutige wissenschaftliche Klarheit. Eine Deutung führt auf die Grundform Albi (vielleicht auch Albiz oder Albia) zurück. Um die Mitte des 8. Jahrhunderts trat, entsprechend den Gesetzen der lautlichen Entwicklung, das „i" der zweiten Silbe, der Umlaut ein, und so entstand Elbi. Im 11. Jahrhundert wurde das auslautende i zu e geschwächt, seitdem heißt der Fluß Elbe.

Da in dem germanischen Wort Albi die indogermanische Wurzel -alph- enthalten ist, die soviel wie „weiß" oder „leuchtend" bedeutet, war sicher unter dem Begriff Elbe „Der weiße Strom" oder „Der leuchtende Strom" zu verstehen. Betrachtet man die zur Zeit jährlich von der Elbe mitgeführte Menge an Feststoffen, die um 2 Mill. t liegt, dann fällt es schwer, die Verbindung zur Entstehung des Flußnamens zu interpretieren.

In der benachbarten CSFR heißt die Elbe noch heute „Labe". Diese Bezeichnung wird auf die Zeit der Slawen zurückgeführt, die in der zweiten Hälfte des 6. Jahrhunderts bis zur Elbe vordrangen. Der an der unteren Elbe wohnende slawische Stamm wurde „Polaben" („Leute an der Elbe") genannt.

Der Flußname Elbe ist auch in einem Nebenfluß der Eder, ferner in dem zur Lahn fließenden „Elbbach" sowie dem Fluß- und Ortsnamen Elbing enthalten. Den letzteren müssen Deutschstämmige, die vom Westen, dem Gebiet des Elbstromes, nach Osten gekommen sind, mitgebracht haben. Elbing bedeutet, zur Elbe, zum Elbland gehörend, gleichsam „Sohn der Elbe". So gestattet uns der Ortsname, einen Rückschluß auf die Geschichte dieser Siedlung zu ziehen.

Das nicht umgelautete Wort Alb für einen Fluß findet sich zweimal im Schwarzwald (obere und untere Alb), es ist wohl die keltische Form des indogermanischen Wortes, da die meisten der dortigen Flußnamen keltischen Ursprungs sind[6].

2. Entwicklung der Schiffahrt auf der Elbe bis zum 19. Jahrhundert

2.1. Vor- und frühgeschichtliche Fahrzeuge auf der Elbe

Die ersten Ansiedlungen der Völker in der Urgeschichte wurden meist in Flußtälern gegründet. Der natürliche Fischreichtum der Flüsse sicherte auch meist einen Teil der Ernährungsgrundlage dieser Siedler. Da die Flüsse unreguliert und fast völlig wild dahinflossen, gehörten ihre Inseln und Heger zum natürlichen Landschaftsbild. Der Einbaum hat zu dieser Zeit sicher nicht nur als Hilfsmittel zum Fischfang gedient, sondern auch als Verkehrsmittel, z. B. als Fähre.

Viele Funde von Jagd- und Hausgeräten in unmittelbarer Nähe des Elblaufes lassen erkennen, daß die Elbe ein ideales Siedlungsgebiet war und daß die Jäger der Mittleren Steinzeit (8000 bis 4500 v. Chr.) hier zu Hause waren.

Besonders in der Bronzezeit (um 1800 v. Chr.) wird der Elbe besondere Bedeutung zugeschrieben, denn aus dieser Zeit hat man mehrere Einbäume direkt an der Elbe oder in ihrer unmittelbaren Nähe gefunden.

Gegenwärtig sind 29 Einbaumfunde entlang der Elbe bekannt geworden, die von der Mittleren Steinzeit bis zum Beginn des vorigen Jahrhunderts eine wichtige Rolle in der Flußschiffahrt spielten. In Zollrollen verschiedener Jahrhunderte weisen Bezeichnungen wie „bowmenkannen", „boumkannen", „Bomkane", „En bomene Schepe", „Eyn kan von eme bome gemaket" und „Eicken" auf sie hin[1].

Dies sind alles Umschreibungen, die mehr oder weniger klar die Verwendung von Einbäumen belegen. So ziehen sich die unterschiedlichsten Bezeichnungen durch die alten Zollregister vom 9. bis ins 19. Jahrhundert. Noch 1808 wurde „ein Kahn aus einem Baum gemacht" registriert[2]. Daraus wird ersichtlich, daß Einbäume nicht nur am Anfang der Technikgeschichte des Schiffbaues standen, sondern bis zum Beginn des vorigen Jahrhunderts ihren Platz behauptet haben.

Wie wurden aber diese Einbäume hergestellt? Meist wurden dicke Eichenbäume verwendet. Bei der Auswahl des Stammes hatte man sorgfältig auf die Wetterseite des zu schlagenden Baumes zu achten; denn sie mußte beim fertigen Fahrzeug oben oder unten liegen. Beachtete man dies nicht, wurde das Gefährt im Wasser durch das unterschiedliche Quellverhalten „schief", denn die Jahresringe liegen an der Wetterseite enger als an der gegenüberleigenden Seite. Nach dem Fällen wurde die Krone entfernt, so daß ein etwa 15 m langes gerades Stammende übrig blieb, das man sorgfältig entästete. Damit der Stamm sich bei der Bearbeitung nicht verdrehen kann, ließ man gezielt einige kurze Äste stehen. Es ist fast sicher, daß die Stämme an Ort und Stelle zugeformt wurden und die Werkzeuge dorthin getragen wurden, wo die geeigneten Bäume standen[3].

Fundorte von Einbäumen im Einzugsgebiet der Elbe.

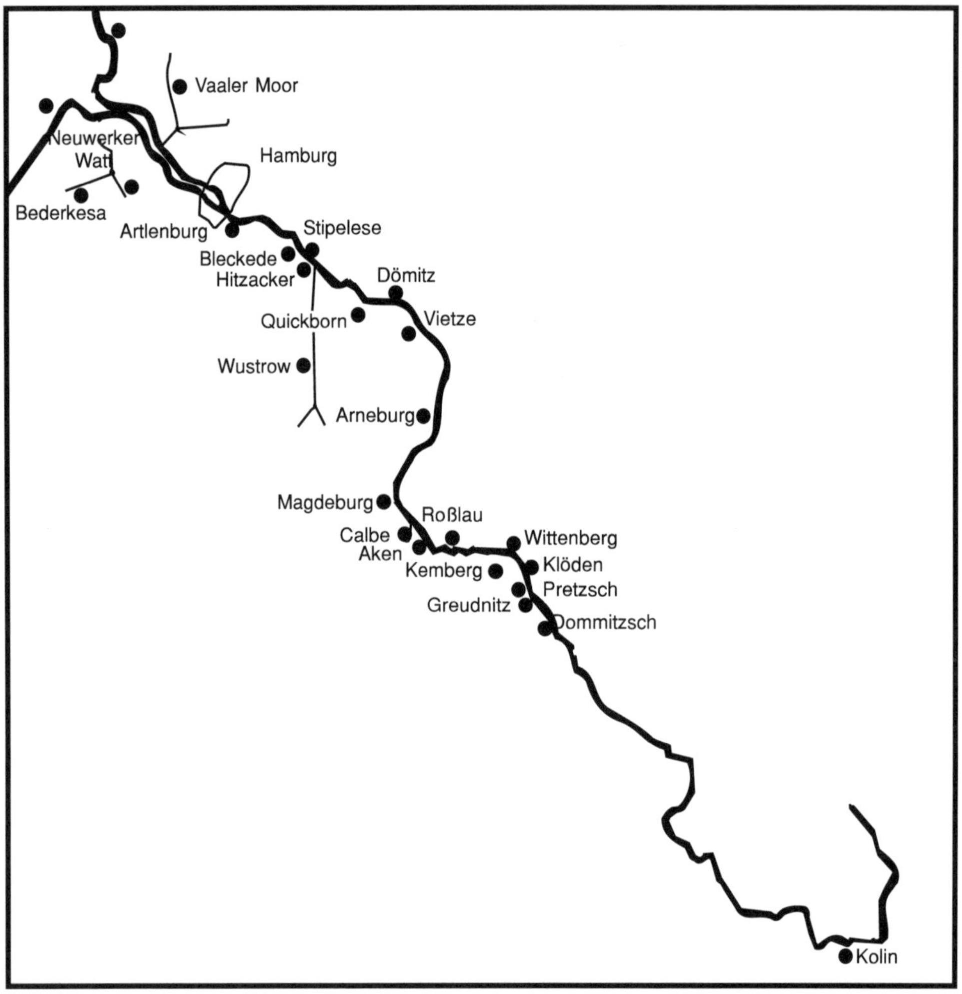

Der Neuburger Einbaum ist nach seinem Fundort im Kreis Ludwigslust benannt worden. Er ist Exponat des Heimatmuseums in Dömitz.

Das Wurzelteil war immer hinten, die Baumspitze vorn. Die Aushöhlung des Stammes wurde mit Hilfe des Feuers vorgenommen und die Wände danach mit Beilen aus Bronze oder Eisen und einer Art Hacke (Dechsel) aus Feuerstein abgeflacht. Eine Holzschale blieb übrig. Zur Erhöhung der Festigkeit wurden krumme Hölzer als Spanten (Querverstrebungen) eingesetzt. Bei den meisten Einbäumen wurden querlaufende Stege im Holz stehengelassen. Die Einbäume waren starre Kästen, die in der Jungsteinzeit (um 3000 v. Chr.) mit einem löffelförmigen Bug (vorn) und geradem Heck (hinten) eine Idealform darstellten. Um der Gefahr des Kenterns zu begegnen, ist man in einer noch nicht näher bestimmbaren Zeit dazu übergegangen, den Einbäumen flache Böden und gerade Seitenwände zu geben. Durch diese Maßnahme stabilisierte sich ihre Lage im Wasser.

Einbäume hatten meist am hinteren Ende des Bodens eine 2 bis 4 cm große Bohrung. Sie diente erstens der Entleerung des eingedrungenen Wassers und zweitens dem Versenken des Bootes, sofern es nicht benötigt wurde und gegen Austrocknen geschützt werden mußte. Fortbewegt wurden die Einbäume durch hölzerne Paddel.

Zur Datierung der Einbaumfunde stehen heute zwei wissenschaftliche Methoden zur Verfügung, die jedoch erst in jüngster Zeit entwickelt wurden (nach 1950), die Radiocarbon- und die Baumringbestimmung (Dendrochronologie).

Alle bisherigen Einbäume im Einzugsgebiet der Elbe wurden zufällig gefunden. Meist kamen sie bei Regulierungs- und Baggerarbeiten am oder im Strombett oder in Altarmen ans Tageslicht. Einige lagen bis zu 12 m tief in der Erde, wie der Fund in Hamburg, der sogenannte Meßberg-Einbaum. Im Zusammenhang mit dem Bau eines U-Bahn-Tunnels wurde er 1958 entdeckt[4]. Der Einbaum aus dem Magdeburger Handelshafen lag 5 m unter der Erde[5]. Die Fundorte sind auch für den Geschichtsforscher insofern von Bedeutung, als sich mit Einschränkungen Rückschlüsse auf die frühere Besiedlungsdichte des jeweiligen Gebietes ziehen lassen. Die Funde konzentrieren sich auf drei Gebiete, den böhmischen Bereich, wo im Kreismuseum Tetschen (Decin) 19 Einbaumfunde für diesen Einzugsbereich dokumentiert sind. Weiterhin den Bereich der Mittelelbe zwischen Torgau und Magdeburg sowie weiter elbabwärts den Bereich zwischen Dömitz und Hamburg. Der 1950 von Fischern in der Nordsee gefundene „Neuwerker-Watt-Einbaum" wurde mit großer Sicherheit nicht in der Brandungszone der Nordsee verwendet, wahrscheinlicher ist es, daß er als Treibgut aus der Elbe oder aus der Weser am Fundort versandete[6].

Nicht alle gefundenen Einbäume sind der Nachwelt erhalten geblieben. Entweder durch Unwissenheit oder durch Kriegseinwirkung gingen einige verloren. Das Klödener Fundobjekt z. B. wurde gleich auf dem bergenden Schiff durch die Besatzung zu Feuerholz verarbeitet. Mehrere Einbäume fristen noch heute ein Aschenputteldasein in Kellern oder in den Magazinen von Museen.

Der jüngste Einbaumfund wurde erst inmitten einer Niedrigwasserperiode 1988 in einem Buhnenfeld gegenüber der Einfahrt zum Betriebshafen der Stickstoffwerke AG Wittenberg-Piesteritz am Elb-km 220 geborgen.

2.2. Zeugnisse über die frühe Nutzung des Elbstroms

Die ständig wechselnde Besiedlung des Elbstromgebietes in der Frühzeit hatte maßgeblichen Einfluß auf den Elbhandel. Der Strom war für die von ihm durchflossenen Länder wichtig, da er, und nur er, eine Wasserstraße bildet von der Mitte Europas aus zur Nordsee, und damit zum freien Weltmeer.

Zusammen mit seinem Nebenfluß, der Moldau, die aufwärts bis Budweis befahren wurde, durchmißt er etwa zwei Drittel der Entfernung von der Nordsee zur Adria. Dies wurde vor allem in der Bronzezeit (1800 bis 800 v. Chr.) genutzt, als der an der jütländischen Westküste gefundene Bernstein über Elbe und Moldau, Donau, Inn und den Brenner den Weg zum Mittelmeer fand[7].

Da die Elbe zunächst den Charakter eines Grenzflusses hatte, war dem Querhandel mehr Bedeutung zuzuschreiben als dem Längshandel. Erst mit Beginn der Herrschaftszeit der Staufer ab Mitte des 12. Jahrhunderts verlor die Elbe den Charakter eines Grenzstromes. Von da an kam der Elbe als Verkehrsweg immer größere Bedeutung zu. Man nutzte die Wasserwege der Elbe, Saale und Havel offenbar wegen ihrer Sicherheit und Bequemlichkeit und zog sie den Landwegen, die wohl kaum ihren Namen verdient haben mögen, vor.

Die älteste schriftliche Kunde einer Elbschiffahrt ist wahrscheinlich von 789. *Karl der Große* (742 bis 814) benutzte in jenem Jahr Friesen zum Schiffsdienst auf der Elbe und Havel gegen die Wilzen. Wenige Zeit später, im Jahre 805, drang dann der Zug *Karls des Großen* mit einer großen Flotte von der Elbmündung bis Magdeburg vor. Eine weitere Nachricht bezieht sich auf das Jahr 981. Am 21. Mai starb der erste Erzbischof von Magdeburg, *Adalbert*, auf einer Landreise in der Nähe von Halle. Seine Leiche wurde dann auf dem Wasserwege auf der Saale und der Elbe nach Magdeburg gebracht. Dies gilt als Beweis, daß dieser Weg nicht nur gut, sondern besser als der Landweg gewesen sein muß. *Heinrich II.* (973 bis 1024) benutzte ebenfalls die Saale und die Elbe öfters als bequeme Heerstraße[8]. 1004 ließ er zwischen Magdeburg und Halle Schiffe zusammenbringen, um die Meinung zu erwecken, per Schiff gegen Polen ziehen zu wollen.

1012 waren einem Bericht zufolge *Heinrich II.* mit dem Schiff von Merseburg bis Arneburg und im selben Jahr auch der Erzbischof *Tagino* auf der Saale unterwegs.

Aus dem folgenden Jahrhundert liegt ein Dokument vor, wonach 1127 *Otto von Bamberg* eine Expedition auf dem Wasserwege zur Bekehrung der Pommern unternahm. Seine Schiffe, mit Lebensmitteln und Kostbarkeiten beladen, nahmen den Weg von Halle auf der Saale und auf der Elbe, um schließlich an der Havel bei Havelberg entladen zu werden. Diese Waren hatte er auf der Messe in Halle gekauft. Er ließ die Schiffsladungen auf Wagen packen, um so sein Ziel zu erreichen[9].

Auch weiter aufwärts war die Elbe bedeutungsvoll für den Transport der Waren. Mit einer Urkunde vom 27. Februar 983 verlieh König *Otto II.* (955 bis 983) dem Bistum Meißen die Einnahmen der Zolleinkünfte für die Elbstrecke zwischen Belgern und Meißen[10]. Ob es sich hierbei um Zolleinnahmen aus dem Längsverkehr entlang der Elbe handelte, ist nicht eindeutig belegbar, eher sollte man annehmen, daß die Einnahmen bei Überschreitung der Elbe auf dieser Strecke gemeint sind. Der bischöfliche Sitz Meißen hatte zu dieser Zeit bereits eigens für den Elbverkehr einen Hafen. Daraus läßt sich leicht schließen, daß der Handelsverkehr bereits im 10. Jahrhundert in dieser Elbregion nicht unbedeutend gewesen sein kann.

Ähnlich war es in Böhmen. Schon um 1057 ist ein elbabwärts gerichteter Ausfuhrhandel Böhmens mit Getreide bezeugt, in dem der Herzog von Böhmen dem Domkapitel in Leitmeritz (Litomerice) den Zoll für diese Warenladungen verlieh. Auch das in entgegengesetzter Richtung eingeführte Salz sowie andere Waren, mußten in Leitmeritz Zoll entrichten. Bestätigt wird dieser Elbelängsverkehr 1130 durch die erste Erwähnung eines Elbzolls bei Tetschen. Auch die Entrichtung von Zollabgaben in Aussig (Ustí n/L) ist wenig später verbrieft. Diese ersten Nachrichten von der Schiffahrt auf der oberen Elbe enthielten auch Informationen über die Größe und Einteilung der Schiffe. In Leitmeritz unterschied man die Schiffe zu dieser Zeit in magna (groß), mediocris (mittel), parva (klein) und minima (ganz klein).

1136 klassifizierte man in Tangermünde die Schiffe noch nach: maxima (sehr groß), minor (kleiner) sowie navicula (klein)[11]. Obwohl noch weitere interessante Dokumente jener Zeit über den Verkehr auf Elbe, Saale und Havel vorliegen, darf man die Schiffahrt längs dieser Flüsse bis zum 13. Jahrhundert noch als Ausnahmefall betrachten.

Die eigentliche Entwicklung der Handelstätigkeit auf Wasserstraßen hat mit dem Zeitpunkt ihren Anfang genommen, da die Besiedlungsverschiebungen speziell im Elbegebiet ihr Ende gefunden hatten und die an der Elbe liegenden Ortschaften begannen, den Strom als Verkehrsweg zu nutzen.

Als dominierende Grenzverkehrsorte galten in diesem Zeitraum für das Gebiet der Unter- und Mittelelbe Bardowiek und Magdeburg. Bardowiek, einst der mächtigste Handelsplatz an der Elbe (eine Zeitlang zählte der Bardowieker Zoll zu den Hauptreichszöllen), der letzte Marktort an der Nordostgrenze des Reiches und eine der reichsten Städte Norddeutschlands, wurde 1189 durch *Heinrich den Löwen* zugunsten der Städte Lüneburg, Lübeck und Braunschweig zerstört[12]. Die Bedeutung Magdeburgs als einer der wichtigsten Handelsplätze an der Elbe nahm dagegen immer mehr zu. Das Gepräge des Elbhandels und der Elbschiffahrt wurde dann ab dem 14. Jahrhundert durch die märkischen Städte, durch das Salzmonopol Lüneburgs und nicht zuletzt durch die sächsisch-böhmischen Städte Meißen, Dresden, Pirna, Aussig und Leitmeritz bestimmt. Auf östlicher Elbseite beteiligten sich Brandenburg, Berlin, Kölln und Spandau ebenfalls rege am Elbhandel.

In der märkischen Stadt Stendal gab es bereits Anfang des 13. Jahrhunderts eine Seefahrergilde, und es wurde vorwiegend Handel über Hamburg hinaus mit Flandern betrieben. Salzwedel, das in direkter Verbindung mit den Handelsplätzen an der Ostsee stand, büßte dann wie Stendal aber ab dem 15. Jahrhundert allmählich an Bedeutung ein; gleiches trifft für Perleberg zu.

Diese Stadt hatte über die Stepenitz Verbindung nach Wittenberge und damit zur Elbe in Richtung Hamburg, aber auch elbaufwärts.

2.3. Elbzölle und Stapelplätze zwischen 1200 und 1600

Das Recht zur Erhebung von Zöllen, die nach römischem Vorbild lediglich eine zusätzliche Einnahmequelle bildeten, stand nur dem König zu. Dieses königliche Regal verpflichtete diesen aber nicht, für die Instandhaltung oder gar für die Verbesserung des Fahrwassers wirksam zu werden. Das Zollrecht wurde meist weiter an Städte oder kirchliche Stifte verliehen, die dann im Auftrag des Königs die Zollerhebungen realisierten. Zusätzlich bildeten sich die Marktrechte heraus; dies waren Belastungen auf bestimmte Waren, die zum Verkauf angeboten wurden. Aus diesen geschützten Marktstätten entstand dann allmählich das Recht, die auf Flüssen fahrenden Kaufleute zu zwingen, ihre mitgeführte Ware an einem bestimmten Ort und für einen vorgeschriebenen Zeitraum zum Kauf anzubieten. So entwickelte sich ein Stapel- oder Niederlagsrecht, das den Bürgern der aufgesuchten Stadt das Vorkaufsrecht für die dargebotenen Waren sicherte.

Die Stadt Magdeburg erwarb durch einschlägige Verträge in den Jahren 1309, 1463 und 1497 das anerkannte Niederlagsrecht für Korn und andere Güter[13]. Seitdem spielte Magdeburg eine noch größere Rolle im Elbhandel. Bereits im

12. Jahrhundert standen die Magdeburger schon mit den Städten der Altmark und mit Hamburg (1254 bezeugt) in engem Kontakt. Zu Beginn des 13. Jahrhunderts nahm die Stadt Magdeburg weiteren Aufschwung und schuf günstige Voraussetzungen für eine eigene Wirtschaftspolitik. Mit der Aneignung des Rechts zur alleinigen Kornverschiffung begann sich hier frühzeitig ein Stapelrecht herauszubilden.

Magdeburgs wichtigster Handel während dieser Zeit war der mit Getreide, der elbabwärts nach Hamburg und darüber hinaus bis nach Flandern reichte. Als Rückfracht wurden vor allem die flandrischen Tuche mitgeführt. Nach Pirnaer Zollakten brachten im 14. Jahrhundert mehrere Schiffe von Magdeburg Salz, Heringe, Fische, Wein, Tuch, Flachs und Pfeffer elbaufwärts. Als Rückfracht wurden Steine, Bauholz, Häute, Messer und ebenfalls Wein nach Magdeburg verschifft.

Auch der Stadt Leipzig wurde 1507 das Stapelrecht für einen Umkreis von 15 Meilen erteilt. Die der Leipziger Stapelpolitik unterzogene Zone reichte bis in das Gebiet der Bistümer Magdeburg, Halberstadt, Merseburg und Meißen. Leipzig hatte damit ein Privileg erworben, mit dessen Hilfe es sich die Vormachtstellung im Handel Mitteldeutschlands schuf; denn alle Waren, die Leipzig in dieser Schutzzone berührten, mußten auf gesetzlich festgelegten Wegen nach Leipzig gebracht und den dort ansässigen Händlern angeboten werden. Nur durch Geldleistungen konnte eine Entbindung von dieser Verpflichtung erfolgen. Da diese 15-Meilen-Zone die Elbstrecke von Meißen bis Barby einschloß, ist der negative Einfluß, den das an Leipzig verliehene Stapelrecht auf den Elbhandel ausübte, leicht erklärlich. Dieser Rechtszustand wurde durch den deutschen Kaiser *Maximilian* sogar noch befürwortet. Leipzig zog aber nicht nur den oberelbischen Handel, sondern auch den süddeutschen Verkehr, der bislang über Magdeburg abgewickelt wurde, an sich und störte die Schiffahrt auf der Elbe maßgeblich. Zwangsläufig folgten wirtschaftspolitische Auseinandersetzungen um die Vormachtstellung im Elbhandel zwischen diesen beiden mächtigen Städten. Magdeburg vermochte sich durch einen 1538 mit der Stadt Hamburg eingegangenen Vertrag, in dem diese beiden Städte gegenseitig ihre Stapelrechte anerkannten, zu schützen. Innerhalb ihrer zuständigen Elbstrecken sicherte man sich freie Schiffahrt zu.

Alle Güter durften nur an Empfänger, die innerhalb der Hoheitsrechte der beiden Städte ansässig waren, verschickt werden. Für Magdeburg war dieser Vertrag trotz der Vorteile gegenüber Leipzig eine erhebliche Machteinbuße; denn der freie Handel nach Flandern wurde nun durch Hamburg unterbunden oder zumindest erschwert. Auf den Handel zur Oberelbe hatte Magdeburg ohnehin keinen Einfluß, da er fest in den Händen der Leipziger Kaufmannsgilde lag.

Ein Vorteil für Magdeburg war es allerdings, daß in entgegengesetzter Richtung fast alle Importwaren von Hamburg ins Binnenland über Magdeburg abgefrachtet wurden. So entstanden die ersten geregelten Beziehungen auf der Elbe durch diesen Schiffahrtsvertrag zwischen Hamburg und Magdeburg.

Gegen die sich als günstig erwiesene Entwicklung opponierte nun die Stadt Lüneburg. Infolge ihres Stapelanspruchs verlangte sie, daß sofort nach Erreichen der ersten Zollstelle ihres Zuständigkeitsgebietes (Schnackenburg für die elbabwärts fahrenden Schiffe, Bleckede für die elbaufwärts fahrenden Schiffe) die Handelsgüter auf Wagen verladen und auf dem Landweg nach Lüneburg zu bringen waren. Unabhängig von dieser Forderung wurden die Zollerhebungen an den genannten Stationen drastisch erhöht. Durch das 1417 verliehene Stapelrecht nahm Lüneburg sehr stark am Elbhandel teil; denn zu dieser Zeit gaben die dort ansässige Salzsiedlung und der damit einhergehende Salzhandel der Stadt ein eigenes Gepräge. Die Möglichkeit des Handels von

Lüneburg reichte auf dem Wasserwege bis zur Nord- und Ostsee. Nach Hamburg bestand außerdem eine Landverbindung.

Begünstigt wurde diese Entwicklung noch durch den Untergang von Bardowiek 1189. Aus der Sicht der Schiffahrt hatte Lüneburg aber nicht nur für den Elbstrom Bedeutung erlangt, sondern zwischen dieser Salinestadt und Wismar bestand von alters her eine Handelsverbindung.

1412 wurde ein Vertrag zwischen den Herzögen von Lüneburg und Mecklenburg über die Handelsstraße von Boizenburg nach Wismar beschlossen und die Zollabgaben, an drei Zollstellen, u. a. in Boizenburg, geregelt. Die Lüneburger erhielten ihrerseits das Recht, eine Schiffahrtsstraße von der Elbe nach Wismar einzurichten. Gedacht war an die Schiffbarmachung der Schaale, einen kleinen Nebenfluß der Sude, die oberhalb Boizenburgs in die Elbe mündet. Auf dieser Verbindung sollte in der Hauptsache das benötigte Holz für die Lüneburger Saline geflößt werden. Das 13. bis 15. Jahrhundert ist als Blütezeit der Lüneburger Handelspolitik anzusehen. Lüneburg beherrschte den Landhandel von West nach Ost über Magdeburg nach Leipzig, während der Elbhandel zwischen Hamburg, Magdeburg und weiter nach Sachsen parallel auf dem Wasser ablief.

Anfang des 16. Jahrhunderts, als sich für Lüneburg die ersten Verluste im Salzhandel abzeichneten, erkannte man die große Konkurrenz des Wasserweges Elbe. Lüneburg versuchte nun in jeder Beziehung den Elbhandel zu behindern und fügte der Elbschiffahrt durch seinen Stapelanspruch großen Schaden zu. Trotz aller Aktivitäten konnten es jedoch die Lüneburger nicht unterbinden, daß Magdeburg zu einem der wichtigsten Stapel- und Umschlagplätze im Binnenhandel wurde und die Elbschiffahrt hier einen großen Aufschwung erlebte.

Dieser historische Stich (Original im Heimatmuseum Bad Schandau) dokumentiert die schwere Arbeit der Bomätscher.

Die Elbe war einer der meistbefahrenen Ströme unseres Kontinents im 16. Jahrhundert!

Hamburg erhielt sein Stapelrecht 1480 durch den dänischen König *Christian* überreicht. Die Gründung eines Elbhafens datiert in Hamburg schon aus dem Jahr 1189, eine Zeit, wo folgende drei Handelsverbindungen für Hamburg von Bedeutung waren;

- die Elbe hinauf nach Lüneburg, Salzwedel, Stendal, Magdeburg und weiter in den sächsisch-böhmischen Bereich;
- über Lübeck nach Schweden und Gothland;
- elbabwärts in die Nordsee, nach Dänemark, Norwegen, Friesland, Holland, England und Frankreich.

Zwischen Hamburg und den märkischen Städten bestanden seit dieser Zeit bereits rege Handelsbeziehungen. Die spätere Hansestadt diente bereits als Umschlagplatz für den märkischen Handel in Richtung Übersee. Für den durchgängigen Verkehr von Waren wurden gebührende, aber gestaffelte Steuern, eine frühe Form von Zollgeldern, erhoben. Von allen Gütern, die von der Stadt Hamburg per Schiff abgingen, wurde das sogenannte Ungeld erhoben, eine mittelalterliche Bezeichnung für Verbrauchs- oder Aufwandssteuern. Märkische Kaufleute begünstigte man bei der Entrichtung dieser Gebühren gegenüber anderen Kaufleuten, sie brauchten nur die Hälfte oder ein Drittel der sonst üblichen Abgaben zu leisten.

Litographie von 1832:
Der Oberhafen in Hamburg war lange Ausgangspunkt der Frachten, die elbaufwärts nach Sachsen und nach Böhmen verschifft wurden.

Erst im 15. Jahrhundert entwickelte sich die handelspolitische Einstellung Hamburgs zielbewußter. Konnten die Kaufleute, die von der Oberelbe kamen, die Stadt noch im 14. Jahrhundert durch den südlichen Elbarm bei Harburg umgehen, so erwarb die Stadt im 15. Jahrhundert Ländereien an der Süderelbe und brachte somit auch diesen Verkehrsweg unter Aufsicht der ständig aufstrebenden Stadt Hamburg.

Hamburg kontrollierte jetzt die gesamte Elbschiffahrt zur oberen Elbe, und durch das Stapelrecht hatte man auch auf die flandrisch-deutschen Handelsbeziehungen erhöhten Einfluß, da die Stadt den durchgängigen Verkehr zur See seitdem abriegelte.

Auch die Lauenburger Schiffer schalteten sich in den Elbschiffahrtsverkehr ein. Grundlage bildete dafür ein 1417 verliehenes Privileg, das bis 1844 Bestand hatte[14]. Der 1398 vollendete künstliche Wasserweg zwischen Lübeck und der Elbe, der Stecknitz-Delvenau-Kanal, mündete unmittelbar oberhalb der Stadt Lauenburg in die Elbe, war den Schiffern Lauenburgs aber nicht zur Benutzung freigegeben[15].

Dennoch profitierten die Lauenburger von diesem Kanal; denn Herzog *Erich V.*, Inhaber des Hoheitsrechtes über den Elbabschnitt bei Lauenburg, legte in einem Privileg fest, daß alle durch die Schleuse in Lauenburg ankommenden Güter unverzüglich und der Reihe nach durch Lauenburger Schiffer weiterzutransportieren seien.

Über Jahrhunderte blieb Hamburg dabei die Hauptrichtung des Lauenburger Schiffsguttransportes. Die Verkehrsgebiete waren eindeutig geregelt: Die Lübecker befuhren den Kanal zur Elbe, die Lauenburger auf der Elbe bis Hamburg und die Lüneburger hielten den Transport mit ihrer Stadt fest in ihren Händen. Auch über Größe und Anzahl der eingesetzten Schiffe gab es Regeln. Bereits 1478 durften nicht mehr als 21 Schiffe in Lauenburg zugelassen sein, und ihre Ladefähigkeit sollte die von fünf Stecknitzschiffen nicht übertreffen. Das waren durchschnittlich um 60 000 kg; denn die Tragfähigkeit eines Stecknitzkahnes wurde mit 6,5 Last angegeben[16]. Auch im sächsisch-böhmischen Teil der Elbe bildeten sich bedeutende Elbhandelsplätze heraus, wie Pirna, Dresden und Meißen.

In Böhmen erhielt Leitmeritz um 1230 bereits das Stapelrecht. Die Lebhaftigkeit der Elbhandelsbeziehungen zwischen den böhmischen und den sächsischen Städten wird durch ein Privileg an die Stadt Melník 1274 belegt, in dem vier Schiffen, mit Salz, Heringen und anderen Sachen beladen, freies Geleit zugesichert wird. Besonders die Getreideausfuhr und die Salzeinfuhr waren dominierend. 1373 ordnete *Karl IV.* (1316 bis 1378) an, daß die von Leitmeritz ausgehenden Getreideschiffe bis Pirna von allen Zollabgaben befreit waren und empfahl die Ladungen den Pirnaer Kaufleuten[17].

Welche Bedeutung insgesamt dem böhmischen Elbhandelsverkehr mit den benachbarten Meißner und übrigen mittel- und niederelbischen Gebieten beigemessen wurde, ist aus den wiederholten Versuchen der böhmischen Landesherren abzuleiten, die Elbe mit der Donau zu verbinden. Durch *Karl IV.* wurde bereits 1375 der Plan eines Moldau-Donau-Kanals in Angriff genommen, ein Unterfangen, das bis zur heutigen Zeit an Aktualität keineswegs eingebüßt hat.

Gleichfalls war vorgesehen, die schon früh begonnenen Flußregulierungen an der Moldau und der böhmischen Elbe fertigzustellen. Dadurch sollte dann der direkte Schiffsverkehr zwischen der Landeshauptstadt Prag und der Elbe aufgenommen werden können.

Neben der Getreideausfuhr nach Sachsen ist noch ein reger Handel mit Malz festzustellen. Meißner Händler kauften es in Raudnitz (Roudnice n/L), Leitmeritz und Aussig. Mit Schiffen brachten sie es in ihren Heimatort.

Aus Gründen befürchteter Konkurrenz vereinigten sich 1526 diese drei böhmischen Handelsplätze und lieferten auf der Elbe keine trockene Gerste bzw. Malz in Orte, die unterhalb von Aussig am Fluß lagen. Von Böhmen wurde auch besonders der Dresdner Markt mit Wein, Obst, Butter, Käse und weiteren Lebensmitteln versorgt.

Obwohl König *Wenzel* (1361 bis 1419) 1391 das Leitmeritzer Stapelprivileg erneuerte, hob er dasselbe schon 1409 auf. Nach dem Vorbild Hamburgs wandelte er das Privileg für durchgehende Waren in Ungeld um. Begünstigt durch die Bestrebungen, den Schiffahrtsweg zu regulieren, entwickelte sich dann auch seit dem 16. Jahrhundert der direkte Schiffahrtsverkehr zwischen Böhmen und Hamburg, was sich auch positiv auf das sächsische Elbgebiet auswirkte.

Die Stadt Pirna wurde, nicht lange nach ihrer ersten urkundlichen Erwähnung (1233), bereits 1325 mit besonderen Privilegien ausgestattet. Eine Zollrolle des gleichen Jahres gibt ein relativ genaues Bild über die Handelstätigkeit, die in Pirna stattgefunden hat. Durch seine verkehrsgeographisch günstige Lage konnte Pirna recht schnell eine bedeutende Rolle im sächsisch-böhmischen Elbhandel übernehmen; denn hier kreuzten sich zwei wichtige Straßen: die Elbe und die durch die Mark Meißen zur Lausitz führende Landstraße. Der Salzmarkt war auch hier dominierend. Das Salz kam zu Lande aus Halle oder auf dem Wasserwege von Magdeburg. Es wurde aber auch nicht selten nach Böhmen weitergeliefert oder als Tauschobjekt genutzt.

Elbabwärts wurde Pirna durch die Ausfuhr von Holz und Steinen wichtig, wie es auch zu Zeiten schwerster Behinderungen weiterhin der Fall war.

Dresden erhielt 1443 das Stapelrecht; für Wittenberg, zu dieser Zeit eine kursächsische Stadt, wurde es 1415 und nochmals 1443 bestätigt.

Die wichtigsten Elbhandelsgüter zu dieser Zeit waren neben Salz und Getreide: Alaun, Bier, Blei, Eisen, Erbsen, Feigen, Felle, Fett, Fisch, Flocken (zur Filzaufbereitung), Gewürze, Häute, Holz, Honig, Hopfen, Ingwer, Kupfer, Mühlsteine, Oel, Pech, Pfeffer, Pottasche, Reis, Rüben, Safran, Töpferwaren, Tuche, Wolle und Zinn.

Mit den Niederlagsrechten und den übrigen Flußzöllen durch die privilegierten Fürsten und die sich immer machtvoller entfaltenden Reichsstädte kam es zu immer größer werdenden Belastungen des Elbhandels.

Besonders die Zölle und die Tatsache, daß keine der großen Städte ihre Stapelgerechtigkeit zu Gunsten der Elbschiffahrt preisgeben wollte, führten dann zu einer Reihe von Elbschiffahrtskonferenzen in der Mitte bzw. gegen Ende des 16. Jahrhunderts, bei denen nicht nur die Städte, sondern auch die Länder ihre Interessen in den Vordergrund hoben. Die Konferenzen 1544 in Tangermünde und ein Jahr später in Stendal waren vorrangig gegen die Stadt Lüneburg gerichtet. Zu weiteren Beratungen traf man sich 1548 und 1549 in Jüterbog, 1556 in Frankfurt/Oder und 1571 in Magdeburg. Die erreichten Ergebnisse konnten aber nur als mäßig eingeschätzt werden[18].

Eine echte Erleichterung für den Elbschiffahrtsverkehr und -handel brachte dann die Schiffahrtskonferenz, die im August 1574 in Wien stattfand. Die erreichten Vereinbarungen stellten mit Vorbehalten die freie Schiffahrt zwischen der Oberelbe und Hamburg her, Lüneburg verlor die Stapelgerechtigkeit gegen die Erhöhung der Zolltarife in Bleckede, Hitzacker und Schnackenburg. Magdeburg gestattete fortan die Fahrt elbaufwärts mit allen Waren; vorausgesetzt die Verpflichtungen, die sich aus dem Stapelrecht ergaben, wurden eingehalten.

Ausgangs des Mittelalters lassen sich im Elbhandel vier in sich abgeschlossene Bereiche erkennen, die das für sie zuständige Stromgebiet kontrollierten und beherrschten. Der erste erstreckte sich von Prag bis Pirna und Dresden, der zweite von Dresden bis Magdeburg, der dritte von der Domstadt an der Elbe bis Hamburg und der vierte von Hamburg bis hin zur offenen See.

2.4. Die Elbschiffahrt vom 17. Jahrhundert bis 1821

Zwangsläufig brachte der Dreißigjährige Krieg negative Folgen auch für die Elbschiffahrt mit sich. So stagnierten alle Verhandlungen zur Belebung des Elbhandels. Auch das Fahrwasser ließ durch seine Verwahrlosung eine Weiterentwicklung der Schiffahrt nicht zu. Wenn dennoch der Schiffsverkehr auf der Elbe nicht gänzlich aufhörte, so war das auch auf den erbärmlichen Zustand der Landstraßen zurückzuführen.

Daß der Strom zu dieser Zeit sich größtenteils selbst überlassen war, ist heute noch durch die vielen alten Elbarme mit der Bezeichnung „Alte Elbe“ erkennbar. Sandbänke, Wassereichen, Überschwemmungen und Diebereien machten die Schiffahrt zu einem Wagnis.

Waren es in zurückliegenden Jahrhunderten meistens stadtwirtschaftliche Interessen, die verfolgt wurden, so herrschte von nun ab eindeutig die territoriale Wirtschaftspolitik vor. Die mühsam ausgehandelten Freiheiten des Jahres 1574, die die Elbuferstaaten während der Wiener Verhandlungen erreichten, wurden nun durch die Willkür einzelner Elbstädte aufgehoben.

Die einstige Stellung der Stadt Magdeburg war durch die Zerstörung 1631 zunichte gemacht. Das alte Stapelrecht wurde gewaltsam unterdrückt. Die sächsischen und böhmischen Städte widersetzten sich nun dem Einfluß Leipzigs, den

Altes Gemälde: Die frühere Schiffbauerei Schöps in Postelwitz (Original im Heimatmuseum Bad Schandau). Die Schiffskörper wurden ausschließlich aus Holz hergestellt.

diese Stadt auf den Elbhandel noch immer ausübte, so daß der Handel von Böhmen bis Hamburg außer den üblichen Zollbelastungen fast ohne Behinderung betrieben werden konnte.

Durch die jetzt vorherrschende Territorialpolitik wurde der Staat Brandenburg künftighin Hauptinteressent für eine freie Elbschiffahrt. 1666 fiel Magdeburg durch die Neuaufteilung Deutschlands an Brandenburg und mußte seine eigene Stadtpolitik aufgeben[19].

Brandenburg versuchte, durch Verhandlungen der hemmenden Zollgesetzgebung entgegenzuwirken, und erste Verbesserungen am Strom wurden wirksam. So kam es u. a. zur Einführung des sogenannten Baumgeldes, eine vertragliche Fixierung, mit der das Entfernen von Baumstämmen, gesunkenen Schiffen und anderen Hindernissen aus dem Fahrwasser geregelt werden sollte. Als Stimulanz durften die Vertragspartner sowohl das geborgene Holz als auch die sichergestellten Schiffsladungen behalten.

Weitere Beratungen mit dem Ziel der Erleichterung und Verbesserung der Elbschiffahrt wurden schon 1660 und 1682 in Magdeburg abgehalten. Sie blieben aber ohne Erfolg. Im Mittelpunkt der Zusammenkünfte stand meistens das unerträgliche Zollwesen.

Die Anlage der Zollstätten war zu dieser Zeit fast ausnahmslos ein landesfürstliches Regal und gehörte zu den am ausgiebigsten benutzten Rechten. Während des Mittelalters und noch in späterer Zeit waren die Zölle nicht als Gebühren, sondern als willkürlich dem Verkehr auferlegte Steuern anzusehen, die in die

Persönlicher Werkzeugbestand eines Holzschiff bauers im 19. Jahrhundert.

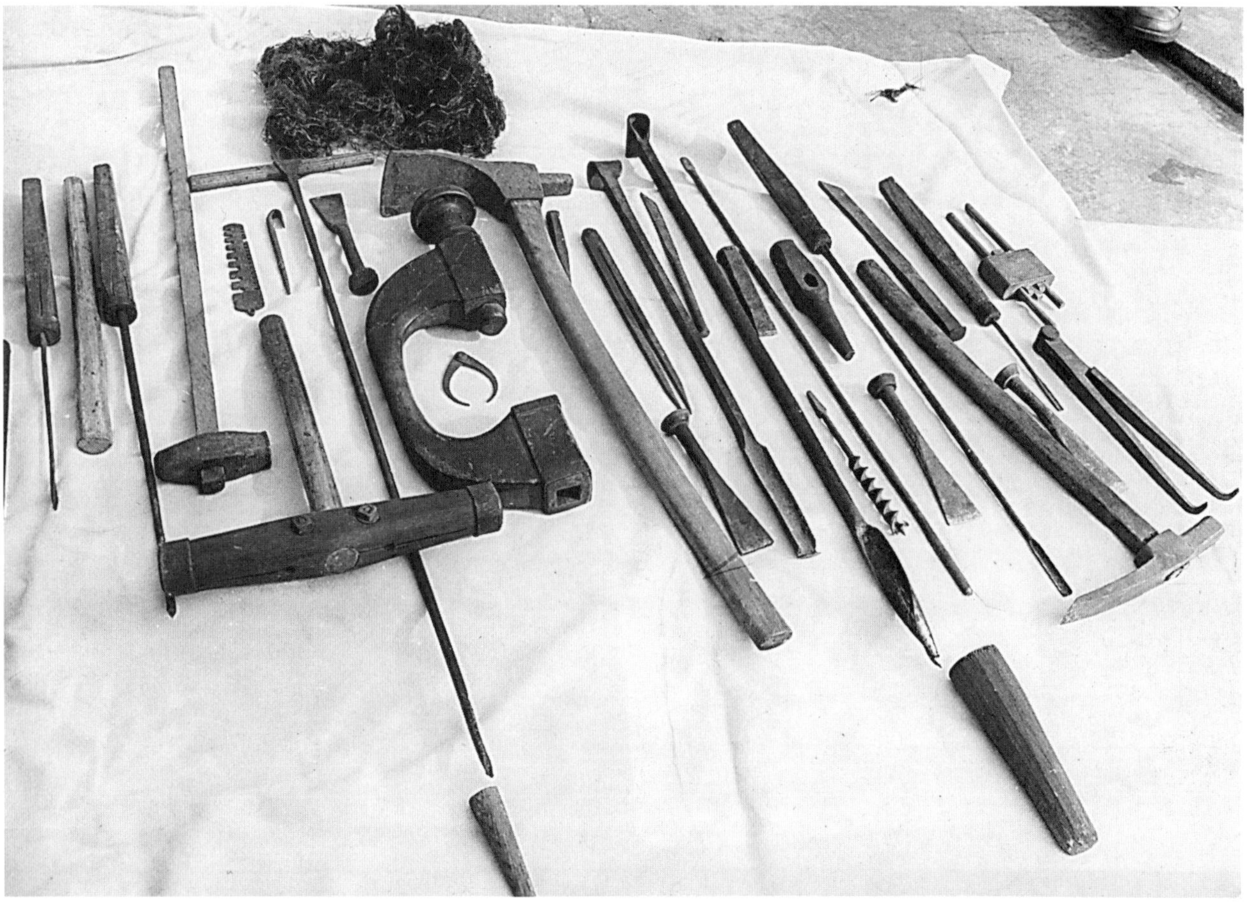

Taschen des Zollberechtigten flossen, ohne daß dieser zu irgendeiner Gegenleistung verpflichtet war.
Die Konferenz 1672 in Hamburg brachte als wichtigstes Ergebnis den Druck von einheitlichen Zollrollen, aber im Grunde war sie ebenso erfolglos wie die nachfolgenden Konferenzen von 1680 und 1709 in Lenzen. Da allgemein keine Hoffnung bestand, daß sich die Hauptanliegerstaaten Preußen, Hannover, Mecklenburg und Hamburg in wichtigen praktischen Fragen verständigen würden, ging man in der Folgezeit bis 1815 davon ab, strittige Fragen am Verhandlungstisch zu lösen. Jeder Staat handelte nunmehr nach eigenem Gutdünken, um seine Position im Elbverkehr zu festigen.

Über das Zollgebaren und die Anzahl der Zollstätten entlang der Elbe berichtete 1723 der Chur-Sächsische Hof- und Commercien-Rath *Marpenger*[20]:

> „Die von Böhmen aus, bis nach Hamburg und Stade auff der Elbe zu entrichtende und Frey zu machende acht und vierzig Zölle, seynd, wie sie Hr. Schößler in seiner ersten Continuation seines Arithmetischen Hauptschlüssels pag. 2029 beschreibet folgende, als nehmlich: Neun Königlich Böhmische als Roßstock, Wennewau/Leutmeritz, Bemmer, Solesel, Außig (zwey Zölle), Tetschen und Herrnsgrätschen. Neun Königl. Polnische und Chur-Sächsische als: Schandau, Pirna, Dreßden, Meißen, Mühlberg, Torgau, Bretsch, Wittenberg und Grünewald. Ein Adelicher in Churfürstl. Schloß Strehla.
>
> Fünff Fürstlich Sächsische als: Koßwig, Raßlau, Tochen, Dessau und Barby. Elff König. Preußische oder Chur-Brandenburgische als: Aken, Schönebeck, Magdeburg (hier seynd 4 Zölle und Licent), Jerichau, Tangermünde, Sandau, Lentzen/2 Zoll nehmlich Zoll und Licent. Drey Freyherrliche als: Rogetz, Witten-

Historische Aufnahme: Der Seitenraddampfer „Preussen" der Neuen Norddeutschen Flußdampfschiffahrts-Gesellschaft wurde 1856 in Prag gebaut und war bis 1887 in Fahrt. Hier wird er in der Nähe des ehemaligen Hauptzollamtes in Wittenberge beladen.

bergen und Kumlosen. Vier Curfürstl. Lüneburgische als: Schnackenburg, Hitzacker, Bleckeda und Lauenburg.

Zwey Fürst. Mecklenburgische als: Dömitz und Beitzenburg.

Zwey Hamburger nehmlich zum Zollenspicker, und ein Stadt-Zoll in Hamburg, wie auch der Schaumburger-Zoll daselbst, unterhalb Hamburg seynd noch Zölle in Stade und zu Glückstadt."

Von Dresden bis Hamburg waren die Schiffe an 30 Zollstätten genötigt anzulegen, und auf dieser Fahrstrecke mußten z. B. für ein Faß Wein 9 Taler, 9 Silbergroschen und 4 Pfennig Zoll gezahlt werden. Wie beschwerlich die Zollerhebung selbst war, zeigt das Beispiel einer Fahrt von Dresden nach Hamburg:

„Am Abgangsort Dresden erfolgte die Erstellung des Manifestes (Begleitschein der Ladung). In Meißen mußte gestellt werden, das heißt oberhalb der Brücke wurde gehalten. Das Fahrzeug wurde durchsucht und der Zoll entrichtet. Ähnlich war es in Mühlberg, Torgau, Pretzsch und Wittenberg. In Strehla fand eine tiefgründige Kontrolle der Ladung statt. In Coswig wurde ein neuer Zollschein ausgefüllt, da der Dresdner nicht anerkannt werden konnte. Dresden war ja Ausland. Nach der Coswiger Liste richteten sich auch die Zöllner in Roßlau, Dessau hingegen stellte wieder einen eigenen Schein aus, wie es auch wenige Elbkilometer weiter in Aken geschah. In Tochheim ist man mit der Coswiger Liste zufrieden, Barby hingegen erstellt ein neues Verzeichnis. In Schönebeck wird die Akener Liste akzeptiert, am gegenüberliegenden Ufer, in Grünewalde gilt wieder der Dresdner Zettel. Die Liste aus Schönebeck wird in Magdeburg, Rogätz, Jerichow und Tangermünde anerkannt. (Seit 1727 bestand in Tangermünde ein besonderes Zollpatent, nach-

Historische Lithographie: Ehemaliges Amtsgebäude des Hauptzollamtes in Wittenberge. Der Zollgeleitsbezirk dieses Amtes erstreckte sich 1 000 Ruthen (3,776 km) oberhalb und unterhalb der Stadt.

dem jeder Schiffer, der sein Fahrzeug nicht durchsuchen ließ, mit einer Strafe von 10 Thlr. belegt wurde. Im Wiederholungsfall verdoppelte sich das Strafmaß. -d. A.) Auch in Wittenberge und Cumlosen wird der Zoll nach der Schönebecker Aufstellung gezahlt und meist wird die Ladung nicht durchsucht. Dagegen wird die Kontrolle an der Lüneburger Grenze bei Schnackenburg als sehr scharf eingeschätzt. Die Durchsuchung der Ladung wird hier mit eisernen Visierstäben durchgeführt. Die neuerstellten Ladungspapiere haben für die weiteren drei Lüneburger Zollstätten Gültigkeit, während in Lenzen wieder der Tangermünder Zollschein Gültigkeit hat. Die beiden Mecklenburger Zollstellen vertrauen nicht auf die ausländischen Angaben und revidieren die gesamte Ladung. Letztendlich ist Hamburg etwas großzügiger, beim Zollenspieker wurde nicht einmal angelegt, sondern nur die Ankunft des Schiffes registriert“[21].

Als Folge dieser bürokratischen Methoden war ein Schiff nicht selten von Dresden nach Hamburg bis vier Wochen unterwegs, von Prag nach Hamburg wurden 36 bis 48 Tage geplant. Die Zahl der Schiffsreisen im Jahr betrug zwischen zwei und fünf; denn die Rückfahrt gegen den Strom dauerte entsprechend länger.

Oft gingen die Zollbeamten auch mit großer Willkür gegen die Schiffer vor, indem sie sich noch zusätzlich bereicherten und persönlichen Vorteil für sich und ihre Familien suchten. Ursache hierfür war, daß die Zollrollen aus längst vergangenen Zeiten stammten und dem Publikum zum größten Teil vorenthalten wurden. Nur wenige von ihnen lagen gedruckt vor. Eine Ermittlung der Tarife für sämtliche auf der Elbe beförderten Artikel konnte unter diesen Umständen natürlich niemals exakt und vergleichbar sein.

Wie sich die finanziellen Belastungen einer Segelschiffsreise im 18. Jahrhundert von Pirna bis Hamburg in der Praxis gestalteteten, ist einer zeitgenössischen Schilderung von 1798 zu entnehmen: Das beschriebene Schiff wurde geführt von einem Steuermann, dem vier Schiffsknechte und ein Schiffsjunge zur Seite standen. Sie hatten die Aufgabe, eine Ladung Bretter und Töpfe elbabwärts bis zum Seehafen Hamburg zu bringen[22]. Bevor das Schiff den Ausgangspunkt der besagten Reise, Pirna, verlassen durfte, wurde die Beladung durch den „Schiffstor-Torschreiber“ überwacht und die Kontrollzettel jeder einzelnen Fuhre dem Kurfürstlichen Hauptgeleits- und Akziseamt zur Berechnung der Gebühren vorgelegt. Dieses stellte die notwendigen Zollbegleitpapiere für die Waren und für den Kahn aus. Dafür waren 2 Taler, 21 Groschen und 4 Pfennige zu zahlen. Außerdem verlangten der Zollhauptmann 8 Groschen, der Geleitschreiber 12 Groschen und der Zollbereuther (Zollamtmann) 1 Taler. Nach sorgfältiger Erledigung dieser Reisevorbereitungen durfte man umhalten (das Schiff wenden) und nach Dresden abschwimmen. Leider lassen sich aus der Überlieferung nur schwer Rückschlüsse über die Menge der Ladung ziehen.

In einer anderen Quelle aus der gleichen Zeit wird angemerkt:

> „Die mecklenburgische Zollverwaltung zu Dömitz erscheine jahrzehntelang nicht viel anders als eine unter dem Deckmantel des Rechts fungierende Räuberbande, die ihrer Schamlosigkeit dadurch die Krone aufsetze, daß sie die Schiffer zuletzt mit äußerster Brutalität zwang, einen Schein zu unterschreiben, daß er gut behandelt worden sei“[23].

War Hamburg dann endlich erreicht – und der Schiffer hatte alle Schwierigkeiten mit den Zollbeamten hinter sich gebracht –, mußte er weitere Förmlichkeiten beachten. Zunächst meldete sich der Schiffer beim Hafeninspektor und bat um einen guten Platz, wo die Ladung gelöscht werden konnte. Sollte dieser an der Reimersbrücke nicht frei sein, bat man, den Kahn am Pulverturm anlegen zu dürfen. Beim Torschreiber war ein Torzettel für 14 Schilling zu erwerben, der dann dem Töpferinnungs-Obermeister vorgezeigt wurde. Der Obermeister kassierte vom Schiffer für die Innung 8 bis 12 Schilling in bar, und händigte den

Innungszettel aus. Nun brachte der Hafenknecht den Kahn an den vom Hafeninspektor bestimmten Platz. Im ersten Baum (Zollbaum) erhielt der Aufseher 1 Schilling, im zweiten Baum waren 3 Visitatoren anwesend, die 6 Schilling empfingen. Der Hafenknecht erhielt 1/2 Schilling und der Hafeninspektor 3 Schilling. Außerdem kostete das Hafengeld noch 15 Schilling.

Bretter und Töpfe waren im Hamburger Hafen nicht mit Zoll belegt. Während die Ware schnell verkauft wurde, suchte der Schiffer bei einem Makler Ladung für die Rückfahrt elbaufwärts bis Dresden oder Pirna.

Trotz der hohen Zolleinnahmen gab es unterschiedliche Bemühungen der Elbuferstaaten zur Verbesserung der Schiffbarkeit am eigentlichen Elbstrombett. Die größten Aktivitäten zur Normalisierung der Verhältnisse gingen vom brandenburgischen Kurfürsten *Friedrich Wilhelm* (1620 bis 1688) aus, der eine Vielzahl von Kanalbauten, Flußregulierungen, Deichbauten und Stromreinigungen ausführen ließ. Er war es auch, der die total verfallene Saaleschiffahrt zu neuem Leben erweckte und dem Salzhandel im halleschen Bereich neue Impulse gab.

In der Folge versuchte *Friedrich Wilhelm*, Preußen gegen die anderen Staaten abzuriegeln. Ein gegen Kursachsen gerichteter Zollkrieg wurde nach dem Dreißigjährigen Krieg entfacht. Während dieser Auseinandersetzungen verlor Magdeburg als Elbhandelsplatz immer mehr an Bedeutung. Der Kornhandel, einst der Haupterwerbszweig der Magdeburger, kam völlig zum Erliegen. Dafür gab es mehrere Ursachen. Zum einen verursachten die überhöhten Zollgebühren ebenso hohe Frachtgebühren (eine Last Getreide kostete mit Fracht und Zoll von Magdeburg bis Hamburg 12 Reichstaler und 9 Groschen, von Danzig aber nur 5 Reichstaler), zum anderen hatte das billigere englische Getreide erheblichen Einfluß auf die Getreidepolitik Hamburgs. Im Ergebnis wurde 1754 nicht ein einziger Getreidetransport von Magdeburg nach Hamburg durchgeführt. Zu dieser Zeit verschob sich der Getreidehandel immer mehr von der Elbe und von Hamburg nach Osten, nach Danzig, Königsberg und Riga. Auf der Elbe verblieb den Magdeburgern nur noch das Holz als Handelsobjekt.

Der König *Friedrich Wilhelm I.* (1688 bis 1740), der immer an einer Belebung der Magdeburger Schiffahrt interessiert war, erkannte mit der Errichtung eines Schiffahrtsmonopols einen Ausweg aus dieser trostlosen Situation und erließ 1726 ein Innungsprivileg für die Magdeburger Schiffer. So wollte er der Konkurrenz der Hamburger, Lüneburger und oberelbischen Schiffer begegnen, was auch zu Teilerfolgen führte.

Eine weitere Verbesserung der Schiffahrtsbedingungen brachte die Einweihung des Plauer Kanals am 2. Mai 1746. Der Bau dieses Kanals wurde 1740 durch den *König Friedrich II.* (1712 bis 1786) beschlossen und genehmigt. 1743 erfolgte der erste Spatenstich. Von diesem neuen Wasserweg zehrte vor allem die Salzschiffahrt, die von Schönebeck ausging und den Verschiffungsweg zur Mark und nach Berlin um 30 bis 40 Meilen abkürzte.

Die Stadt Magdeburg erkannte die Chance, wieder in den Elbverkehr einzudringen, erneuerte noch im gleichen Jahr das Stapelrecht von 1463 und brachte die durchgehende Schiffahrt von Sachsen vollends unter Kontrolle. Für die sächsischen Schiffer war nun, wie schon 1538, die Elbfahrt in Magdeburg beendet. Alle Waren mußten beim Transitverkehr nach Hamburg auf Magdeburger Schiffe umgeladen werden, nachdem die Güter drei „Sonnenscheine“ (drei Tage) feilgeboten wurden.

Mitte des 18. Jahrhunderts verschärften sich die Auseinandersetzungen zwischen Sachsen und Preußen weiter. Wieder kam es zum völligen Erliegen der Handelstätigkeit zwischen diesen beiden Ländern. Eine Besserung bewirkten erst die sogenannte Meßkonvention von Frankfurt/Oder 1766 und die Neuordnung der Zollverhältnisse an der Elbe von 1768 bis 1770[24].

Das Leipziger Stapelrecht wurde infolgedessen endgültig aufgehoben, woraus sich die Handelstätigkeit im sächsischen Elbgebiet wieder belebte. Der Verkehr zur Nord- und Ostsee unter Ausnutzung des Elbstroms nahm mehr und mehr zu. Obwohl Magdeburg streng auf sein Stapelrecht orientierte, kamen auf dem Wasserwege immer mehr Güter an, wodurch es zur Festlegung eines Reglements bei der Be- und Entladung, der sogenannten Reihefahrt, kam. Mit der Reihefahrt wurde der Konkurrenzkampf der Einzelschiffer um die Gunst der Befrachter aufgehoben. Unter den Mitgliedern der „Reihe-Ordnung" bestanden nun geregelte Arbeitsbedingungen.

2.5. Schiffstypen bis zur Mitte des 19. Jahrhunderts

Einbaum, Eskimo, Polka, Schlappen, Arche, Zille, Nackedei, Schute, Jacht, Quack, Gondel, Schaluppe, Prahm, Gelle, Eichen, ja auch Äppelkahn nannte man die Wasserfahrzeuge, die in früheren Jahrhunderten auf der Elbe benutzt wurden. Sie alle sind ausschließlich geschleppt (getreidelt) oder gesegelt worden. Durch ihre Form, speziell im Bug- oder Heckbereich, unterschieden sie sich wesentlich von späteren bzw. ganz und gar von heutigen Binnenschiffen, ohne daß konkrete Konstruktionsweisen vorlagen. Eines aber hatten sie alle gemeinsam, sie waren rundweg aus Holz gefertigt.

Neben den bereits erwähnten Größeneinteilungen der Schiffe des 12. Jahrhunderts in Leitmeritz und Tangermünde verweist eine Hamburger Zunftrolle von 1262 auf einen weiteren Schiffstyp, den Nachen. Eine Pirnaer Zollrolle unterteilt 1325 die Schiffstypen in: große Schiffe, Archen oder Prahmen, Vlozen und Schifflein.

Vloze (Vorgänger unseres heutigen Floßes) bestanden aus zusammengefügten Baumstämmen; sie waren Ladung und Ladungsträger zugleich.

Der *Quack* eignete sich besonders für den Holztransport. Er wurde meist im Anhang größerer Schiffe mitgeführt, die Tragfähigkeit betrug maximal 8 Lasten. Als Maße dieser Beikähne werden angegeben: „54 Fuß lang und 7 1/2 Fuß breit"[25].

Wie aus den Innungsakten früherer Magdeburger Schiffbauer hervorgeht, war die Herstellung eines Quacks Mitte des 18. Jahrhunderts noch eine Aufgabe für den neu zu kürenden Meister. Nach einem Bericht von 1752 wird die Arche als zweitgrößter Schiffstyp jener Zeit, nach der Schute angeführt.

Für eine *Arche* wurden folgende Maße genannt: „96 Fuß lang im Boden, 14 Fuß breit im Boden, 4 Fuß und 3 Zoll tief". Die Bauform wird so beschrieben: „Fahrzeug mit einem platten Boden, vorne spitzig, hinten breit und stumpf." Die Magdeburger Elbevisitationsordnung von 1672 gibt über die Tragfähigkeit der Schiffe an: „Große Archen, die 100 und mehr Wispel, Schutten oder Mittelarchen, die 30 bis 70 Wispel, Anhänger, Gellen und kleine Archen, die 20 bis 30 Wispel führen".

Die *Schute* kam vom 17. bis 19. Jahrhundert auf der Spree, der Havel und der Elbe zum Einsatz. 1781 wird über eine Schute ausgesagt: „Ein Boord von vier Planken, so vier Zoll dick sind, und ohne Riesboord, hat vorne einen Schnabel und hinten eine Kajüte und breites Hintertheil". Im Vergleich zur Arche ist die Schute wesentlich größer. Ihre Länge wurde 1752 mit 124 Fuß, die Breite mit 16 Fuß und 8 Zoll, sowie der Tiefgang mit 5 Fuß und 3 Zoll angegeben.

Die *Gellen* sind in der Tragfähigkeit den Archen gleich. Im 18. Jahrhundert zählten sie zu den meistgenannten Schiffen. Die vorhandenen Angaben über Bauform und Bauausführung stimmen sehr gut überein. Beschrieben wurde dieser Typ: „Ein solcher Kahn läuft hinten und vorne ganz spitz zu, hinten behält er noch seine Breite“, während eine andere Quelle mehr über den Ausbau dieser Schiffsform aussagt: „Gellen waren Fahrzeuge mit Rahtakelage, breiter Hinterkaffe, in welcher unter dem Helmholz die Kajüte sich befand“. Gelegentlich war auch der Begriff *Holzgelle* gebräuchlich, was auf die Nutzungsart schließen läßt, nämlich Holz zu transportieren.

Jachten waren für den Bereich ein seit dem 16. Jahrhundert bezeugter Schiffstyp. In den letzten Jahrzehnten des 18. Jahrhunderts fanden Jachten mehrfach Erwähnung, als verdeckte Ladeflächen für leicht verderbliche Waren mehr und mehr gefordert wurden. In der Angst um die Erhaltung der bisherigen Frachttarife sperrte sich die Magdeburger Schifferbrüderschaft zunächst gegen diese

Mit dem Katzenbuckelkahn konnte man zu seiner Zeit erstmals die Ladung vor Witterungsunbilden schützen.

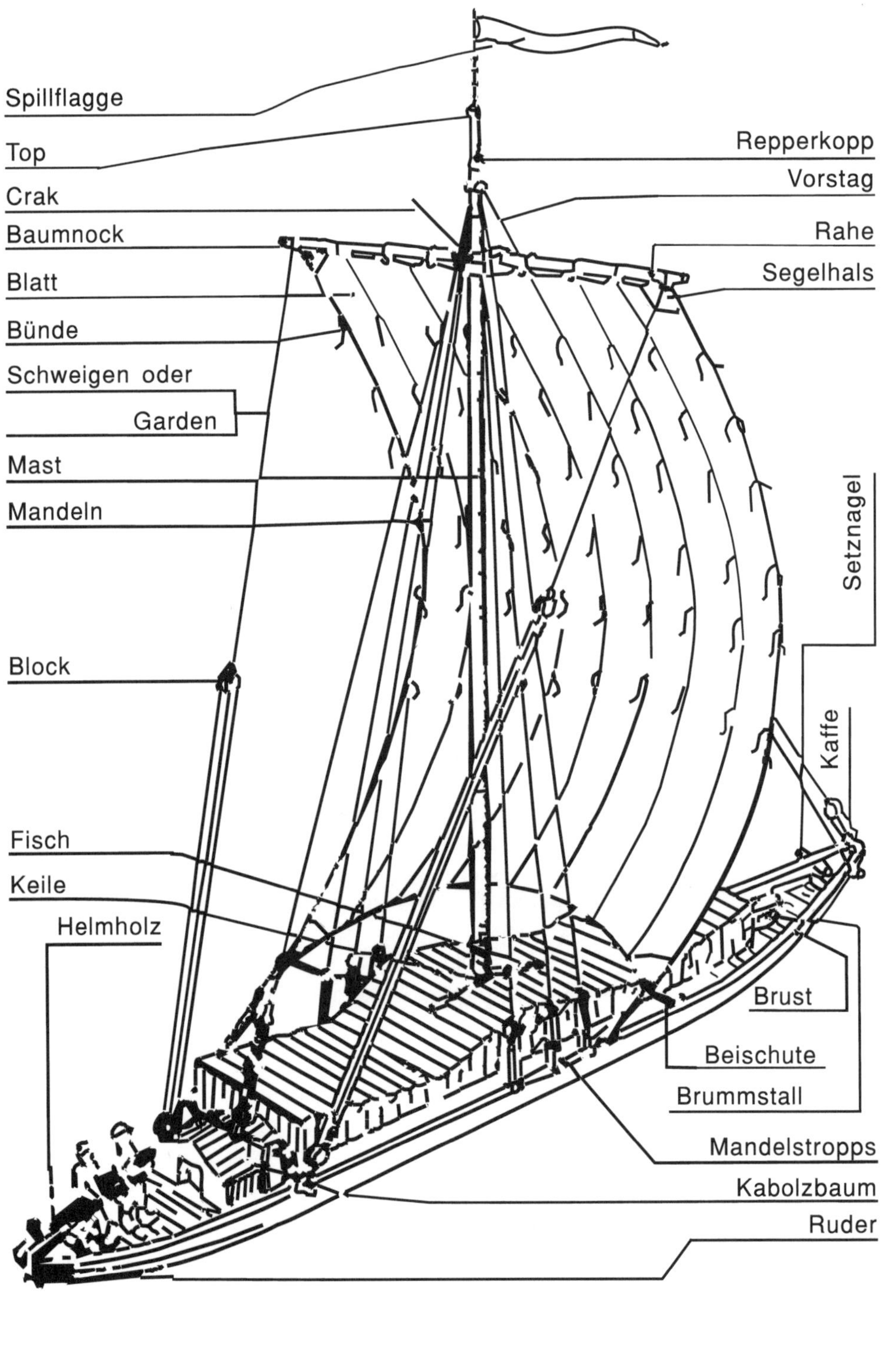

verdeckten Jachten, mußte dann aber die regelmäßige Reihefahrt mit diesem neuen Schiffstyp anerkennen.

Die *Zillen* – oder Nackedeis, wie sie umgangssprachlich genannt wurden – waren leichte, offene Flußschiffe, die auch auf der Oder, Moldau und Weichsel anzutreffen waren. Die Länge einer Zille betrug etwa 40 m; die Breite 4,6 m; die Höhe der Bordwand etwa 1,6 bis 2,0 m. Die volkstümliche Bezeichnung Nackedeis führt auf den Ausbauzustand während des Stapellaufs zurück, denn ohne jegliches Inventarium wurde dieser Schiffstyp dem nassen Element übergeben.

Zillen waren typische böhmische Fahrzeuge, die von der oberen Elbe oder von der Moldau bis Tetschen und Aussig kamen, um dort endgültig ausgebaut zu werden. Durch Aufbiegen des Bodens vorn und hinten erhielten sie eine bessere, schwimmfähigere Form. Zusätzlich wurden sie mit einem Steuerruder und einer Kajüte ausgerüstet. Nach der Abdichtung mit einem Teeranstrich wurden sie mit Obst, Schotter oder Kohle beladen und in Richtung Magdeburg, Hamburg oder Berlin auf die Reise geschickt. Am Endziel einer jeden Reise zerschlug man diese Zillen, Spanten und der Boden wurden billig als Feuerholz verkauft. Der Erlös aus der Fracht hatte die Erstehungskosten der Zille bereits decken müssen.

An manchen Orten entstanden so gesonderte Gewerbebetriebe, die „Zillenschlächtereien". Ein sicher lohnendes Geschäft; denn im vorigen Jahrhundert schwammen jährlich bis zu 400 Zillen von Böhmen kommend elbabwärts. Im Herbst eines jeden Jahres konnte man die Obstzillen fast täglich beobachten. Wurden Kohlen transportiert, dann übernahm eine Brettabdeckung den Schutz der Ladung vor dem Regenwasser. Zwei Bretter wurden jeweils durch ein über die Naht gelegtes Brett zusammengehalten. Mit dem einen Ende lagen die Bretter auf einem Querbaum, mit dem anderen tiefer. So konnte das Wasser ablaufen oder es sammelte sich am tiefsten Punkt des Schiffes, dem Oes. Das so entstandene wellenförmige Deck nannte man spöttisch auch *Katzendeck* und den ganzen Kahn *Katzenbuckelkahn*.

Gelegentlich wurden Zillen auch von Kleinschiffern preisgünstig erworben, die diese Fahrzeuge weiter ausbauten und einige Jahre für den Baustofftransport nutzten.

Besonders am Oberlauf der Elbe und auf der Moldau war eine Sonderform der Zillen weit verbreitet, die man Riesenschuh oder Riesenschlappen nannte. Sie wurden durch Scherbel (Ruder aus einem Rundholz und darauf befestigtem Brett) bewegt und sie dienten vorrangig dem Transport von Getreide. Das Transportgut war ebenfalls durch Bretter abgedeckt und geschützt.

Diese Schiffe hatten nur selten eine Butze (kleine Kajüte). Abends verließ die Besatzung das Schiff und übernachtete an Land. Aber auch von den früher sehr zahlreichen schiffbaren Nebenflüssen der Elbe kamen die Schiffe zum Strom.

Mit *Polka* bezeichnete man die Kähne, die auf dem Nebenfluß Stecknitz verkehrten und auch zur Elbe kamen. Sie gingen vorn spitz zu, ihr Hintersteven stand senkrecht. Hinten waren sie ebenso breit wie mittschiffs.

Die Schiffe der Ilmenau unterschied man in *Boote*, *Eichen* und *Ever*. Der Bootstyp *Lüneburger Eichen* ist schon um 1300 bezeugt und diente den in Lüneburg und Umgebung ansässigen Salzschiffern[26]. Obwohl keinerlei Einzelheiten über diesen Schiffstyp überliefert sind, schließt die Bezeichnung eine spezielle Anwendungsform von Einbäumen nicht aus.

Die sehr schlanken *Oderkähne* kamen im 18. Jahrhundert auch zur Elbe. Ihr Hintersteven war schrägliegend, unten breit, weiter oben sich verjüngend, während der Vordersteven unnatürlich hervorragte. Oderschiffe hatten im 17. und 18. Jahrhundert eine maximale Tragfähigkeit von 500 Zentner und waren mit einem Steuermann und zwei Schiffsknechten bemannt. Gegenüber den zeitgenössischen Elbschiffen hatten die Oderkähne eine noch spitzere Ausbildung der Vorder- und Hinterkaffe (feinere, schnabelartige Ausbildung). Der Mast befand sich sehr weit vorn, deshalb war das Segelgeschirr auch nicht so groß.

Ein weiterer Schiffstyp, die *Gondel*, war weniger für den Transport von Gütern vorgesehen. Sie diente vorrangig als Fährkahn. Aber auch die herrschaftlichen Schiffe am Kurfürstlich Sächsischen Hof wurden als Gondeln bezeichnet. Es waren Prunkschiffe, mit denen sich die Regenten dieser Zeit auf der Elbe fahren ließen.

Mitte des 18. Jahrhunderts erreichten einige Elbschiffe eine Tragfähigkeit von 600 bis 800 Zentnern. Mehr und mehr wurde bei diesen Lasten der Wind als Antriebsmittel der Fahrzeuge genutzt. Spezielle Segelfrachtschiffe entwickelten sich, und als erster wurde auf der Elbe der *Rahekahn* zum bestimmenden Schiffstyp. Rahekähne waren etwa 180 Fuß lang und 20 Fuß breit, unterschieden sich äußerlich nicht von den übrigen Kähnen des Flusses und hatten nur ein Segel. Dieser Schiffstyp wurde gelegentlich auch Rabenkahn oder Room genannt. Die Bezeichnung hat ihren Ursprung in der Rahtakelage. Bei dieser Segeleinrichtung hängt ein Querbaum – die Rah – waagerecht vor dem Mast (schiffersprachlich – die Mast). An diesem Querbaum war das Segel befestigt. Wurde das Segelgeschirr auf- und niedergezogen, bediente man sich umfangreicher Hilfsmittel; denn die gesamte Segelausrüstung hatte ein stattliches Gewicht. Das Seil, an dem der Querbaum hing, wurde über eine in der Mastspitze eingelassene Rolle geführt. Unter Zuhilfenahme von zwei dreischeibigen Blöcken, dem sogenannten Schiropp, wurde das Segel „aufgefallen“ (aufgezogen). Bei der Größe des Segels waren natürlich auch gewaltige Kräfte auf den Schiffskörper, besonders bei sehr starkem Wind, zu übertragen. Aufgenommen wurde der auf den Segelmast wirkende Druck durch die Segelducht. Sie hatte ihren Platz in

Prunkgondel des sächsischen Regentenhauses. Dieses herrschaftliche Fahrzeug ist im Schloß Pillnitz (Dresden) ausgestellt.

Höhe der Bordwand. An ihrem hinteren Ende war sie in der Mitte, der Form des Mastes entsprechend, ausgeschnitten. Das Segelgeschirr bestand im wesentlichen aus drei Hauptteilen, dem Mast, der Ruhstange und dem Segel.

Der Mast war fast genauso lang wie das Schiff selbst und das untere Ende, auf dem Schiffsboden aufsitzend, dreimal so dick wie seine Spitze.

Mitte des 19. Jahrhunderts, als Schiffe bis zu 1 000 Zentner Tragfähigkeit mit dieser Takelage gesegelt wurden, hatte ein solcher Mast bei einer Länge von 30 m unten einen stattlichen Durchmesser von 60 cm. An der Spitze maß er immer noch 25 cm. Da nicht alle Brücken mit einem Segeldurchlaß versehen waren (Dresden, Meißen, Torgau, Wittenberg, Roßlau, Magdeburg und Hämerten), mußte diese Segeleinrichtung an den betreffenden Stellen umgelegt werden, eine gewiß nicht einfache und leichte Arbeit für die Schiffsbesatzung, die neben dem Steuermann aus sechs bis zehn Zugknechten sowie zwei Bootsleuten bestand. Bei der Talfahrt drehten die Schiffe vor den Brücken und sackten rückwärts durch die zugelassenen Brückenjoche. Niemals fuhr man in solchen Situationen stevenrecht. Hinter der Brücke wurde der Mast wieder gerichtet, das Segel aufgezogen, der Kahn „herumgenommen", und die Fahrt konnte weitergehen. Die fichtene Rahstange hatte ihren größten Durchmesser von einem Fuß in der Mitte, die Enden liefen schlank aus. Ihre Länge betrug etwa zwei Drittel der Fahrzeugbreite.

Dem Segel galt die größte Sorgfalt, sollte es doch die Hauptantriebskraft des Schiffes, den Wind, nach Möglichkeit voll ausnutzen. Je nach der Windstärke wurde das Segel mehr oder weniger eingebunden oder ausgelassen.

Voll unter Wind stehendes Elbschiff mit Rahtakelage (18./19: Jahrhundert).

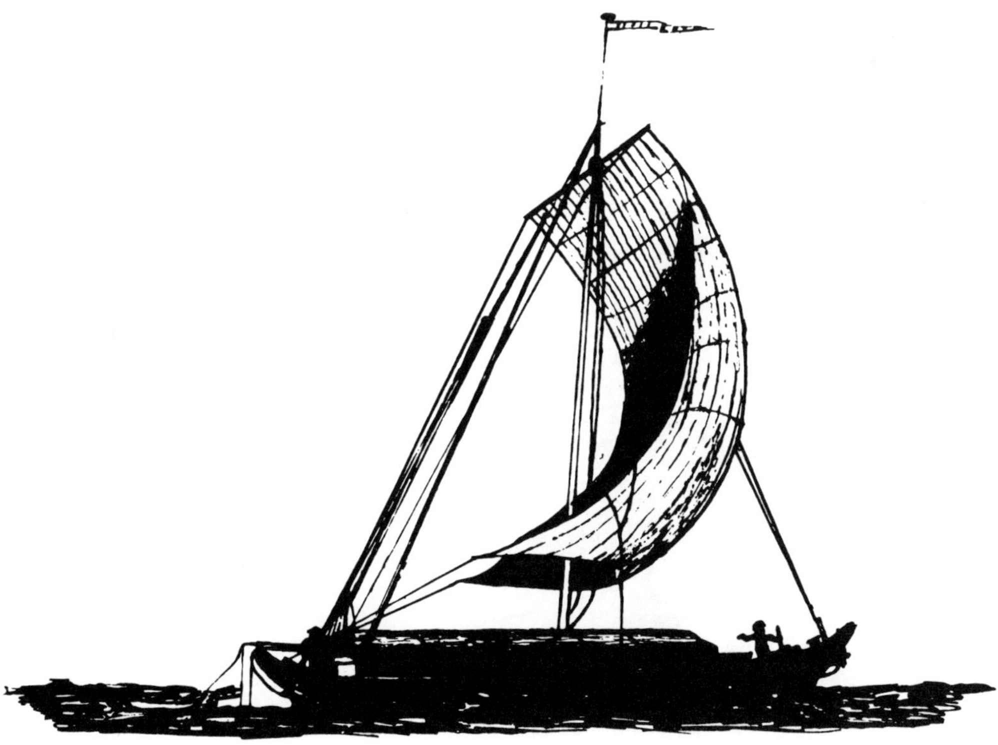

Das Rahsegel bestand aus sieben Abteilungen, den sechs Bünden und dem Sturm. Als Sturm bezeichnete man das untere Drittel des Segels, während die sechs gleichgroßen Bünde das Übrige ausmachten. Die Breite war abhängig von der vorhandenen Leinwand. Jede einzelne Leinwand bezeichnete man als Blatt. Das Rahsegel konnte bis zu 24 Blatt breit sein. Ein Vollsegel war gesetzt, wenn das Segel voll im Wind stand. Nur drei Bünde ausgelassen ergaben ein Mittelsegel. Die einzelnen Nähte waren aus Gründen der Festigkeit durch zusätzliche Leinwandstreifen verstärkt, und in kurzen Abständen hingen die Bundleinen herab. Mit ihnen wurde dann die gewünschte Segelgröße gebunden, immer der Windstärke angepaßt. Damit das Segel auch entsprechend der Windrichtung gestellt werden konnte, waren an beiden Enden des Querbaums Leinen angebracht, die sogenannten Schweigen, die der Kahnführer bediente. Damit stellte er mit entsprechendem Scherzeug das Segel in den Wind. Bis 1850 war die Rahbesegelung auf der Elbe anzutreffen, während sie auf der Saale noch weitere 20 Jahre genutzt wurde.

Seinen Nachfolger fand der Rahekahn durch den weitaus wirtschaftlicheren *Sprietkahn*, dessen Segeleinrichtung jedoch komplizierter aufgebaut und zu bedienen war. Die Effektivität des neuen Gefährts resultiert aus der geringeren Besatzungsstärke und der besseren Ausnutzung des Windes. Es konnten auch höhere Fahrgeschwindigkeiten erreicht werden. Bei dieser Spriettakelage hing das Segel nicht quer vor dem Mast, sondern es wurde durch eine schräg am Mast ausgestellte Stange, die „Sprietstange", zum Heck ausgestaffelt.

Kaffenkahn mit Spriettakelage (2. Hälfte des 19. Jahrhunderts).

Im Winter, bei hartgefrorenem Boden, werden Eichen mit einem Durchmesser bis 2 m aus der Elbenauer Schweiz zum Sägewerk der Schiffswerft Weise in Schönebeck-Frohse transportiert (1942).

Ein Trapezholz aus Eiche, der Übergang vom hölzernen Schiffsboden zur stählernen Bordwand, liegt zum Einbau bereit.

Gegenüber dem Rahekahn, bei dem der Segelmast immer mittschiffs stand, war der Mast bei dem Sprietkahn immer im vorderen Drittel des Schiffes. Ein Sprietkahn wurde in drei Räume geteilt, in Vorder- (auch Brummstall genannt), Mittel- und Hinterkahn. Zur vollständigen Segeleinrichtung eines ordentlichen Sprietseglers gehörten immer vier Segel, das Großsegel (24 Blatt breit), das Mittelsegel (17 schmale oder 14 normale Blatt breit), das Sturmsegel (17 schmale oder 12 Blatt breit) und das Viertsegel (12 schmale oder 10 Blatt breit). Ein fünftes Segel, das Brückensegel, diente zum Kreuzen bei leerer Fahrt. Unter einem schmalen Blatt verstand man eine Leinwandbreite von einer Elle, ein normales Blatt maß eineinhalb Ellen. Die Blatt oder Streifen waren fest miteinander vernäht. Bei mäßigem Wind wurden gewöhnlich das Großsegel und das Viertsegel gesetzt.

Jedes Segel hatte vier „Enden“ oder „Hälse“, den „Oberhals“ an der Spitze des Mastes, den „Stangenhals“ am ausgelenkten Ende des Sprietbaumes und unten am Mast den „Pritschbandhals“ sowie den „Schmietenhals“.

Mit dem Scherzeug wurde das Segelgeschirr „in den Wind gestellt“. Ließ es das Fahrwasser zu, konnte durch „kreuzen“ auch der Querwind oder Spitzwind ausgenutzt werden.

Das Viertsegel war am Vorstag, das von der Vorderkaffe zur Lastspitze führte, befestigt. Mit diesem Vorstag wurde auch der Mast gerichtet oder gelegt. Über Blöcke und Taljen setzte der Kahnführer auch diese Segel in den richtigen Wind. Bei den vielen Krümmungen des früheren Elblaufs mußte die Takelage oft umgestellt werden. Wurde das Großsegel herumgeholt, ertönte das Kommando „Holt Schut“ oder „Segel losgeben“. Fing das Segel aber an zu „lachen“ oder zu „flimmern“, war es günstiger, nach Treidelknechten Ausschau zu halten und das Segelgeschirr einzuholen.

Waren die Rahekähne an der Mastspitze immer mit einem 3 bis 5 m langen roten Wimpel versehen, dem sogenannten Treiberwimpel, so maß ein Sprietsegler einem würdigen Flaggenschmuck an der höchsten Stelle seines Schiffes allergrößte Bedeutung bei. Oft war ein weithin leuchtender Adler (Zeichen der Größe) bzw. das Staatswappen auf diesen Flaggen zu sehen, während am Heck des Schiffes die Fahne des Heimatortes des Schiffers oder des heimatlichen Anrainerstaates gesetzt war.

Mit dem *Spitzkahn* war eine abgewandelte Form des Sprietkahnes auf der Oder, später auch auf der Elbe, gebräuchlich. Durch seine schmale und sehr spitze Bauweise war dieser Typ ein besondere schneller Segler.

Bis etwa 30 Jahre vor der Jahrhundertwende wurden Sprietkähne gebaut. Die Nutzung des Dampfes als Antriebskraft forderte seit dieser Zeit größere Schleppschiffe, die durch ihre Abmessungen weder zu segeln noch zu treideln waren.

Die Sprietsegeleinrichtung blieb dennoch erhalten, denn besonders bei der Talfahrt wurde noch weit in unser Jahrhundert hinein durch ein gesetztes Segel die Fahrtgeschwindigkeit um 1 bis 2 km/h erhöht.

Erst mit der Neufassung der Binnenwasserstraßen-Verkehrsordnung vom 1. Februar 1974 war es im östlichen Teil Deutschlands für Frachtschiffe nach § 164 untersagt, einzeln zu Tal zu treiben.

Damit gehören segelnde Frachtschiffe auf der Elbe und weiteren Flüssen der Vergangenheit an. Die Segeleinrichtungen, die jeder Partikulär noch zu seiner Ausrüstung zählte, sind seitdem museales Requisit.

Unverzichtbare Hilfsmittel der Segelschiffer über Jahrhunderte.

Helling einer Schiffswerft an der Elbe um 1920.
Der Kahn „J. G. D.“ hat noch hölzerne Bordwände.

2.6. Der Mensch als „Antriebskraft“

Jahrhundertelang standen die Schiffszieher (auch Bomätscher oder Treidelknechte genannt) in direkter Beziehung zur Schiffahrt. Unabhängig von Form und Größe mußten die Frachtschiffe stroman durch Menschenkraft gezogen werden. Die ablösende Dampfkraft kam erst in der zweiten Hälfte des 19. Jahrhunderts für den Schleppverkehr zur Geltung. Dadurch entwickelte sich eine ganz besondere Berufsgruppe, die Schiffszieher. Diese gehörten im Gegensatz zu den Zugknechten nicht zur ständigen Besatzung der Fahrzeuge. Sechs bis zehn dieser Zugknechte wurden jeweils für eine Bergfahrt angeheuert und nach Erreichen des Zielortes unverzüglich wieder entlassen.

Entweder traten sie den Rückweg zu Fuß oder in mitgeführten Handkähnen an. Während die Zugknechte auf dem Kahn im sogenannten Brummstall übernachten durften, war dies den Schiffsziehern grundsätzlich verboten. Der Brummstall war entweder unter der Pflicht in der Butze oder in einem kleinen, vom Laderaum ganz vorn abgetrennten Verschlag. Der Begriff Brummstall wurde früher durch die Schiffer auf zweierlei Art erklärt: erstens wurde hier das Vieh eingesperrt, dessen Lärmen zum Namen verholfen hat; zweitens waren hier die Zugknechte mit den schwersten Arbeitsbedingungen untergebracht, und ihre durch Schimpfen zum Ausdruck gebrachte Entrüstung hätte zu diesem Namen veranlaßt.

Die Zugknechte hatten ihre Arbeitsgeräte selbst mitzubringen. Diese bestanden aus dem Zuggurt (Standfeste), der Märleine (auch Meerleine genannt) und dem Treckstock. An letzterem stützte man sich ab. Der Zuggurt wurde über die Schulter gehängt und glich einem breiten Riemen. Die Märleine war ein langer Strick, der am Treckseil des Kahnes befestigt war. Das Ende dieser Märleine hatte einen einfachen Knoten. Dieser Strick wurde um die etwa 1 000 Ellen lange Treckleine herumgeschlagen, und durch den Knoten konnte sich im angestrafften Zustand die Märleine nicht von der Treckleine lösen.

Drohte Gefahr durch aufkommenden Wind, durch Verfangen der Treckleine an Bäumen oder Gebüsch oder an Schiffmühlen, so mußte sich der Knoten sehr schnell öffnen lassen. Dieser hatte somit allergrößte Bedeutung für den Zugknecht, manchmal sogar für sein Leben.

An besonders schwierigen Stromstellen (Stromschnellen, Brücken) mußte, wenn die Kraft der Zugknechte nicht ausreichte, meistens die Hilfe der Schiffszieher in Anspruch genommen werden. Die Anzahl der zu verdingenden Hilfskräfte bestimmte ausschließlich der Schiffssteuermann. Diese Bomätscher waren jeweils für eine bestimmte Wegstrecke zuständig. Ebenso war der Turnus, in dem jeder einzelne aus einer Gruppe von Bomätschern an der Reihe war, genau geregelt.

Meist ging der älteste und erfahrenste Bomätscher an der Spitze der Gruppe. Er wurde „König“ genannt. Neben der Angabe des Taktes und des Trittes oblag es nur ihm, den Trecklohn mit dem Schiffssteuermann auszuhandeln. Nach dem „König“ gingen die Zugknechte, gefolgt von den Treidelknechten, und zuletzt kam der Leinenwächter. Dieser benutzte einen gegabelten Treckstock, die Wachgabel, mit ihr schützte er das Treckseil vor einem eventuellen Hindermis.

Gezogen wurden die Schiffe auf dem „Leinpfad“, einem Trampelweg, der gewöhnlich am linken Elbufer angelegt war. Bisweilen war er auch gepflastert. Für die Instandhaltung dieses Weges war immer der Besitzer des jeweiligen Ufers verantwortlich. Sowohl von staatlicher als auch von privater Seite ließ die Aufmerksamkeit für den baulichen Zustand dieses Treidelweges sehr zu wünschen übrig, und der Schiffahrt stellten sich oftmals fast unüberwindliche Hindernisse in den Weg. Dieser Umstand führte bereits frühzeitig zum Erlaß von Edikten und Verordnungen. So legte die Ufer- und Dammordnung für das Königreich Sachsen vom 7. August 1819 fest, daß die Eigentümer des Elbufers einen Landstreifen von sechs Ellen Breite vom Uferrand landeinwärts gemessen für diesen Leinpfad zur Nutzung freizugeben hatten. In anderen Anrainerstaaten war seine Breite auf acht Fuß festgelegt. Es war auch im Interesse der Schiffahrt verboten, am Leinpfad aus- oder einzuladen, es sei denn, eine Polizeiliche Genehmigung lag vor oder ein Unwetter machte diese Maßnahme notwendig. Bei schwerer Beladung eines Kahnes oder bei allzu großer Strömung kam eine zusätzliche Treidlergruppe zum Einsatz. Sie zog dann auf der dem Leinpfad gegenüberliegenden Uferseite, auf der sogenannten Wildbahn. Tieferes Wasser oder Hochwasser zwang zum „Melken" oder „Warpen". Mit einer Schaluppe (Handkahn) ruderte man flußaufwärts, befestigte das Zugseil an einem Baum und die Zugknechte drehten sodann das Schiff mit der Ankerwinde in mühseliger und zeitraubender Arbeit Meter um Meter gegen den Strom.

Die Bomätscher hatten ihre bestimmten Stationen und Gasthäuser, in denen Feierabend gemacht wurde. Sie scheuten sich auch nicht, wenn es die Situation erforderte, im Gebüsch Unterschlupf zu suchen. Kamen sie abends in ein Gasthaus, dann ging es nicht selten sehr rauflustig zu; denn die Bomätscher waren urwüchsige Gesellen. Hier wurde meist die schwerverdiente Löhnung des Tages in Alkohol umgesetzt.

Warum nahm man aber für diese schwere Arbeit keine Zugtiere? Die sozialen Bedingungen jener Zeit geben darauf Antwort. Für die Bewohner vieler kleiner Elbdörfer und -städte war das Schiffsziehen oft der einzige Broterwerb. Dies war ein Grund, warum das Ziehen der Schiffe mit Tieren selten vorkam.

Große Bewegung auf der Elbe und mehrere Bomätscher zeichnete *C. F. Sprinck* in unmittelbarer Nähe der Stadt und Festung Königstein zu Beginn des 19. Jahrhunderts.

Schon 1709 beschäftigten sich die Elbanliegerstaaten auf Veranlassung Preußens auf der bereits genannten Konferenz in Lenzen mit der Frage der Verwendung von Zugtieren zum Treideln. Ein österreichischer Gesandter regte 1823 in Sachsen an, den Leinpfad „für den Zug mit Pferden einzurichten". Daß dies nicht geschah, ist ein Zeichen der allgemeinen Notlage, in der sich der arme nichtbäuerliche Teil der Bevölkerung in den Elbdörferm jahrzehntelang und besonders in der Übergangszeit vom Feudalismus zum Kapitalismus befand.

Es wurde zwar zu dieser Zeit erkannt, daß das Ziehen eine Arbeit für Tiere sei, aber für die Leute niederen Standes war das einerlei, Hauptsache, daß „ihre Arbeit den Mann ernähre".

Die Schiffszieher waren in einigen Elbgegenden gut organisiert und kämpften erbittert gegen den Mißbrauch der Leinpfade durch Zugtiere. Der wahre Hauptgrund, das Schiffsziehen mit Tieren durch die Schiffseigner zu fordern, bestand jedoch darin, die proletarischen Schiffszieher hinsichtlich ihrer Lohnforderungen unter Druck zu setzen. In einer Petition der Schiffsbesitzer wird Klage darüber geführt, daß 1845, dem Jahr des großen Elbhochwassers, diese „ohne allen ersichtlichen Grund" (!) ihre kargen Lohnforderungen verdoppelt bzw. verdreifacht hätten[27].

1848 ersuchte die Gemeinde Laubegast das sächsische Finanzministerium, den Pferdezug zu verbieten, weil das Schiffsziehen bei der jetzt überall verbreiteten Nahrungslosigkeit für etwa einhundert Familien die alleinige Erwerbsquelle darstellte.

> „Die Ziehknechte an der Saale fühlten sich durch ein neues Unternehmen des Handelsmannes Blume zu Barby, der seit einiger Zeit die Kähne auf der Saale durch Pferde stromaufwärts ziehen ließ, in ihren durch die Gewerbeordnung allerdings beseitigten Gerechtsame beeinträchtigt, weshalb sie durch wiederholte Drohungen schon seit einiger Zeit zu erkennen gegeben hatten, daß sie diese Beeinträchtigung ihres Nahrungszweiges nicht länger dulden würden",

schrieb das „Patriotische Volksblatt – Calbesches Kreis- und Magdeburger Wochenblatt" vom 14. Februar 1874. Ein gewaltiges Einschreiten der Bomätscher an der Saale führte letztendlich zur Anklage durch das „Königliche Schwurgericht zu Magdeburg" wegen Landfriedensbruch und Zusammenrottung. 100 Bomätscher trieben die mit Pferden anrückenden Fuhrleute in die Flucht. Zwei Bomätscher wurden unter „Beachtung mildernder Umstände" zu einem Jahr Gefängnis und Aberkennung der bürgerlichen Ehrenrechte für ein Jahr verurteilt, So wie für die Umgebung von Wittenberg war das Schiffsziehen entlang der Elbe seit Mitte des vergangenen Jahrhunderts gesetzlich geregelt. In den territorialen Zeitungen wurde diese allgemein gültige Regelung öffentlich zur Kenntnis gegeben, wie im „Wittenberger Kreisblatt" vom 6. April 1851 bewiesen wird:

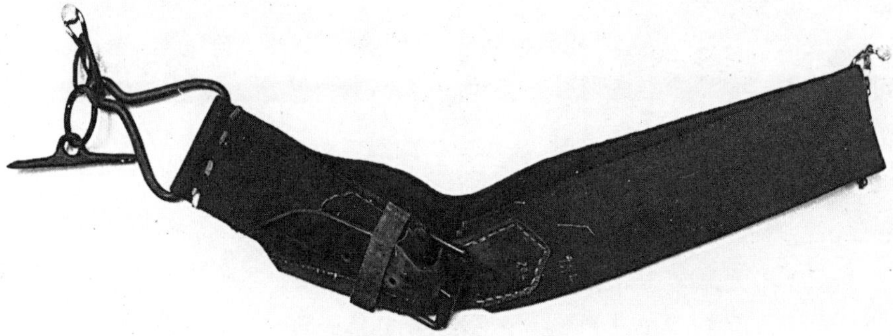

Der Treckgurt der Bomätscher, ein Requisit der früheren Elbschiffahrt, ist Bestandteil der schifffahrtsgeschichtlichen Abteilung des Schönebecker Heimatmuseums.

1. Für alle Schiffszieher gilt die Gewerbeordnung von 1845.
2. Jeder Schiffszieher hat ein Zeugnis über die Zuverlässigkeit und Unbescholtenheit seiner Person nachzuweisen.
3. Jeder Treidelknecht möchte beflissen sein, den gesetzlichen Bestimmungen zu entsprechen.
4. Keiner darf die vorgeschriebenen Grenzen überschreiten.
5. Der zuverlässigste Schiffszieher (auch „König" genannt) ist durch eine rote Armbinde zu kennzeichnen.
6. In jedem Stationsort hat die Ortsbehörde dafür zu sorgen, daß den Schiffsführern die Namen der „Könige" zugänglich gemacht werden.

Mit Einführung der Dampfschiffahrt Mitte des 19. Jahrhunderts waren die letzten Stunden der Bomätscher angebrochen. Ihre Existenzgrundlage war endgültig vernichtet, als um 1870 die ersten speziellen Schleppdampfschiffe, vor allem aber die sich an einer im Strom versenkten Kette fortbewegenden, laut rasselnden Kettenschlepper ihre Fahrt aufgenommen hatten. Die jungen und gesunden Bomätscher fanden Anstellung bei der Königlichen Elbstrombauverwaltung, die nun Interesse am Ausbau bzw. an der Uferbefestigung der Elbe zeigte. Die Alten und Kranken aber endeten im Stockhaus oder im Spital.

Heute noch, nach über 100 Jahren, sind einige Lieder der Bomätscher erhalten, deren monotoner Gesang helfen mußte, die Gleichmäßigkeit des Ziehens zu fördern.

„Mit Hippo hoppei ziehn wir Leine
Bei Regen, Wind und Sonnenschein.
Wir nehmen in die Hand die Leine,
Kommt an ein Schiff stroman allein.
Sechs Groschen bringt das Trecken ein,
Das reicht für Brot und Branntewein.
Wir können keine Stiefel kaufen,
Und müssen immer barfuß laufen."

Oder:

„Heia hebei, hebei heia!
Schifflein fahre sanft und wahre
Uns vor nassem, kühlen Bade!"

Oder:

„Heia hebei, hebei heia!
Schifflein schwimme, unsre Stimme
Soll die Marschtrompete sein!"

Die noch gelegentlich gebrauchte Redewendung „Hau ab, zieh Leine" ist auf die schwere Arbeit der Bomätscher zurückzuführen.

An einigen Stromstellen sind noch heute Reste des einstigen Treidelweges erhalten. Man erkennt sie leicht an der groben Pflasterung aus sächsischem Sandstein und den abgerundeten Kanten. Weiteres Merkmal sind die großen Fugen, worin sich die Schiffszieher und Zugknechte optimal abstemmen konnten.

Aber auch die Talfahrt hatte ihre Tücken. Ohne ortskundige Lotsen, sie wurden auch Haupter genannt, war dies so gut wie ausgeschlossen. Dieser Haupter fuhr dem Schiffskonvoi mit einem Handkahn voraus. Er peilte das Fahrwasser und steckte die freie Fahrbahn auf der rechten Seite durch „Mummen" (mit einem Busch oder Strohbündel versehene 12 bis 16 Fuß lange Stangen) und auf der linken Seite durch „Bloßen" (kahle Stangen) aus. Dem Konvoi folgte dann der „Stocktrecker", der die Stangen zog, um sie dem Haupter zur nochmaligen Nutzung zu übergeben.

Der Zusammenschluß mehrerer Einzelschiffer zum Konvoi brachte mancherlei Vorteile:

1. der zu entrichtende Haupterlohn entfiel nicht nur auf ein Schiff;
2. bei Versandungen konnte man schneller eine Fahrrinne mit dem Handbagger herstellen und den Aufwand mit dem der Schicksalsgenossen teilen;
3. zwangsläufiges Ableichtern an den seichten Stellen im Fluß war gemeinsam anzugehen, meist führte man deshalb einen Leichterkahn im Anhang mit;
4. in der Gemeinschaft war Dieben und Räubern besser zu begegnen.

Aufnahme von 1925: Haupter und Lotsen waren bis weit in unser Jahrhundert sehr ortskundige Fachleute und deshalb von den Schiffseignern begehrt und geachtet. Ihre Habe trugen sie in einer besonderen Tasche, dem Pascher, mit sich.

3. Beschaffenheit der Elbe als Wasserweg in früheren Jahrhunderten

3.1. Der Zustand des Stromes bis zum 18. Jahrhundert

Wird die Elbe als Kulturstrom betrachtet, dann könnte ein Außenstehender meinen, daß dieser Fluß seit Menschengedenken seinen heutigen Lauf nimmt, daß er auf einer Länge von 1165 km immer rechts und links seine heutigen Ufer tangiert. Zwangsläufig werden die Gedanken auf die Nutzung des Stromes mit Einbäumen und mit böhmischen Zillen, die nur Jahrhunderte voneinander getrennt auf dem gleichen Fluß schwammen, sowie an die noch vor etwas mehr als einem Jahrhundert tätigen Treidelknechte gelenkt. Es zeigen sich keine Spuren von Urströmungen, Untiefen, Inseln, Hegern, versunkenen Baumstämmen, Auskolkungen, Stromspaltungen, im Flußbett liegenden Felsblöcken, Uferabbrüchen oder Stromschnellen. Lediglich die vielen „Alten Elben", die den Fluß zu beiden Seiten als wertvolle Biotope begleiten, geben dem nachdenklichen Betrachter Hinweise an diese vergangenen Zeiten. Reste dieser verlassenen alten Flußläufe sind besonders in den Stromgebieten um Belgern, Torgau, Wittenberg, Aken und Barby bis weit in das flache Land hinein noch heute vorhanden.

Bei Magdeburg ist das gesamte rechtselbische Gebiet von Dornburg bis Lostau von zahlreichen, sich mehrfach kreuzenden alten Elbarmen durchzogen. Als Entlastungsstrecken zum gefahrlosen Abzug des Hochwassers für die Stadt Magdeburg haben sie noch heute größte Bedeutung (während der Erarbeitung dieses Buches z. B. wurde das Pretziner Wehr am 27. März 1988 zum 62. Mal in den 112 Jahren seines Bestehens zur Abwendung von Hochwasserkatastrophen gezogen).

Nutznießer dieser alten Elbarme sind heute vorrangig die Fischereibetriebe, Petrijünger oder die Landwirtschaft. Aber auch Naherholungsgebiete sind im ehemaligen Urstromtal der Elbe entstanden. Sie liegen immer hinter den Elbdeichen und sind dadurch vor dem normalen Hochwasser geschützt.

Das „Elbe-Wochenblatt polytechnischen Inhalts" von 1822 beschrieb in seiner Ausgabe Nr. 12 in einem Aufsatz, der der Feder eines „unterrichteten Wasserbau-Verständigen" entstammt, den Elblauf jener Zeit. So wird behauptet, daß der Fluß wegen seiner geringen Geschwindigkeit als „leicht zu bezähmen" eingeschätzt wird. Durch viele Biegungen des Flußlaufes werden aber die konkaven Ufer gefährlich abgebrochen. Zwangsläufig kann dadurch die Fahrrinne nicht in der Flußmitte verlaufen. An weniger belasteten Uferzonen würden sich Untiefen oder Heger bilden. Neben den natürlichen Schiffahrtshindernissen wurde auch Klage geführt über die vielen Schiffmühlen, die sich zum Nachteil der Schiffahrt immer noch in großer Anzahl auf dem Elbstrom

Bis Mitte des vorigen Jahrhunderts gehörten Inseln inmitten der Elbe zu den größten Hindernissen der Elbschiffahrt. Dieser Ausschnitt der historischen Elbstromkarte „Die Elbe ohngefähr zwischen Pretzsch und Wittenberg" von 1764 zeigt den Verlauf des Flusses vor der Realisierung des Elbdurchstichs 1774 bei Klöden.

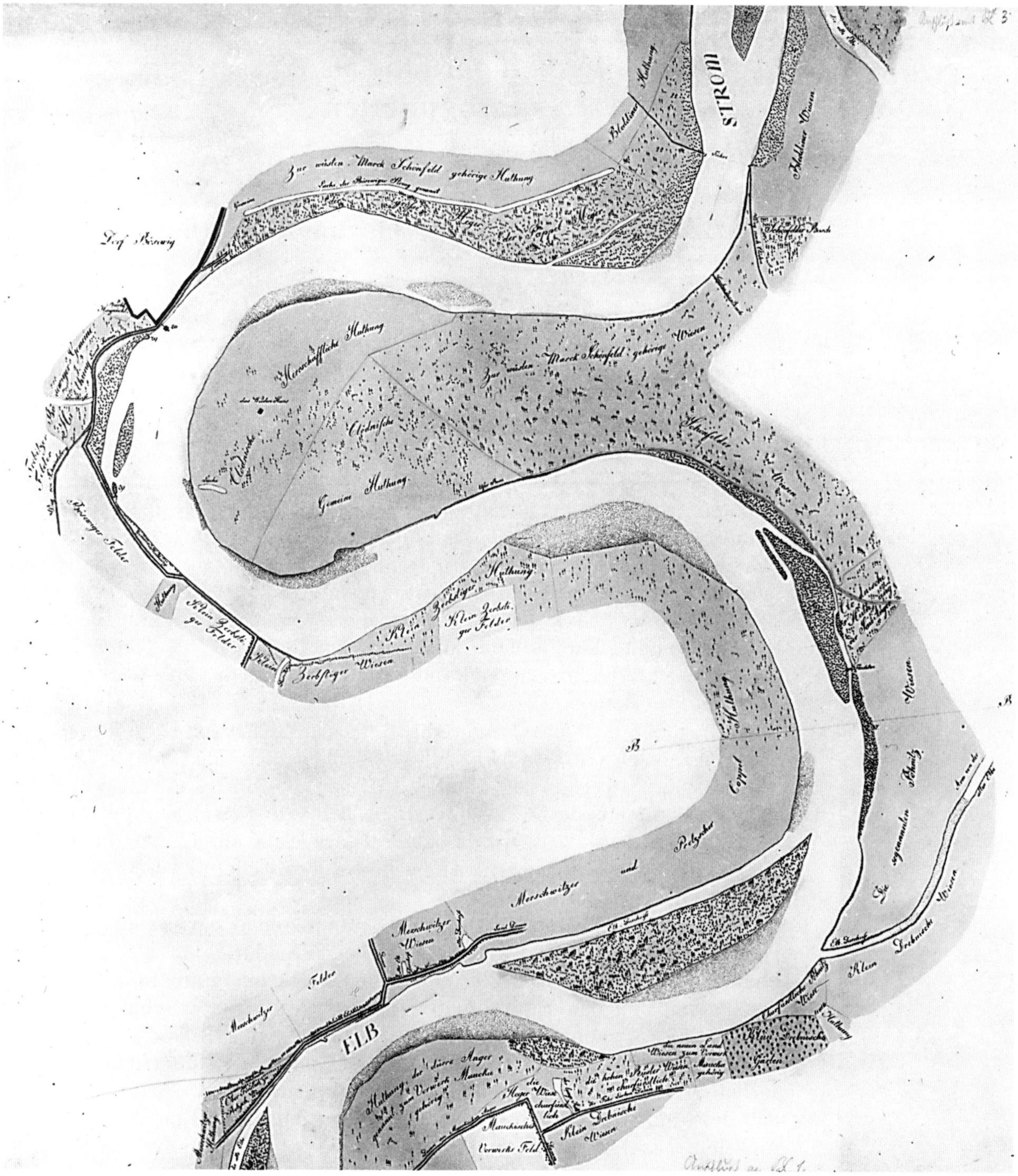

befanden. Sowohl die Schiffmüller als auch die Schiffer versuchten, die besten Strömungsverhältnisse für ihr Gewerbe auszunutzen. Es kam zwangsläufig zu Streitigkeiten zwischen diesen beiden Berufsgruppen.

Die Geschichte des Strombaus hat gezeigt, daß die frühere Bezeichnung „Wasserbaukunst“ für den Flußbau keineswegs überzogen ist. Im Wasserbau stellt der Flußbau das diffizilste Gebiet dar, und begangene Fehler oder Fehleinschätzungen werden erst Jahrzehnte nach ihrer Ausführung ersichtlich. Jedes strömende Wasser hat das Bestreben, sich selbst einen Weg zu bahnen, was für die Schiffahrt zu ungünstigen Verhältnissen führen kann.

Beim weiteren Ausbau der Elbe mußten daher die naturbedingten Gesetzmäßigkeiten, nach denen sich der Wasserablauf vollzieht, untersucht und erforscht werden. Ein Fluß pendelte früher im unregulierten Zustand sehr gern, d. h., er ging von einer Krümmung bevorzugt in eine Gegenkrümmung über. Bei geradliniger Führung wurde das Ufer weniger abgespült. Der Flußlauf war an vielen Stellen stark ausgearbeitet, an anderen lagerten sich Sandbarrieren ab. Eine der häufigsten und immer noch sehr aktuelle Erscheinung in der Elbe und dies speziell im Elbbereich bei Hitzacker ist die Bildung von Sandbänken in der Fahrrinne. Diese bilden sich, weil das fließende Wasser die Flußsohle nicht zur Ruhe kommen läßt, sie wandert mit dem Wasser vom Gebirge bis zur Mündung. Diesen beweglichen Grundbereich eines Flusses nennt der Fachmann „Geschiebe“. Noch heute sind für diese Naturerscheinungen keine endgültigen Gesetze gefunden worden, jeder auftretende Fall ist individuell zu betrachten bzw. zu behandeln.

Der Ausspruch, den *Goethe* einmal in seinen „Gesprächen mit Eckermann“ machte: „Die Natur versteht gar keinen Spaß, sie ist immer wahr, immer ernst, immer strenge, sie hat immer recht, und die Fehler und Irrtümer sind immer die des Menschen“, trifft auch auf den Flußbau zu. Natürlich gab es vor dem 19. Jahrhundert auch bereits Bestrebungen, den Fluß in ein festes Bett zu zwingen. Diese Aktivitäten wurden aber fast nie im Interesse der Schiffahrt ausgeführt, es standen immer örtliche Interessen im Vordergrund, wie der Schutz vor Hochwasser oder Eis sowie vor Uferabbrüchen. Besonders die

Die erste größere Regulierung des Elbflusses durch Menschenhand war der Durchstich bei Klöden (Landkreis Jessen/Elster). In den Monaten Oktober und November 1774 wurde diese Baumaßnahme durchgeführt (heute Elb-km 190 bis 192).

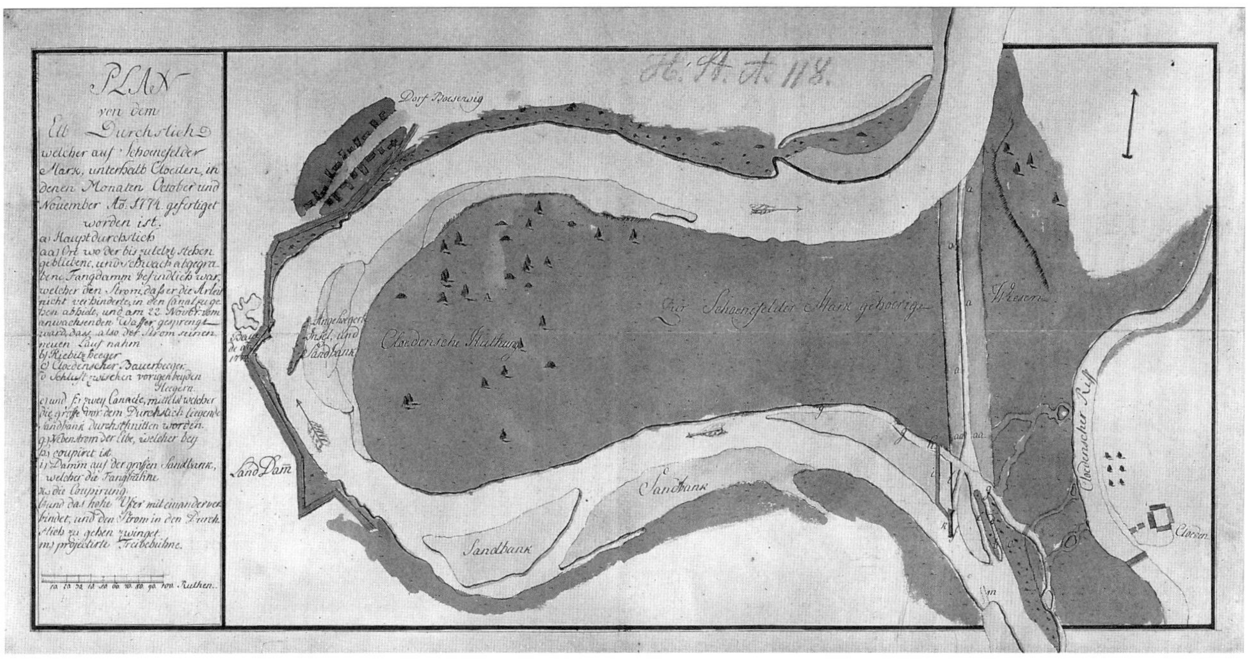

Schiffmüller waren es, die ihren gewaltigen Mühlen im Winter Schutz bieten mußten. Plötzlich eintretender Eisgang oder Sturm hatte oft genug zum totalen Verlust ihrer Schiffmühlen geführt.

3.2. Gründung der Deichverbände - Schutz vor Naturgewalten

Vorhandene Berichte über Baumaßnahmen am Flußbett betreffen vor allem die Begradigung des verwilderten Strombettes, um Schäden durch Hochwasser und Eisgang von bedrohten Elbstädten und -dörfern abzuwenden. Besonders nach extremen Hochwassern suchte sich der Strom ein neues Flußbett und hinterließ im Flachland eine völlig verwüstete Landschaft.

Im böhmischen und sächsischen Teil des Elblaufs waren die Schäden anderer Art. Hier hatte sich der Fluß in Tausenden von Jahren einen Weg zwischen Felsen und Sandsteinen geschaffen, den er nicht mehr zu verlassen vermochte. Im Bruchteil eines Tages verwandelt sich der Fluß vom zahm dahinfließenden zum reißenden Strom, weil die Ausdehnungsfläche durch die Gebirgslandschaft fehlt. Nur im Bereich des Zusammenflusses von Moldau und Elbe, wo in geringem Maße Flachland vorherrschend ist, sind an einigen Stellen Eindeichungen beider Flußläufe notwendig. Im sächsischen Elbbereich sind Dämme nur bei Dresden und unterhalb von Grödel (gegenüber Riesa) in einem 18 km langen Uferbereich ausgebaut. So schnell jedoch das Hochwasser auftritt, so schnell geht es hier auch wieder zurück. Dies steht ganz im Gegensatz zur Realität im Mittel- und Unterelbebereich, wo der Fluß kilometerweit ausufert und nur langsam, wegen seiner weitaus geringeren Strömungsgeschwindigkeit als im Oberlauf, seine ursprüngliche Gestalt wieder annimmt.

Bei einer dieser gewaltigen Wasserfluten suchte sich die Elbe 1579 bei Kleinwittenberg selbst durch einen Durchriß einen neuen, kürzeren Weg und fließt seitdem nicht mehr am Ort Pratau vorbei (heute Elb-km 214 bis 218,5). Hinterlassen hat diese Flutwelle ein Schutzgebiet für Vögel und Damwild.

Alte Elbkarten aus dem 16. und 17. Jahrhundert geben auch Aufschluß über die Lage der Dorfschaften zur Elbe und ihre Flurgrenzen. Da der Strom sich früher völlig selbst überlassen war, lagen einige Elborte bald links, bald rechts des Stromes, je nach Mächtigkeit der Wasserfluten.

Seit Jahrhunderten sind Elbstrecken in den Niederungen von den Grundbesitzern eingedeicht worden. Das Anlegen und Unterhalten dieser Deiche geschah freiwillig. So bestand an der Mittelelbe für die Niederung auf dem linken Elbufer von Pretzsch bis Pratau schon sehr frühzeitig ein Deichverband mit einer Deichordnung von 1558.

Großen Hochfluten widerstanden diese Dämme jedoch meist noch nicht. Auch an der unteren Elbe sind Deichordnungen aus alten Zeiten bekannt, wie die Deichordnungen für die Umgebung von Hitzacker vom 6. September 1664, vom 12. Juni 1748 und vom 2. November 1752[1]. Nachdem das Hochwasser des Jahres 1845 an der oberen preußischen Elbe fast sämtliche Schutzwerke überflutete und mehr als 70 Deichbrüche auftraten, wurde dem Deichwesen mehr Aufmerksamkeit geschenkt. Links und rechts der Elbe waren zu dieser Zeit die Ufer bereits auf einer Gesamtlänge von 520 km eingedeicht.

Eine Chronik des Dorfes Wartenburg (Kreis Wittenberg) berichtet über die Hochwasserkatastrophe von 1845:

> „Das Hochwasser mit seinen Nöten hat damals allgemeinste Teilnahme erweckt, aber es wird leichter vergessen werden, als die Schlacht von Wartenburg 1813, obwohl der wirtschaftliche Schaden, den das Wasser verursacht hat, vielleicht größer und länger spürbar gewesen ist, als die Verluste im Kriegsjahr 1813“[2].

Ein Gesetz vom 28. Januar 1848 über Deichanlagen sowie der „Allerhöchste Erlaß vom 14. November 1853 betreffend Allgemeine Bestimmungen für künftig zu bildende Deichverbände“ durch „Allerhöchste Kabinettsorder“ ermöglichten bzw. zwangen entlang der Elbe zur Bildung von Deichgenossenschaften

An besonders markanten Stellen wie hier in Hrensko (CSFR) zeugen Hochwassermarken von früheren Flutwellen der Elbe.

Durch das begrenzte Flußtal hatten Hochwasserstellen besonders im böhmischen und sächsischen Elbgebiet verheerende Auswirkungen, wie hier 1920 in Dresden.

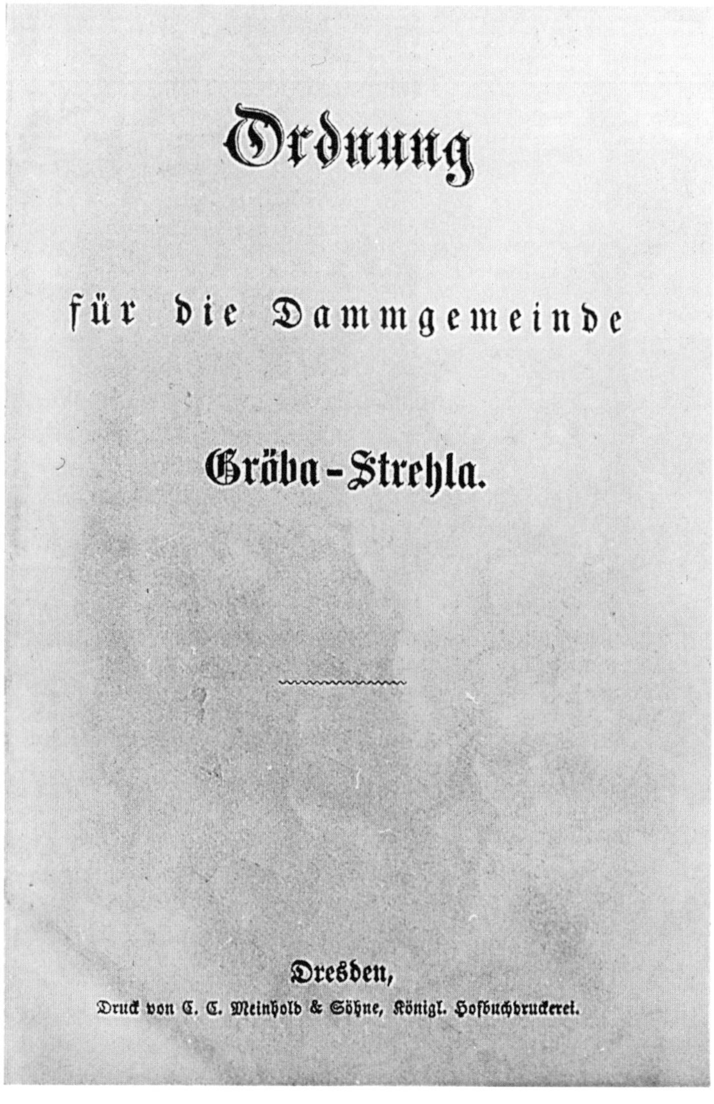

Ordnung

für die Dammgemeinde

Gröba-Strehla.

Dresden,

Druck von C. C. Meinhold & Söhne, Königl. Hofbuchdruckerei.

Um vorbeugend Maßnahmen gegen Hochwasser der Elbe einleiten zu können, verbanden sich die Bewohner mehrerer Elborte in der Mitte des vorigen Jahrhunderts und gründeten eigenständige Dammverbände.

und zur Einführung eines geregelten Deichsystems. Ihr Ausbau war in der Hauptsache bis 1862 vollendet. Die Statuten dieser Deichverbände schrieben die Verhaltensregeln der Wachmannschaften im gefahrdrohenden Fall nicht nur eindeutig vor, sondern regelten auch die Strafhöhe gegen die Zuwiderhandelnden. So war beim Erreichen eines festgesetzten Pegelstandes der gesamte Damm, für den ein Deichverband zuständig war, zu bewachen. Stieg das Wasser weiter, wurde die Wache durch einen zusätzlichen Dammknecht ergänzt, der im Auftrag des Dammeisters weisungsberechtigt war. Jeder Wachmann hatte zum Dienst einen Spaten, eine Mistgabel und ein Beil mitzubringen. Dienst wurde grundsätzlich 12 Stunden geleistet, jeweils 7 Uhr abends und morgens erfolgte der Wechsel der Mannschaften. Im Falle einer Gefahr war der Deichaufsichtsbeamte berechtigt, die Mannschaften auch nach den geleisteten 12 Stunden weiterhin einzusetzen.

Der § 5 der „Deichvertheidigungs-Ordnung" vom 12. Juli 1854 regelte das Verhalten der Wachmannschaften:

> „Die Wach- und Vertheidigungs-Mannschaft ist verpflichtet, den Herren Aufsichtsbeamten, dem Dammknechte und ihrem Führer Folge und Gehorsam zu leisten. Ebenso ist sie dem Deichinspector oder Dammeister, bei deren etwaiger Anwesenheit zum Gehorsam verpflichtet. Widersetzlichkeit, Ungehorsam und Fahrlässigkeit, so wie der Versuch, sich dem Wachdienst zu entziehen, werden nach dem § 22 des Deichstatuts mit Geld- oder Gefängnisstrafe geahndet."

Ähnlich verhielt es sich bei eintretendem Eisgang. Zusätzlich wurden in diesem Fall noch akustische Signale eingeführt. Das „Wittenberger Kreisblatt" vom 23. Oktober 1841 veröffentlichte die durch den „Königlichen Landrath Wittenberger Kreises" erlassenen einschlägigen Bestimmungen:

1. Das Signalisieren des eintretenden Eisganges oder der Eisstopfung auf der Elbe oder Dammbrüche erfolgt durch Geschütze. Diese stehen im Kreis Wittenberg bei Greudnitz, Pretzsch, Clöden, Wartenburg, Dabruner Weinberge, Wittenberg und an der Holzablage bei Apollensdorf.
2. Zu signalisieren sind eintretender Eisgang mit zwei Schüssen, Eisstillstand mit vier Schüssen und Dammbruch mit sechs Schüssen.
3. Die Signalschüsse sind immer von dem Geschütz zuerst abzugeben, welches dem stattfindenden Ereignis am nächsten ist.

Die Gemeinden waren auch verpflichtet, alle Nachrichten hinsichtlich Eisgang und Hochwasser unverzüglich zur Kreisstadt zu melden. Da die Ausführung nicht in jeder Weise den Wünschen des Landrates entsprach, wurde 1842 folgende Regelung zusätzlich eingeführt: Sobald vom Nachbarkreis Torgau Nachrichten an der Kreisgrenze eintrafen, mußten diese in den Dörfern Proschwitz, Wörblitz, Greudnitz, Sachau und Priesitz durch reitende Boten innerhalb einer Stunde dem Oberamtmann in Pretzsch zugestellt sein. An- und Abgangszeit waren jeweils durch den Ortsrichter zu bestätigen. Von Pretzsch wurden die Nachrichten (auch Rapporte genannt) in zwei Ausführungen bis Merschwitz befördert. Das Hauptexemplar wurde durch reitende Boten auf kürzestem Wege, d. h. über Trebitz, Dorna, Rackith, Lammsdorf, Eutzsch und Pratau, dem Landrat von Wittenberg zugestellt. Das Zeitlimit betrug zwei Stunden. Die Zweitschrift wurde von Merschwitz durch Fußboten längs des Elbdammes bis Wittenberg befördert.

Neben der Ankunfts- und Abgangszeit waren die Ortsrichter verpflichtet, weitere Bemerkungen zur Situation hinzuzufügen. Bei Weigerung gegen den Botendienst oder unterlassener Hilfeleistung wurde eine empfindliche Geldstrafe von 5 Reichstalern zuzüglich Schadenersatzleistung angedroht.

Vor allem 1862 wurde der Ausbau der Dämme vollendet. Diese sind in ihrer Höhe so ausgelegt, daß sie den höchsten, eisfreien Wasserstand um 0,6 m überragen, an einigen Stromstellen liegen die Dammkronen noch höher.

Unterbrochen werden diese künstlichen Schutzwälle nur von höheren Uferlagen, wie links der Elbe bei Tangermünde, zwischen Hämerten und Arneburg und von Hitzacker bis Bleckede. Auf der rechten Elbseite ist letzteres bei Griebo, bei Ferchland, von Boizenburg bis Geesthacht und unterhalb von Hamburg bei Blankenese der Fall.

Die Breite des Flußtales nimmt in dem Maße mit dem Lauf des Flusses zu, wie sich die Strömungsgeschwindigleit verringert.

Die ersten gezielten Baumaßnahmen im Interesse der Schiffahrt galten der Beseitigung der stärksten Krümmungen, z. B. der Lostauer Durchstich (9 km unterhalb Magdeburgs), der 1740 vollendet wurde. Die Durchstiche bei Döbern (unterhalb Torgaus), Clöden (unterhalb von Pretzsch) und bei Neubleesern (zwischen Torgau und Prettin) wurden 1773 und 1774 ausgeführt. Ein weiterer Durchstich begradigte die Elbe bei Rothensee (unterhalb Magdeburgs). Vor Jahrhunderten verlief der Fluß in diesem Elbbereich noch unmittelbar an Elbeu und Wolmirstedt vorbei. 1810 folgte schließlich noch der Durchstich bei Coswig (unterhalb von Wittenberg)[3].

3.3. Die Magdeburger Schleuse

Das Magdeburger Elbstromgebiet nimmt seit alters her eine besondere Stellung entlang des Flußlaufes ein, es war die gefährlichste Elbstrecke überhaupt. Bis zur Mitte des 18. Jahrhunderts teilte sich der Strom in drei Arme, deren Mittellauf der Schiffahrt diente (Große Elbe). Besonders bei Niedrigwasser bildeten sich durch die geringe Strömungsgeschwindigkeit sehr schnell

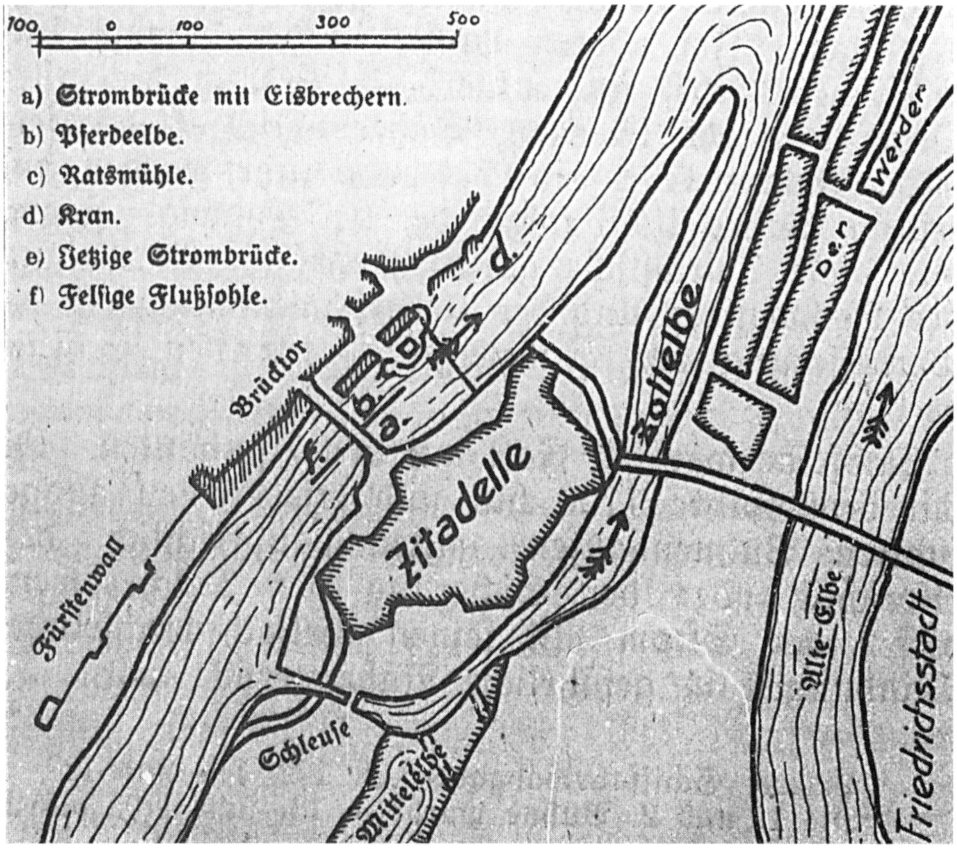

Schon 1738/1739 wurde durch den Bau einer Schleuse die schwierige Elbstrecke in Magdeburg am Domfelsen umgangen und für die Schiffer günstiger gestaltet.

Sandbänke. Der linke Elbarm, auch „Kleine Magdeburger Elbe“ genannt, war wegen des Domfelsens bei Niedrigwasser nicht befahrbar.

Ausschließlich der Schiffahrt zum Vorteil gereichten dann die längst überfälligen Baumaßnahmen am Flußbett, die 1738 und 1739 begonnen wurden. Neben den natürlichen, schwierigen Fahrwasserverhältnissen erschwerte die um 1440 gebaute, hölzerne Strombrücke mit ihren ziemlich engen Öffnungen die Schiffahrt erheblich. Hinzu kam, daß die starke Strömung in diesem Bereich über Jahrhunderte hinweg mehr als 23 Schiffmühlen entstehen ließ. Sie waren nicht nur zusätzliche Hindernisse für die Schiffahrt, sondern machten eine havariefreie Durchfahrt sehr schwer.

Mit der Absperrung der Mittelelbe durch einen Damm von der Roten Horn-Spitze bis zum Presterschen Deich zwang man das Wasser durch den linken Elbarm, obwohl hier der Domfelsen das Flußbett querte. Ein unteres Wehr wurde zwischen dem „Holzstrecken Werder“ und dem „Kommandanten Werder“ angelegt. Mit dem Bau einer Schleuse zwischen der Zitadelle und dem Roten Horn von 1743 bis 1747 war es nun den Schiffern möglich, die gefährliche Stromstrecke am Domfelsen zu umfahren. Die Baumaßnahmen lagen in der Hand der städtischen Baubehörde, dem „Fähramt“. Diese Schleuse hatte eine Länge von 75 m und eine Breite von 8 m. Der Entwurf zu diesem Kammerschleusenbau wird *Friedrich II.* (1740 bis 1786) zugeschrieben, der sich während seiner Regentenzeit mehrfach um die Verbesserung der Wasserstraßen in Preußen bemüht hatte[4].

Historische Aufnahme: Die Schleuseneinfahrt zur Magdeburger Zollelbe. Diese Anlage war bis 1889 nutzungsfähig und begünstigte besonders diejenigen Schiffe, die elbaufwärts in Fahrt waren.

Obwohl für die Benutzung der Schleusenanlage eine Gebühr erhoben wurde, ersparten sich die Schiffsherrn durch deren Nutzung die weitaus höheren Bomätscherkosten. Die Schleuse war deshalb bis zur Blütezeit der Kettenschiffahrt sehr gut frequentiert.

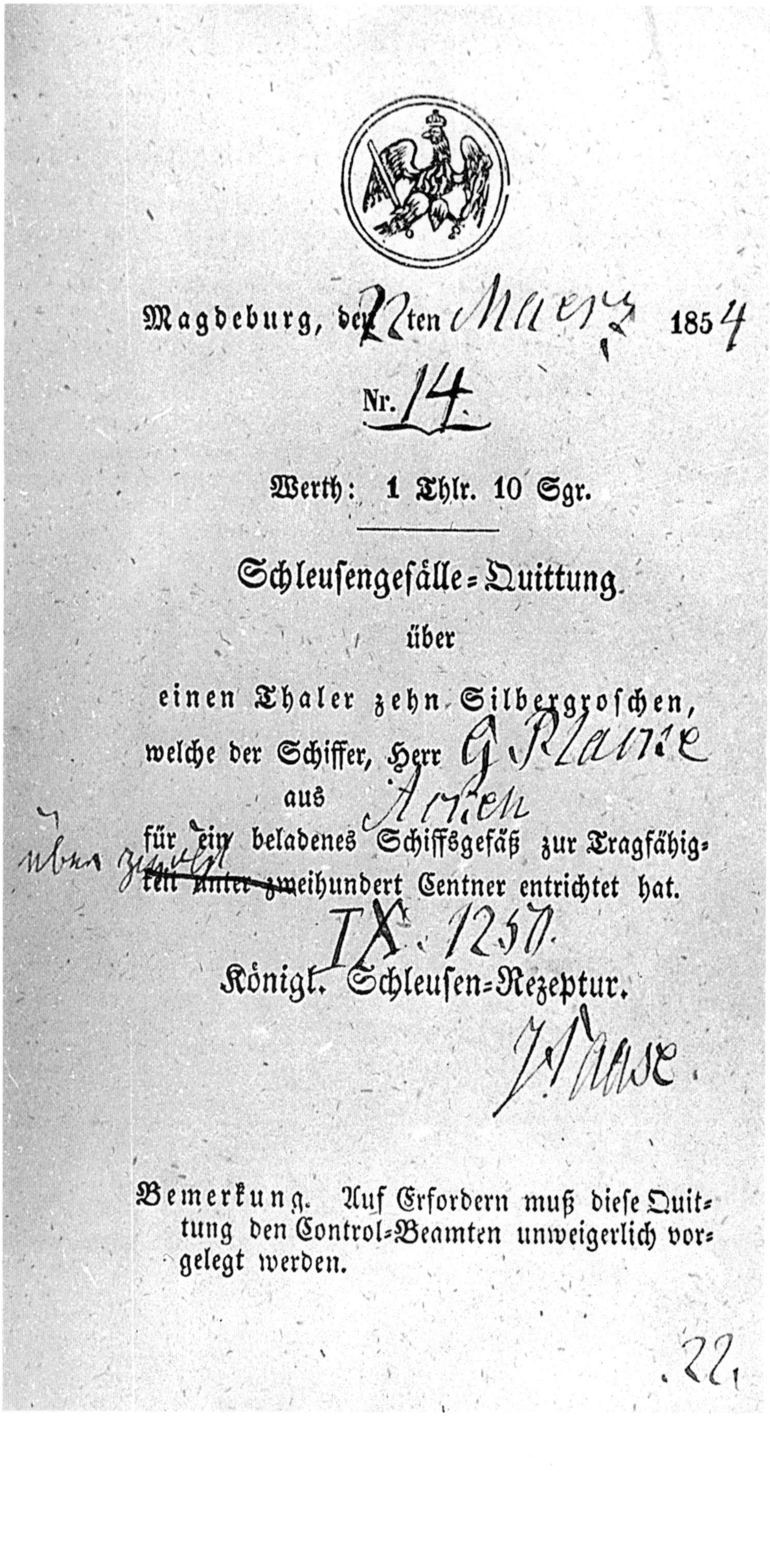

Magdeburg, den 22ten März 1854

Nr. 14

Werth: 1 Thlr. 10 Sgr.

Schleusengefälle=Quittung

über

einen Thaler zehn Silbergroschen,

welche der Schiffer, Herr G. Plaue

aus Arken

für ein beladenes Schiffsgefäß zur Tragfähigkeit ~~unter z~~ über zweihundert Centner entrichtet hat.

IX. 1257.

Königl. Schleusen=Rezeptur.

J. Haase

Bemerkung. Auf Erfordern muß diese Quittung den Control=Beamten unweigerlich vorgelegt werden.

.22.

Nach der Schleusung fuhren die Talwärtsfahrer durch den unteren Teil der Mittelelbe, die ja nach oben abgesperrt war und fortan Zollelbe hieß. Unterhalb der Zitadelle gelangten die Schiffe wieder in die Stromelbe. Die auf diesem Weg vorhandenen zwei Brücken waren beide mit Aufzugsklappen versehen, so daß die Schiffe selbst mit stehendem Mast Magdeburg passieren konnten.

Obwohl die Benutzung der Magdeburger Schleuse für die Schiffe mit zusätzlichen Kosten verbunden war, bewiesen die Durchgangszahlen bei normalen Wasserständen den Vorteil dieser Einrichtung. Noch 1870 passierten 2 887 Schiffe diese Schleuse, obwohl 1862 bereits eine neue Strombrücke mit weit günstigeren Abmessungen errichtet worden war.

Nur bei Niedrigwasser waren die Schiffer angehalten, die Strombrücke zu durchfahren, da hier das Fahrwasser 4 bis 5 Zoll tiefer war.

Die Schiffahrtsbedingungen im Magdeburger Elbebereich hatten sich durch Baumaßnahmen im 19. Jahrhundert weiter verbessert. Die Klippen des Domfelsens waren beseitigt. Die neue Schlepptechnik mit Hilfe von Kette und Kettendampfer konnte genutzt werden. Die hinderlichen Schiffmühlen wurden vom Staat abgelöst und verschwanden. Die Schleuse verlor ihre Funktion, sie stand schon 1889 außer Dienst und wurde verfüllt. Reste des Schleusenbauwerks sind heute noch erkennbar.

4. Der Wiener Kongreß und seine Auswirkungen auf den Elbstrom

4.1. Die Kongreßakte und die Elbschiffahrtsakte vom 23. Juni 1821

Der Übergang vom 18. zum 19. Jahrhundert war durch die Expansionspolitik *Napoleons I.* bestimmt. Der Zerfall der Vormachtstellung Frankreichs begann 1812 mit dem Untergang der Armee *Napoleons* und der Vertreibung des französischen Heeres aus Rußland.

Mit der vernichtenden Niederlage der napoleonischen Streitmacht in der Völkerschlacht bei Leipzig vom 16. bis 19. Oktober 1813 wurden die von Frankreich okkupierten Staaten auf unserem Kontinent von der Fremdherrschaft befreit.

Diese Ereignisse waren Wegbereiter für die Einberufung des Wiener Kongresses am 18. September 1814, zu dem sich europäische Fürsten und Staatsmänner zum Zwecke der Restaurierung ihrer Herrschaftsansprüche und der territorialen Neugestaltung Europas bis zum 9. Juni 1815 versammelten.

Die Beratung endete mit der Unterzeichnung der Wiener Kongreßakte, die insgesamt 121 Artikel umfaßte. Die Artikel 108 bis 116 bezeichneten ausschließlich das internationale Flußschiffahrtsrecht und beziehen sich auf alle Flüsse und Ströme Europas, die mehrere Länder durchfließen.

Auch für den Elbstrom war das Ergebnis des Wiener Kongresses von allerhöchstem Interesse, denn seine Beschlüsse verpflichteten die Elbuferstaaten zur

- Art. 108: gemeinschaftlichen Feststellung aller Schiffahrtshindernisse durch Ernennung von Bevollmächtigten, die auf Grundlage der Kongreßakte regelmäßig zusammentreten sollen;
- Art. 109: Gewährung der freien Ausübung des Handels für alle Nationen, sofern die Vorschriften der „Schiffahrts-Polizei“ Beachtung finden;
- Art. 110: gleichmäßigen Erhebung von Abgaben und der Vereinheitlichung der gesetzlichen Vorschriften zur Ausübung der Schiffahrt für den gesamten schiffbaren Lauf des Flusses und der schiffbaren Nebenflüsse;
- Art. 111: Durchsetzung und Erhaltung der vorgeschriebenen Zolltarife, die durch „Erleichterung der Schiffahrt den Handel ermuntern“ sollen;
- Art. 112: Beibehaltung bzw. Reduzierung der Zollerhebungsstellen;
- Art. 113: Unterhaltung des Leinpfades und zu Arbeiten am Strombett, „daß die Schiffahrt nirgends auf Hindernisse stoße“;
- Art. 114: Einschränkung der vorhandenen Stapel- und Umschlagsrechte;
- Art. 115: strafrechtlichen Verfolgung von Verletzungen der Dienstvorschriften, besonders durch Zollbeamte;
- Art. 116: Mitarbeit an einem einheitlichen Reglement für alle Elbuferstaaten.

Die im Artikel 108 geforderte Beratung der Bevollmächtigten der zehn Elbuferstaaten fand (später als ursprünglich geplant) 1819 in Dresden statt. Die

Bevollmächtigten konstituierten sich als „Kommission zur Organisierung der Elbschiffahrt“. Nachfolgende Beratungen erforderten nicht weniger als 44 Konferenzen, die sich bis 1821 hinzogen.

Zwischenzeitlich forderte die Plenarversammlung der deutschen Bundesversammlung in Frankfurt am Main mit Beschlußfassung vom 3. August 1820 die baldige Schaffung eines einheitlichen Reglements, damit die in den Artikeln 108 bis 116 zugesicherte Freiheit auf den Strömen Deutschlands mit Gesetzeskraft durchgesetzt werden könne.

Die Verhandlungen gestalteten sich äußerst langwierig, da nicht die Arbeiten am Fluß, sondern die Fragen der Schiffahrtsabgaben und Zölle vordergründig beraten wurden.

Am 23. Juni 1821 kam es dann in Dresden zur Unterzeichnung der 33 Artikel der Elbschiffahrtsakte durch die Bevollmächtigten der zehn Elbuferstaaten: Österreich, Preußen, Sachsen, Hannover, Dänemark, Mecklenburg, Anhalt-Bernburg, Anhalt-Cöthen, Anhalt-Dessau und Hamburg.

In seinen wesentlichsten Aussagen bestätigte die Elbschiffahrtsakte die Festlegungen der Wiener Kongreßakte, schränkte aber auch die Freizügigkeit

Bild folgende Seite:
Anteile der Elbuferstaaten an der schiffbaren Elbstrecke (1820).

Nachteilig wirkten sich die vielen Elbuferstaaten auf den durchgehenden Elbhandel aus. Nur ein geringer Anteil der Zolleinnahmen wurde zur Verbesserung der Schiffahrtsverhältnisse verwendet.

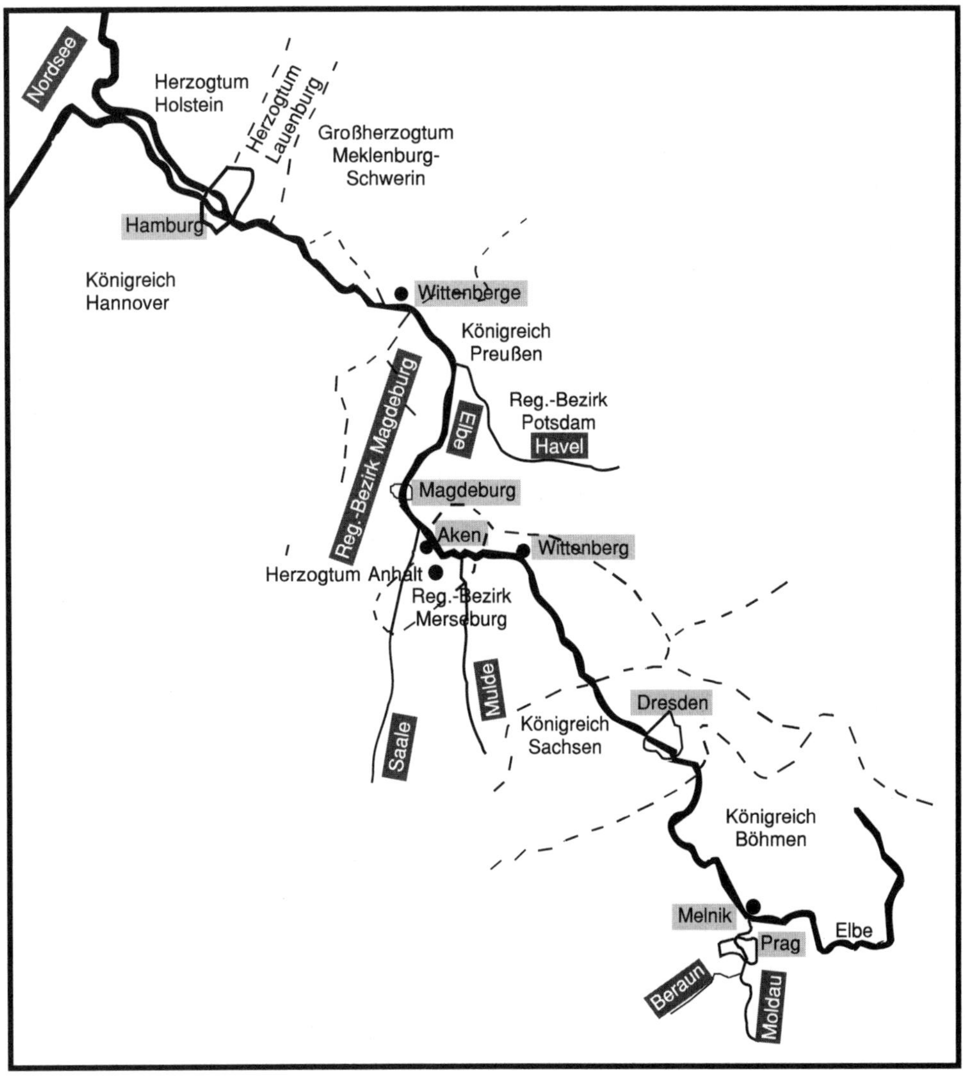

Melnik

Rechtes Ufer	
Österreich (Böhmen)	14,85 Meilen
Sachsen	15,8 Meilen
Preußen (Reg. Bezirk Merseburg)	15,3 Meilen
Anhalt	9,2 Meilen
Preußen (Reg. Bezirk Magdeburg und Potsdam)	29,2 Meilen
Mecklenburg	1,3 Meilen
Hannover	5,8 Meilen
Mecklenburg	1,5 Meilen
Dänemark (Lauenburg)	3,0 Meilen
Hamburg/Lübeck	3,2 Meilen
Holstein	16,5Meilen

Linkes Ufer	
Österreich (Böhmen)	14,73 Meilen
Sachsen	16.2 Meilen
Preußen (Reg. Bezirk Merseburg)	15,5 Meilen
Anhalt	5,7 Meilen
Preußen (Reg. Bezirk Magdeburg)	29,0 Meilen
Hannover	1,9 Meilen
Mecklenburg (Enklave Kaltenhof gegenüber Dömitz)	0,2 Meilen
Hannover	16,2 Meilen
Hannover	16,5 Meilen

Magdeburg

Cuxhaven
Nordsee

auf dem Fluß teilweise ein oder erweiterte sie in einigen Passagen. Bestehende Privilegien wurden abgeschafft, ebenso die alten Stapelrechte einiger Elbstädte. Schiffahrtspatente (Erlaubnisscheine) wurden nach behördlichen Prüfungen für die Schiffer vorgeschrieben, eine Maßnahme, die der Verkehrssicherheit auf der Elbe dienen sollte. Zur Vereinfachung der Handelstätigkeit konnten die Frachttarife von nun an zwischen den Schiffern und den Kaufleuten frei ausgehandelt werden. Ein großer Fortschritt war die Verringerung und damit verbunden die Einführung einer festen Rekognitationsgebühr (Durchgangszollgebühr, ein Äquivalent für alle bis dahin zu leistenden Zollabgaben zwischen Magdeburg und Wittenberge).

Auch die Einführung einheitlicher Bezugsmaße für Gewichts- und Längenmaße (Hamburger Zentner, Hamburger Fuß) sollte sich positiv auf den Elbhandel auswirken. Denjenigen, die die Zollerhebung unermeßlich und persönlich ausnutzten, wurde mit Zollobergrenzen begegnet. So durften für einen Brutto-Zentner Ladungsgut auf der gesamten Elbstrecke von Melník bis Hamburg höchstens 27 Silbergroschen und 6 Pfennig Zollgebühr erhoben werden. Von diesem Tarifsatz erhielten die Elbuferstaaten anteilmäßig[1]:

Österreich	1 Gr.	9 Pf.
Sachsen	5 Gr.	3 Pf.
Preußen	13 Gr.	–
Anhalt	2 Gr.	8 Pf.
Hannover	2 Gr.	6 Pf.
Mecklenburg	1 Gr.	8 Pf.
Dänemark	–	6 Pf.

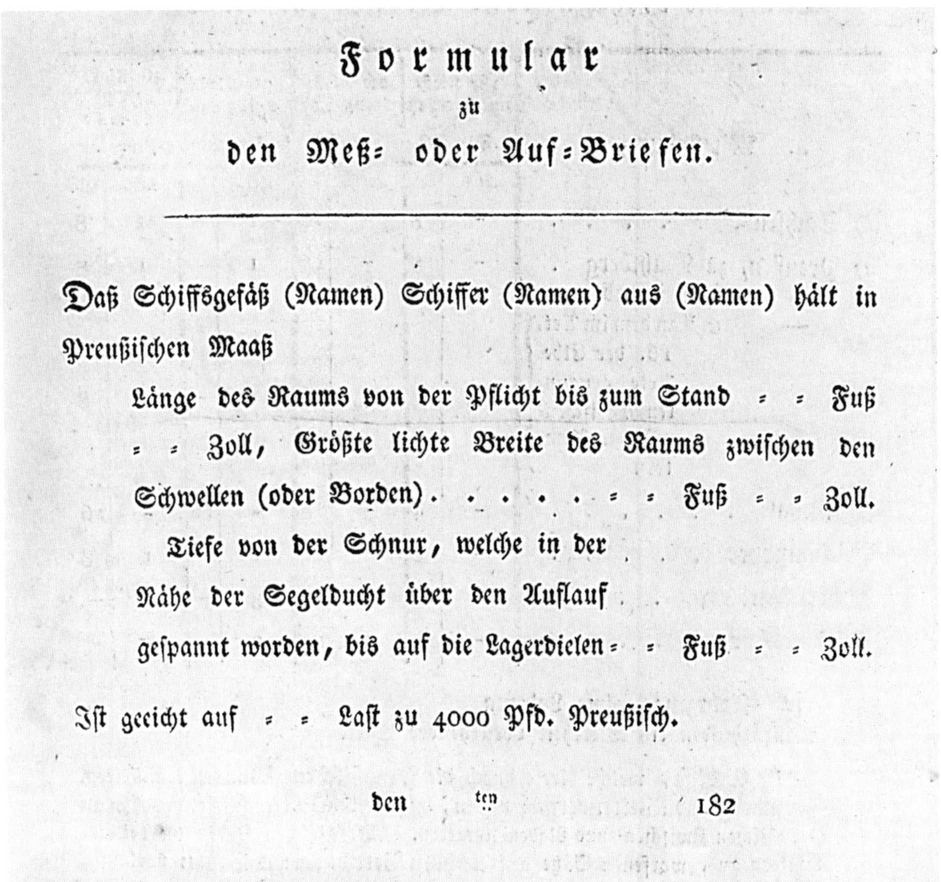

Formular
zu
den Meß- oder Auf-Briefen.

Daß Schiffsgefäß (Namen) Schiffer (Namen) aus (Namen) hält in Preußischen Maaß

Länge des Raums von der Pflicht bis zum Stand = = Fuß = = Zoll, Größte lichte Breite des Raums zwischen den Schwellen (oder Borden) . . . . . . = = Fuß = = Zoll.

Tiefe von der Schnur, welche in der Nähe der Segelducht über den Auflauf gespannt worden, bis auf die Lagerdielen = = Fuß = = Zoll.

Ist geeicht auf = = Last zu 4000 Pfd. Preußisch.

den ten 182

Der Abschluß der Elbschiffahrtsakte von 1821 brachte erstmals einheitliche Regelungen für die Elbschiffahrt, z. B. den Vordruck zur einheitlichen Vermessung aller Schiffe.

Die Erhebung der Rekognitationsgebühr setzte die Vermessung (Eichung) der Schiffe voraus. Die auf der Elbe anzutreffenden Schiffstypen wurden vier Fahrzeugklassen zugeordnet, für die folgende feste Tarife verbindlich waren:

von der ersten Klasse (unter 10 Hamburger Last Ladungsfähigkeit)	3 Thlr.	16 Gr.
von der zweiten Klasse, 10 bis 25 Last	7 Thlr.	20 Gr.
von der dritten Klasse, 25 bis 45 Last	11 Thlr.	12 Gr.
von der vierten Klasse, 45 und darüber	14 Thlr.	16 Gr.

Für unbeladene Fahrzeuge war ein Viertel der vorstehenden Tarife zu zahlen.

Weiter war es den Elbstädten erlaubt, die Land- und Stadtzölle (sogenannte Mauthen) sowie Kran-, Waage- und Schleusengelder beizubehalten. Eine Erhöhung derselben war jedoch strikt verboten.

Die Pflicht zur Erhaltung oder zum Ausbau des Leinpfades für die Bomätscher oblag weiterhin den Grundstückseigentümern der jeweiligen Ufergebiete, die Dampfschiffahrt befand sich zu dieser Zeit erst in der Entwicklungsphase.

Weiterhin wurde die Pflicht zur Hilfe und Rettung aller havarierten Fahrzeuge und deren Ladung, unabhängig von ihrer Herkunft, sowie die Aufhebung des Strandrechts festgelegt.

Zollstellen an der Elbe vor dem Inkrafttreten der Elbschiffahrtsakte 1821.

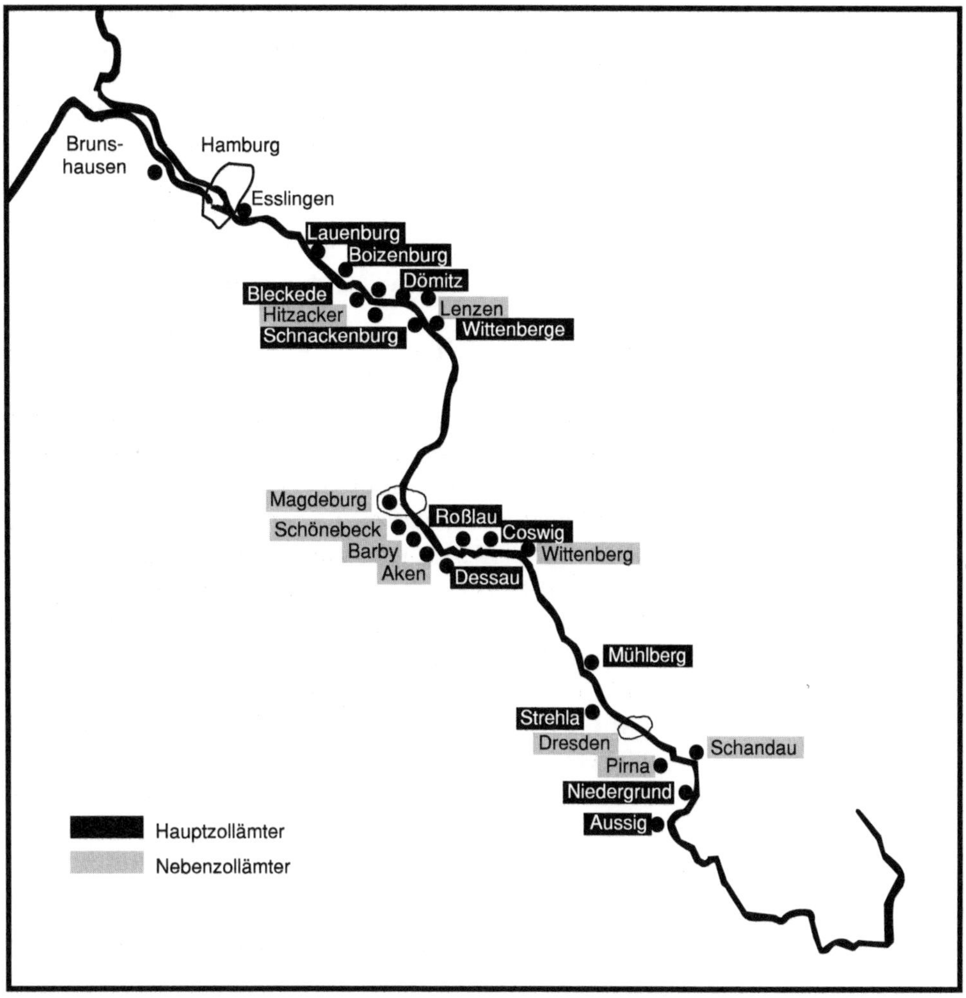

Zollstellen an der Elbe nach 1821.

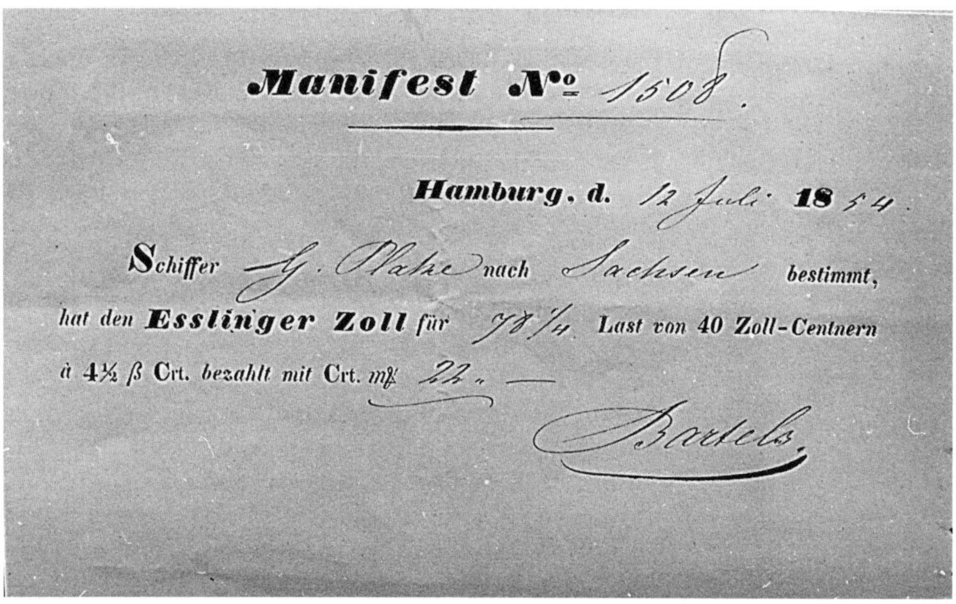

Manifest № 1508.

Hamburg, d. 12 Juli **18**54.

Schiffer G. Plake nach Sachsen bestimmt,

hat den **Esslinger Zoll** für 78 1/4 Last von 40 Zoll-Centnern

à 4½ ß Crt. bezahlt mit Crt. m̸ß 22. —

Bartels.

Der „Esslinger Zoll“ war eine Gebühr, mit der jedes elbaufwärts auslaufende Schiff durch die Hansestadt Hamburg belegt wurde.

Außerdem kam man überein, regelmäßig durch Bevollmächtigte den Zustand des Elblaufes und die Aktivitäten der einzelnen Elbuferstaaten zu kontrollieren.

Besonderen Raum nahm innerhalb der Elbschiffahrtsakte das Zollwesen ein. Neben der Reduzierung der Elbzoll-Erhebungs-Ämter von 35 auf 14 behielt sich Preußen das Recht vor, bis zur endgültigen Durchsetzung dieser Neuregelung die Nebenzollämter in Wittenberg, Aken, Barby, Schönebeck, Magdeburg und Lenzen (Fähre) beizubehalten. In Sachsen blieben die Nebenzollämter Dresden sowie Pirna und in Hannover das Amt in Hitzacker vorerst erhalten.

Diese Nebenzollämter traten in Aktion, wenn die Schiffe nicht die Haupterhebungsstellen (in Preußen Mühlberg und Wittenberge) passierten.

Eine weitere Zollstelle befand sich bis 1866 oberhalb von Hamburg, hier war der „Esslinger Zoll“ zu entrichten. Die Bezeichnung dieses Zolls hat seinen Ursprung in einem großen Gebäude, dem „Zollenspieker“ oder „Zollspeicher“. Früher wurde dieses große Lagergebäude „Haus zu Esslingen“ genannt. Bis 1867 gehörte es den beiden Hansestädten Hamburg und Lübeck gemeinsam. Deshalb wurden auch die Einnahmen, die es einbrachte, geteilt. Diese mögen nicht unerheblich gewesen sein, denn der Warenstrom aus Mittel- und Süddeutschland über Lüneburg und Bergedorf führte direkt an diesem Gebäude vorbei.

Auf Grund der Gebäudegröße deutet alles darauf hin, daß die Waren nicht sofort zum Bestimmungsort gebracht, sondern zunächst für eine geraume Zeit hier eingelagert wurden. Der „Esslinger Zoll“ wurde nur von der Bergwärtsschiffahrt eingezogen. Auf jeweils 4000 Pfd. Ladung (brutto) waren 4 Schilling zu entrichten, zuzüglich der Schreibgebühr. Sie betrug jeweils für ein Fahrzeug[2]:

von	2 bis	6 Last	2 Schilling
von	7 bis	12 Last	3 Schilling
von	13 bis	20 Last	6 Schilling
von	21 bis	30 Last	8 Schilling
von	31 bis	50 Last	12 Schilling
von	51 bis	100 Last	24 Schilling

Alle Uferstaaten behielten sich das Recht der Revision oder Visitation der Schiffe oder Flöße an ihren Elbzollstellen vor. Bei diesen Revisionen unterschied man:

1. Generelle Revision, eine Prüfung des Manifestes und der Kontrolle auf Übereinstimmung zwischen Manifest und Ladung, ein Verrücken der Ladung oder der Kollis erfolgte nicht.
2. Besondere Revision, erfolgte bei erforderlichen Untersuchungen der Ladung nach Qualität und Quantität.

Die Elbuferstaaten Sachsen, Hannover, Dänemark und Mecklenburg kamen im Interesse der Erleichterung des Elbverkehrs zunächst für die Dauer von sechs Jahren überein, das spezielle Revisionsrecht nur im „begründeten Verdachtsfall“ zur Anwendung zu bringen.

Für besondere Warenklassen, die einesteils die Lebensbedürfnisse begünstigten, aber andererseits schwer waren und geringen Wert hatten, wurden besondere Zollermäßigungen gewährt. Diese waren gestaffelt von 1/4 bis 1/40 des normalen Zollsatzes. Neu war auch die Einführung von Schiffsmanifesten.

Die Ware durfte nicht eher zur Verladung gebracht werden, bevor auf Grundlage des vom Absender zu erstellenden Frachtbriefes mit Angabe der Warengattung, Menge und Empfänger der Ware das Manifest erstellt war.

Ein Manifest mußte nachfolgende Informationen enthalten:

1. Namen und Wohnort des Schiffseigentümers und jenes Mannes, der mit der Führung des Schiffes betraut wurde;
2. Nummer und Namen des Schiffes, dessen Tragfähigkeit, Flagge und Bemannung;
3. den Einlade- und Bestimmungsort der Ware;
4. Nummer der Frachtbriefe nach der Folgeordnung;
5. Namen des Versenders und Empfängers;
6. Zeichen und Zahl der Kolli und Gebinde;
7. Benennung der Ware;
8. Gewicht derselben;
9. Unterschrift des Schiffers und Versicherung der Richtigkeit.

Ausstellungs-Amt zu Dresden

№ 628.

Manifest

über die Ladung des Schiffes № 1250.

Eigenthum des Georg Stache aus Acken

geführt vom Steuermann August Müller aus do

zur Fahrt von Dresden nach Hamburg

und bemannt mit 4 Mann.

3048

Bemerkungen.

1) Jedes Fahrzeug muß mit dem Namen des Orts, wohin es gehört und mit einer Nummer deutlich und dauernd bezeichnet sein.
2) Die Abfahrt von dem Ladungsplatze darf nicht eher erfolgen, als wenn der Schiffer mit dem zur Ladung gehörigen Manifeste nebst Frachtbriefen versehen ist. Jede Zu- und Abladung muß beim nächsten Elbzollamte gehörig nachgewiesen werden.
3) Die Güter eines jeden Frachtbriefes werden im Manifeste unter einer besondern Nummer eingetragen, welche auch auf dem Frachtbriefe zu bemerken ist. Die Gegenstände eines jeden Frachtbriefes sind im Manifeste in derselben Reihenfolge anzuführen, wie sie im Frachtbriefe verzeichnet sind.
4) Waaren im unverpackten Zustande sind, soweit es ihre Beschaffenheit gestattet, dem Gewicht und der Stückzahl nach im Manifeste anzugeben.
5) Der Schiffsführer hat das Manifest mit seiner Unterschrift, durch welche er für die Richtigkeit des Inhaltes haftet, zu versehen und dasselbe beim Elbzollamte des Einladungsortes oder, wenn ein solches sich dort nicht befindet, bei dem nächsten auf der Fahrt berührten Elbzollamte zur Beglaubigung zu überreichen. Diese geschieht gebührenfrei. Besteht das Manifest aus mehr als einem Bogen, so muß es mit Seitenzahlen versehen und geheftet übergeben werden, worauf die Heftschnur amtlich angesiegelt wird. Alle Frachtzettel und Ladungspapiere sind bei dieser Gelegenheit vorzuzeigen und während der Fahrt, als Beilagen des Manifestes, vom Schiffsführer aufzubewahren.
6) Der Schiffsführer hat das Original-Manifest nebst Beilagen jedem auf der Fahrt berührten Elbzollamte vorzuzeigen und eine richtige Abschrift desselben dem zuerst berührten Elbzollamte jedes Staatsgebietes einzuhändigen.
7) Das Manifest wird zu Hamburg bei dem Zoll-Comptoir abgegeben und von demselben nach Vorschrift der Elbschifffahrts-Acte aufbewahrt.
8) Transitirende Schiffe können am ersten Erhebungsamte die Gebühren für die ganze Strecke eines Uferstaates entrichten.

Ladung No: 35.

Das Ladungsdokument (Manifest) eines Elbschiffes von 1854.

Gültig war ein Manifest nur, wenn es durch amtliche Unterschrift (durch einen Manifesteur) und Amts-Siegel beglaubigt war.

Für die Floßschiffahrt galten gleiche Bedingungen. Im Manifest für eine Floßladung waren die Zahl der Stämme, die Holzarten und der kubische Inhalt genau zu vermerken.

Die Schiffer und Flößer mußten bei allen Zollämtern anlegen, das Manifest vorlegen und die Fahrzeuge zur Konventation bereithalten. Die erhobenen Gebühren waren durch den Beamten im Manifest zu dokumentieren. Zusätzlich war die Übergabe einer ordentlichen Zollquittung Pflicht.

Ein Manifest war das Begleitpapier des Schiffers und bei der Übergabe der Fracht an den Kaufmann sehr wichtig. Gab es Abweichungen zwischen der vorhandenen Ladung sowie dem Manifest, und die Beamten erkannten eine beabsichtigte Bevorteilung gegenüber dem Elbzoll oder der Rekognitionsgebühr, blieb eine Bestrafung des Schiffers wegen Zollvergehen nicht aus. Aus diesem Grund war in jedem Zollamt eine Person mit richterlichem Status bestimmt, die diese Kontraventionsfälle zu beurteilen und über das Strafmaß zu entscheiden hatte. Name und Wohnort dieses Mannes mußten in jedem Zollamt und für jedermann kenntlich gemacht sein.

Die Berechnung des Elbzolles und der Rekognitionsgebühr geschah in „Konventionsmünze“ (1 Taler zu 24 Silbergroschen; 1 Silbergroschen zu 12 Pfennigen), eine Art Richtwährung, die für den gesamten Flußlauf galt. Nach wertmäßiger Umrechnung wurden die Belastungen in der jeweiligen Landesmünze gezahlt.

Wie es der Artikel 30 der Elbschiffahrtsakte forderte, trafen sich 1824 die Bevollmächtigten der Unterzeichnerstaaten in Hamburg, um über die Erfüllung des ersten Vertragswerkes zu beraten. Insgesamt waren 36 Zusammenkünfte notwendig, um das Protokoll am 18. September 1824 unterschriftsreif für alle zwölf Gesandten der zehn anwesenden Elbuferstaaten vorzulegen und zu siegeln.

Im Vordergrund der Bemühungen stand die Zollfrage, denn nicht alle Uferstaaten erkannten in ihr ein „Flußpassagezoll“, dessen Einnahmen die Auf-

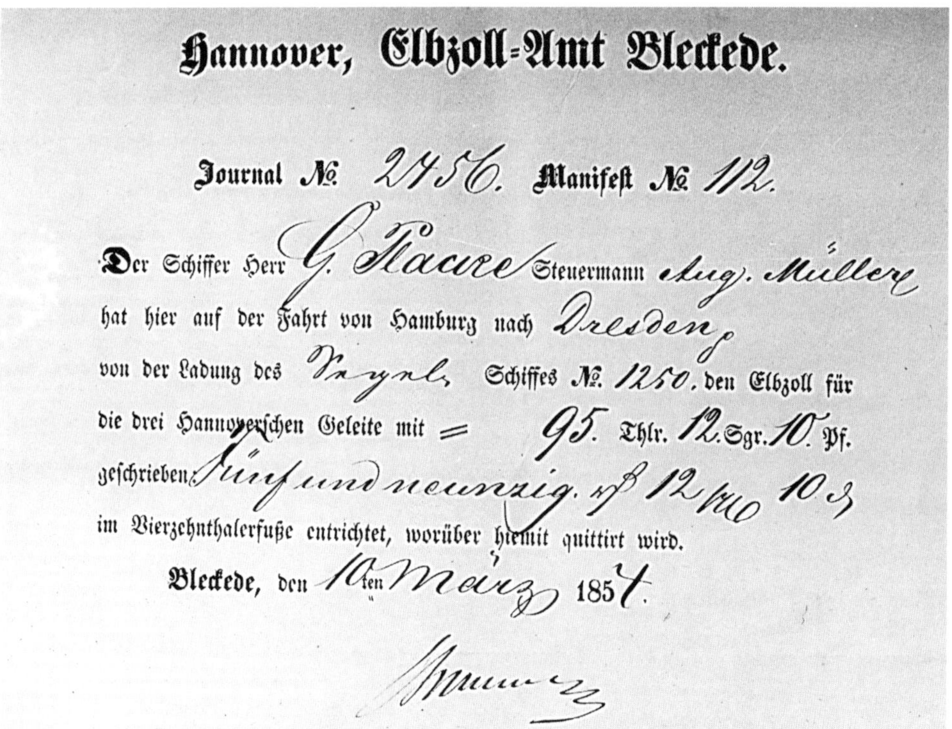

Hannover, Elbzoll-Amt Bleckede.

Journal № 2456. Manifest № 112.

Der Schiffer Herr G. [illegible] Steuermann Aug. Müller
hat hier auf der Fahrt von Hamburg nach Dresden
von der Ladung des [illegible] Schiffes № 1250. den Elbzoll für
die drei Hannoverschen Geleite mit = 95. Thlr. 12. Sgr. 10. Pf.
geschrieben: Fünfundneunzig [illegible] 12 [illegible] 10 [illegible]
im Vierzehnthalerfuße entrichtet, worüber hiemit quittirt wird.

Bleckede, den 10ten März 1854.

[illegible]

Der größte Teil der Frachtgebühren einer Schiffsreise entfiel auf die Zollgebühren (siehe auch Bild auf der rechten Seite).

– Quittungsbeleg des Zollamtes Bleckede im Königreich Hannover von 1854.

wendungen zum Ausbau des Flusses decken sollten. Dementgegen wurden die Fragen über die Beschaffenheit der Fahrstraße nur kurz gestreift.

Dennoch sind in den einzelnen Staaten, wenn auch nicht untereinander abgestimmt und durchgängig, Aufwendungen zur Verbesserung des Stromlaufs gemacht worden. In Sachsen entstanden in dieser Zeit mehrere Korrektionsbauwerke am Flußlauf; Preußen realisierte Uferdeckwerke und ließ jährlich das Strombett von größeren Hindernissen (Wassereichen und Felsblöcken) räumen.

Zu bemerken ist, daß sich zu dieser Zeit die Einnahmen aus dem Zollwesen in den einzelnen Staaten verringerten, lediglich die Länder Dänemark (in Lauenburg), Hannover (in Bleckede und in Schnackenburg) sowie Mecklenburg (in Dömitz und in Boizenburg) erhoben die Gebühren noch in voller Höhe.

– Beleg des preußisch königlichen Hauptzollamtes in Mühlberg von 1854.

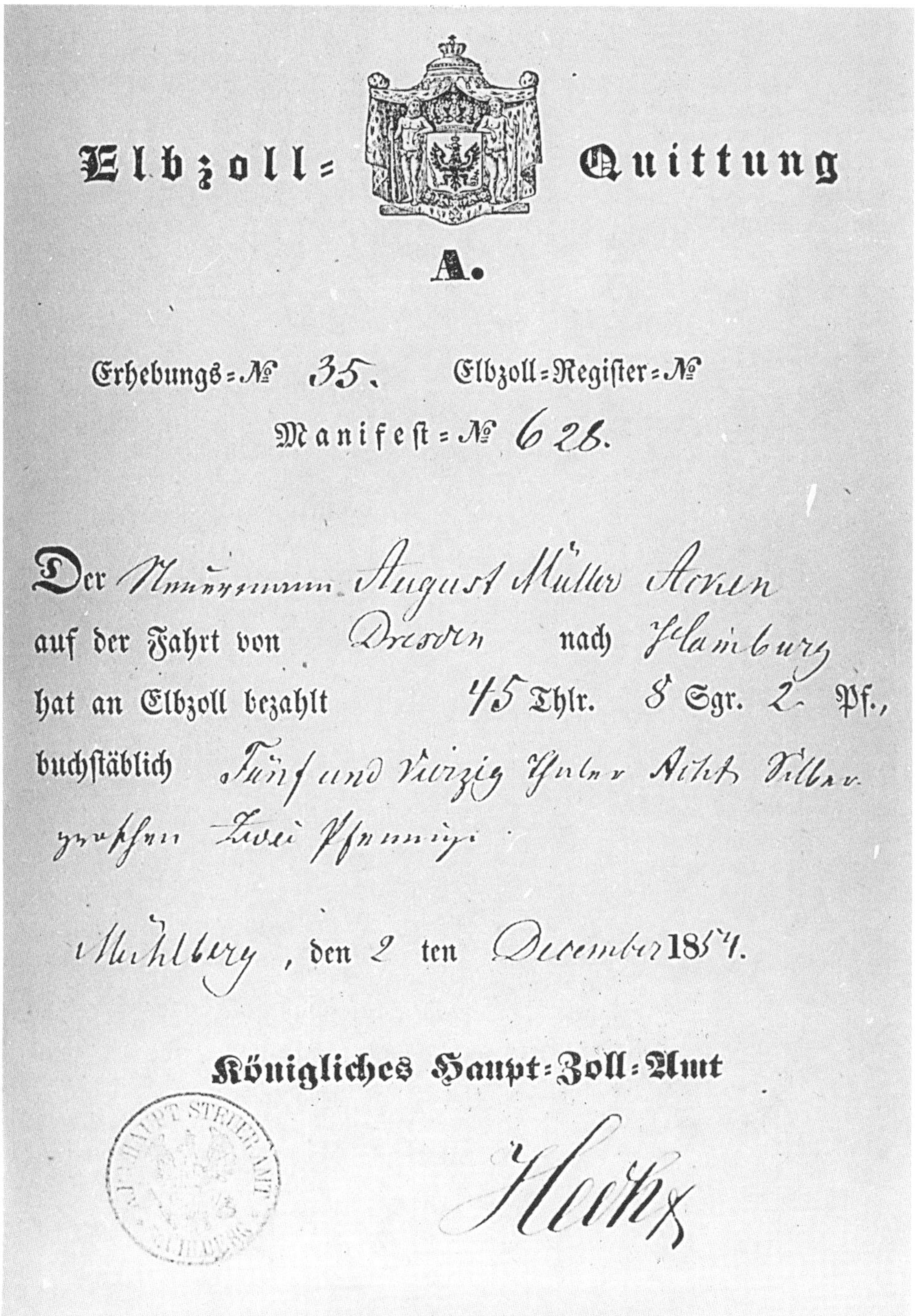

Elbzoll-Quittung

A.

Erhebungs-№ 35. Elbzoll-Register-№

Manifest-№ 628.

Der [illegible] August Müller [illegible]

auf der Fahrt von Dresden nach Hamburg

hat an Elbzoll bezahlt 45 Thlr. 8 Sgr. 2 Pf.,

buchstäblich Fünf und vierzig Thaler Acht Silbergroschen Zwei Pfennige.

Mühlberg, den 2 ten December 1854.

Königliches Haupt-Zoll-Amt

[illegible]

Preußen schloß 1828 mit Anhalt und Sachsen einen Zollvertrag für den Elbverkehr oberhalb der Stadt Wittenberg, der ganz erhebliche Erleichterungen brachte. Ausgenommen wurden die direkt verschifften Waren.

In der Beschlußfassung dieser 1. Revisionskommission wurde die Rekognitionsgebühr für drei von vier Fahrzeugklassen geringfügig gesenkt. Zur eindeutigen Bestimmung der Fahrzeuge wird im Paragraph 8 gleicher Protokollierung verfügt:

> „Zum Behuf der Entrichtung der Rekognitionsgebühr sollen die Elbschiffe künftig gleichmäßig vermessen, und mit gehörigen Documenten... versehen seyn".

Von der Entrichtung der Rekognitionsgebühr wurden die mit dem Hauptschiff mitgeführten Leichter-Kähne, kleine Kähne und sonstige Anhänge, die nicht dem Transport von Waren dienten, befreit. Auch für Personen und ihr mitgeführtes Gepäck wurde Zollfreiheit erklärt.

Neben den Zollgebühren wurden die Schiffsfrachten noch durch weitere Ausgaben belastet:

- Beleg für ausgeführte Bomätscherdienste in Meißen.

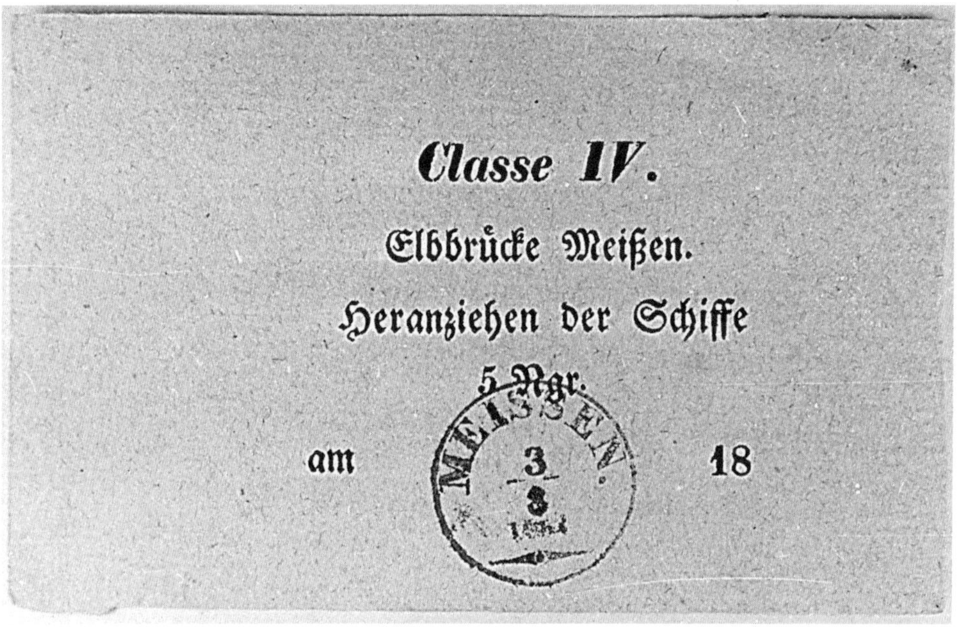

Classe IV.

Elbbrücke Meißen.

Heranziehen der Schiffe

5 Ngr.

am 18

MEISSEN 3 8

- Nachweis für entrichtete Umschlaggebühren in Magdeburg.

Quittung.

Die tarifmäßige Abgabe für Ein- und Ausladen an hiesiger Hafenstelle ist mit Einem Thaler für Vier Tage bezahlt worden.

Hafenstelle an der alten Neustadt,

den 12/16 54 G. Schmidt

Schließlich verständigte man sich über die nächste Einberufung der Kommission am 1. Mai 1828. Diese Beratung fand aber nicht wie vorgesehen statt. Es dauerte bis zum Herbst 1842, ehe man auf Anregung Hamburgs und Preußens erneut zusammentraf, um sich dem Elbstrom zu widmen.

Zwischenzeitlich wurde 1831 für den gesamten Elblauf die „Paß-Legitimation“ für Schiffer bzw. Schiffsmannschaften eingeführt und zusätzlich von allen Fahrensleuten ein Nachweis über den Gesundheitszustand gefordert.

Diese neuen Vorschriften gaben alle Lokalzeitungen entlang der Elbe bekannt, so das „Wittenberger Kreis-Blatt“ vom 8. Oktober 1831:

„Bekanntmachung betr. Paß-Legitimation
... Um die Ausführung dieser Maaßregel noch mehr zu sichern, werden folgende Punkte, an welchen die Revision unter allen Umständen erfolgen muß, bestimmt

1. Für die Elbe: zu Mühlberg, Torgau, Wittenberg, Aken, Magdeburg, Derben und Hauptzollamt Wittenberge.
2. Für die Saale: zu Weißenfels, Halle, Alsleben und Calbe.

Die Schiffer und Schiffsführer werden angewiesen, bei diesen Revisionspunkten anzuhalten und sich der Revision ihrer Paß- und Gesundheits-Legitimationen, so wie der Schiffe und der gesammten Schiffsmannschaften selbst, und der auf den erstern befindlichen Reisenden unfehlbar zu unterwerfen, widrigenfalls sie zu gewärtigen haben, daß sie nicht zur Weiterreise verstattet, außerdem noch in eine willkürliche Strafe bis zu 50 Thlr. oder in verhältnismäßige Gefängnisstrafe werden genommen werden.

Magdeburg den 21. Septbr. 1831
Der Geheime Staats-Minister,
(gez.) von Klewiz.“

4.2. Die Additionalakte von 1844, Meilenstein zur Belebung der Elbschiffahrt

Trotz der verbindlichen „Elbschiffahrtsakte vom 23. Juni 1821“, den Ergebnissen der 1. Elbschiffahrts-Revisionskommission vom 18. September 1824 sowie einigen ergänzenden Bestimmungen und Separatabkommen zwischen den Elbuferstaaten blieb die Elbe der deutsche Strom, auf dem der Handel mit der dazu notwendigen freien Schiffahrt am meisten behindert war. Ein Vergleich der Normalsätze für die Zollabgaben, bezogen auf eine Wegstrecke von 100 Meilen, liefert den Beweis für die außergewöhnliche hohe Belastung der Elbe[3]:

Oder	–	Thlr.	
Weser	0,436	“	
Rhein	0,446	“	(flußabwärts)
Rhein	0,666	“	(flußaufwärts)
Elbe	1,416	“	

Die Oder war zu dieser Zeit bereits zollfrei. Diese Feststellung hatte auch weitere Jahrzehnte für den Ausbau des Flusses Gültigkeit. 1832 wurde begonnen, die wenigen vorhandenen Buhnen zu verlängern und diese durch Abdeckungen mit Bruchsteinen, besonders an ihren Köpfen, zu sichern. Bis 1850 ist an dem Prinzip festgehalten worden, auf Staatskosten nur solche Bauwerke vor abbrüchigen Ufern zu verbessern, die die Schiffahrt unmittelbar behinderten. Da die Einnahmen aus den erhobenen Zollgebühren meist anderweitig Verwendung fanden, wurden selbst ausgewaschene Ufer nur dann befestigt, wenn die Fahrwassertiefe ungenügend war und ein echtes Hindernis für die Schiffahrt darstellte. Eine Schiffsreise von Hamburg bis Magdeburg dauerte zu dieser Zeit immer noch bis zu vier Wochen.

Den desolaten Zustand des Elbstroms zeigt eine Bestandsaufnahme von 1842 [4]:

	Uferabbrüche (m)	ausgeführte Deckwerke (m)	vorhandene Buhnen (m)
in Preußen	55 570	15 230	1 712
in Hannover	24 260	11 500	230
in Lauenburg	1 580	–	–
	81 410	26 730	1 942

Infolge zahlreicher von dem Handels- und Schifferstand erhobenen Klagen und den miserablen Schiffahrtsverhältnissen Rechnung tragend, fand 1841 eine Bereisung der Elbe von Melník bis zur Elbmündung statt. Danach wurde die 2. Elbschiffahrts-Revisionskommission 1842 nach Dresden einberufen.

Erstmals nahmen an diesen Verhandlungen auch Wasserbausachverständige teil. Diese Überprüfung der Schiffahrtsverhältnisse zwischen Melník und Cuxhaven führte zum ersten wasserbautechnischen Gutachten der Elbe am 15. Dezember 1842.

Im Ergebnis dieser Zusammenkünfte wurde an die tagende Kommission eine Empfehlung gegeben, die Regulierung des Flusses nach einheitlichen Grundsätzen voranzutreiben und durch Wasserbaumaßnahmen „die geeigneten Maßregeln zu treffen, um dem Fahrwasser der Elbe zwischen Hamburg und Tetschen eine Tiefe von wenigstens 3 Fuß rheinländisch bei einem Wasserstande, der nur 6 Zoll höher ist, als der im Jahre 1842 beobachtete niedrigste, zu verschaffen und zu erhalten“.

Diese Hinweise sind als Paragraph 53 in die Additionalakte eingegangen. Sie enthielten folgende Vorschläge zur Besserung der Fahrsstraße:

1. Befestigen der im Abbruch befindlichen und Erhalten der noch nicht im Angriff liegenden Ufer;
2. Einschränken breiter Stromstrecken und – erforderlichenfalls – unmittelbares Aufräumen seichter Stellen;
3. Anschließen oder Wegschaffen von Inseln, soweit deren Beibehaltung dem Herstellen und Erhalten eines geregelten Fahrwassers hinderlich ist und nicht durch andere wichtige Rücksichten gefordert wird;
4. Anzucht und Erhalten von Buschwerk auf denjenigen Sandfeldern und Anlandungen, welche ohne Nachteil für das Fahrwasser bestehen können.

Am 13. April 1844 wurde dann durch die 2. Elbschiffahrts-Revisionskommission die Unterzeichnung dieser Zusatzakte zur Elbschiffahrtsakte vom 23. Juni 1821, allgemein bekannt als Additionalakte, in Dresden vollzogen, nachdem Preußen und Hamburg die Durchführung dieser Tagung angeregt hatten. Die Festlegungen dieser Ergänzungsakte waren für Handel und Schiffahrt gleichermaßen ermutigend.

Zunächst wurde der gesamte schiffbare Elbbereich einschließlich des von Prag abwärtsführenden Moldaubereichs bis Melník in 29 Strombezirke eingeteilt. Die Instandhaltungs- und Regulierungsarbeiten wurden teilweise negativ beeinflußt, da die Grenzen der einzelnen Bezirke den Strom nicht immer rechtwinklig überschritten. Auf langen Abschnitten bildete die Elbe in der Flußmitte die Grenze, wodurch sich die gegenüberliegenden Verwaltungen nicht immer im Interesse des Flusses einigen konnten.

Neben der Verbesserung der Fahrstraße wurden weitere Erleichterungen für den Handel durchgesetzt.

Größten Raum nahm in den Verhandlungen naturgemäß die Zollfrage ein. Der vieldiskutierte Brunshäuser- (Stader-) Zoll, der in der Hand Hannovers lag und die

Waren von Hamburg elbabwärts zur Nordsee und in entgegengesetzter Richtung mit Zoll belegte, war durch einen zusätzlichen Staatsvertrag vom 13. April 1844 geregelt. 1861 kam dieser Brunshäuser Zoll dann endgültig zur Ablösung, indem Großbritannien und Hamburg eine einmalige und immens hohe Abfindungssumme in Höhe von 2 857 338 Thlr. an die Hannoverschen Fürsten zahlten.

Die Rekognitionsgebühr, die immer noch auf den Fahrzeugen lastete, wurde zugunsten des einheitlichen Elbzolls aufgehoben, und als zugrunde zu legende Gewichts-Einheit führte man gleichzeitig den Elbzoll-Zentner (Ztr.) zu 50 kg oder 100 Elbzoll-Pfund (Pfd.) ein.

Seitdem betrugen die Zollgebühren für den auf der Elbe zwischen Melník und Hamburg bewegten Elbzoll-Zentner maximal 1 Taler, 3 Silbergroschen und 11 Pfennige.
Auf die einzelnen Uferstaaten entfielen anteilmäßig

Österreich	2 Sgr.	1 Pf.
Sachsen	6 Sgr.	4 Pf.
Preußen	16 Sgr.	7 Pf.
Anhalt-Cöthen	–	10 Pf.
Anhalt-Dessau	–	10 Pf.
Anhalt-Bernburg	–	10 Pf.
Hannover	3 Sgr.	2 Pf.
Mecklenburg	2 Sgr.	3 Pf.
Dänemark	1 Sgr.	– Pf.

Durchgehende Schiffe hatten jetzt die Möglichkeit, am ersten Zollerhebungsamt eines jeden Staates die gesamte Gebühr zu zahlen. Weiterhin gab es eine Vielzahl von Zollermäßigungen und Befreiungen für Massengüter. Der sächsische Ort Schmilka wurde gleichzeitig für alle aus Böhmen kommenden Fahrzeuge als Abfertigungsamt bestimmt.

Der Paragraph 37 der Additionalakte regelte einheitlich die Abfertigungszeiten aller Elbzollämter:

Monat	*Morgens*	*Nachmittags*
März	von 7 Uhr	bis 6 Uhr
April	" 7 "	" 6 "
Mai bis August	" 6 "	" 8 "
September bis November	" 7 bis 12 Uhr	von 1 Uhr bis 6 Uhr
Dezember	von Sonnenaufgang	bis Sonnenuntergang
Januar	" "	" "
Februar	" "	" "

(Die Zeit des Gottesdienstes an Sonn- und Festtagen ausgenommen.)

Nicht weniger als 13 Paragraphen (39 bis 51) widmete die Beschlußfassung den Zolldefrauden (Vergehen, Unterschlagung), ein Beweis, daß die Zustände auf und am Fluß zu dieser Zeit Unterschlagungen, Diebstahlshandlungen, Hehlereien und Betrügereien begünstigten. Diese Tatbestände trafen jedoch nicht nur auf das schiffahrtstreibende Volk, sondern auch auf einige Beamte in den Erhebungsstellen zu.

Mit „gehörigen Strafandrohungen“ sollten diese Ordnungsswidrigkeiten unterbunden werden.

Über die Erhaltung des Leinpfades sagte der Paragraph 54 immer noch aus:

> „Der Leinpfad ist in Böhmen und Sachsen auch ferner in der bisherigen Art und Weise zu unterhalten. Auf der mittleren Stromstrecke, bis zum Anfang des Fluthgebietes, genügt es, soweit den örtlichen Verhältnissen nach thunlich, einen Weg von 8 Fuß Breite in gleicher Höhe mit dem natürlichen Boden zu ebnen, und von solchen

> Gegenständen, welche den Schiffszug durch Menschen hindert frei zu erhalten. Innerhalb des Fluthgebietes bedarf es einer Vorkehrung für den Schiffszug nicht. Die Anlegung von Ladeplätzen und schützenden Winterhäfen soll nach Bedürfnis befördert werden."

Winterhäfen bestanden damals bestenfalls in Einmündungen von Nebenflüssen oder in Altarmen des Flusses. Ladeplätze waren nur dort eingerichtet, wo das Ufer eine geschützte Lage bot und das notwendige Karrzeug (Böcke und Bohlenbelag) gestellt werden konnte.

Waren die Schiffahrts- und Strompolizeilichen Vorschriften vor dem Abschluß der Verhandlungen der 2. Elbschiffahrts-Revisionskommission noch regional sehr unterschiedlich, so verpflichteten sich jetzt alle Elbuferstaaten zum Erlaß umfassender und gleichförmiger Vorschriften für die Elbstrecke von Melník bis Hamburg bzw. Harburg.

Da zu dieser Zeit schon die ersten Dampfschiffe das Landschaftsbild prägten, wurden die Vorschriften über die Schiffs- bzw. Schifferpatente auf diese neue Antriebsart ausgedehnt. Bei Verstößen gegen dieses einschlägige Gesetzeswerk drohten ebenfalls empfindliche Strafen.

Wer z. B. nicht im Besitz der gültigen Patente war: „verfällt in eine, nach Ermessen der entscheidenden Behörde, auf

20 bis 25 Thlr.	für ein Dampfschiff
10 bis 20 Thlr.	für ein Segelschiff
5 bis 10 Thlr.	für ein Floß

zu bestimmende Ordnungsstrafe"[5].

Von besonderem Interesse war in den Verhandlungen der 2. Elbschiffahrts-Revisionskommission, daß zum ersten Mal die Konkurrenz der damals aufkommenden Eisenbahnen erwähnt wurde. Besonders der Bevollmächtigte Hamburgs forderte in seinen Darlegungen die einschneidende Herabsetzung der Elbzölle. Er sah in der bereits projektierten Eisenbahnlinie von Hamburg nach Berlin einen künftigen Konkurrenten um die Gunst der Frachten, zumal die Wasserfrachtgebühren durch zusätzliche Kosten (Extrafrachtsätze, wie Winter-, Kleinwasser- und Versicherungszuschläge) öfters erhöht werden mußten. Der Vertreter Österreichs pflichtete den Vorschlägen des Hamburger Bevollmächtigten bei und verwies ebenfalls auf den Vorzug der ohnehin schnelleren Eisenbahn als „ununterbrochen zu benutzendes Verkehrsmittel", unabhängig von den Jahreszeiten und den natürlichen Einschränkungen (Hoch- und Niedrigwasser bzw. Eisgang).

Abschließend wurde die Verabredung zur 3. Elbschiffahrts-Revisionskommission in „fünf Jahren nach dem Eintritte der Wirksamkeit der Additionalakte" getroffen.

Im Zusammenhang mit der Einberufung der 3. Elbschiffahrts-Revisionskommission im Herbst 1849 in Magdeburg konnte durch eine Strombesichtigung festgehalten werden, daß sich alle Elbuferstaaten in den zurückliegenden Jahren befleißigt hatten, gewisse Verbesserungen am Flußlauf durchzusetzen. Die Techniker aller zehn Elbuferstaaten einigten sich am Ende ihrer Exkursion, die Strombreite je nach Stromgebiet einheitlich zu gestalten. So erging die Empfehlung an die Kommission, die Elbe oberhalb von Torgau auf eine Breite von 113 m, zwischen Torgau und der Einmündung der Schwarzen Elster auf 131 m und bis zur anhaltischen Grenze auf 151 m einzugrenzen. Diese Werte bezogen sich auf einen mittleren Wasserstand und waren ohne jede rechnerische Grundlage bestimmt worden.

Besonders die Städte Belgern, Torgau und Wittenberg, sowie einige Landgemeinden, wie Lösnig, Dröschkau und Martinskirchen, erweiterten auf eigene

Unzählige Wassereichen wurden bei Regulierungsarbeiten aus dem Flußbett der Elbe entfernt. Noch in der ersten Hälfte unseres Jahrhuhnderts behinderten einzelne Exemplare die Schiffahrt.

Foto von 1911: Unberechenbare Sandablagerungen bildeten sich in kurzer Zeit besonders im Unterelbebereich und störten die Schiffahrt. Dieses Foto zeigt eine Sandbank im September inmitten der Fahrrinne bei Hitzacker (Elb-km 524,5).

Kosten die in ihrem Strombereich vorhandenen Uferwerke. Zwischen 1824 und 1854 wurden allein im Magdeburger Strombezirk 24 788 Baumstämme aus der Elbe entfernt.

Die Verhandlungen dieser 3. Kommission zogen sich mit zweijähriger Unterbrechung bis 1854 hin. Es wurden wieder nur Teilerfolge erzielt. Trotz der immer größer werdenden Konkurrenz durch die Eisenbahn hielten besonders die Vertreter von Hannover, Dänemark und Mecklenburg an der längst überholungsbedürftigen Zollpolitik fest. Besonders der Bevollmächtigte Österreichs brachte bei Unterzeichnung des Schlußprotokolls seinen Unmut gegenüber dieser Kurzsichtigkeit schriftlich zum Ausdruck, indem er erklärte: „Ich, wie meine Regierung bedauern es aufrichtig, daß die erlangten Resultate hinsichtlich der Elbzollermäßigungen hinter den im Interesse des Elbverkehrs erstrebten Erleichterungen weit zurückgeblieben sind, daß sie sich jedoch vertrauensvoll der Hoffnung hingibt, es werde gelingen, künftig eine den Bedürfnissen und Wünschen des Handels- und Schifferstandes besser entsprechende Regelung des Elbzollwesens herbeizuführen."

Weitere Klagen kamen in der Folge aus verschiedenen Schichten des öffentlichen Lebens. So enthält ein Bericht der Handelskammer Magdeburgs von 1856 folgenden Wortlaut:

> „Im allgemeinen leidet der Betrieb der Dampfschiffahrtsgesellschaften schwer unter den bedrückenden Elbzöllen, außerdem aber durch die mangelhafte Elbregulierung. Durch die seit Jahren vorgenommenen Strombauten ist nicht einmal annähernd jenes normale Fahrwasser erreicht, welches die Uferstaaten in der Additionalakte verbürgt haben, noch weniger ist der Elbstrom von den auf seinem Grund liegenden Steinen und Baumstämmen befreit, welchem bedauerlichen Umstande die Gesellschaft im verflossenen Jahr die Verunglückung eines beladenen Fahrzeuges zwischen Meißen und Dresden und eines dergleichen zwischen Sandau und Werben zuzuschreiben hat."

1858 konstituierte sich die 4. Elbschiffahrts-Revisionskommission. Als Tagungsort wurde Hamburg bestimmt. Gegen die erneut starre Haltung der Vertreter aus Hannover, Mecklenburg und Dänemark standen die restlichen sieben Elbuferstaaten in der Zollfrage vereint. Diese drei erstgenannten Staaten befürchteten, daß sie durch den zu erwartenden Aufschwung der Schiffahrt durch Vergünstigungen im Zollwesen, die bisweilen aus dem Eisenbahnbetrieb gezogenen Mehreinnahmen verlieren könnten. Besonders die Einnahmen aus dem Landtransitzoll der Hamburg-Berliner Eisenbahn gestalteten sich in ihren Gründerjahren sehr positiv. Aus diesem Fakt war auch die starre Haltung der Vertreter aus Dänemark, Hannover und Mecklenburg abzuleiten. Eine Fortführung der Verhandlungen erschien unter diesen Bedingungen unnütz. Die Kommission sah sich nicht in der Lage, das Ziel der Elbschiffahrtsakte erfüllen zu können, und so trennte man sich nach fast sechsmonatiger Verhandlung ergebnislos.

Die ständig auf eine friedliche Einigung hinzielenden Bemühungen Österreichs führten 1861 zur 5. Elbschiffahrts-Revisionskommission, die sich bis 1863 hinzog. Erstmals wurde ein in hohem Maße befriedigendes Ergebnis erreicht.

Die Dienstbücher der Schiffsmannschaften, die Patente der Schiffer sowie Lotsen und die Manifeste wurden erneuert oder ergänzt. Darüber hinaus wurden einige Passagen der Schiffahrts- und Strompolizeilichen Vorschriften erweitert.

Auch über die Notwendigkeit von Stromregulierungen konnte man Übereinstimmung erreichen. Bevor man Festlegungen traf, sollten die Ergebnisse der Stromschau (Bereisung des gesamten Flusses) 1863 und 1864 abgewartet werden. Das gesonderte Verzeichnis der vorgefundenen Mängel des Strombettes und des Fahrwassers wurde niedergeschrieben und sollte den Ergebnissen der gleichen Begutachtung von 1858 gegenübergestellt werden.

Diese erneute Strombesichtigung lag in den Händen des erfahrenen Kapitäns *Römer*. Die am Elbhandel beteiligten Handelsstände und die Schiffahrtsgesellschaften hatten den Auftrag erteilt und die Finanzierung übernommen.

Das 52 Seiten umfassende Abschlußgutachten gab Hinweise auf alle vorgefundenen Mängel und zeigte Methoden auf, in welcher Weise diese gerügten Stromstellen verändert werden könnten. Ferner sollten die Uferstaaten die möglichst schnelle Beseitigung der Schiffmühlen anstreben, in keinem Falle aber neue derselben zulassen.

Der Einweihung der Elbbrücke zwischen Dessau und Roßlau 1836 wurde durch die Prägung von silbernen und bronzenen Gedenmünzen für die am Bau beteiligten gedacht.

- Avers:
  Leopold Friedrich von Anhalt

- Revers:
  Die neuerrichtete Elbbrücke und die Flußgöttin mit einem Füllhorn und einem Ruder

Im Schlußprotokoll ist deshalb folgende Passage enthalten:

> „Die Uferstaaten werden auf eine gänzliche Beseitigung der Schiffmühlen in den Stromstrecken, woselbst sie der Schiffahrt irgend wie behinderlich werden können, thunlichst Bedacht nehmen und daselbst in keinem Falle eine Vermehrung derselben zulassen. Sie werden unausgesetzt dafür Sorge tragen, daß die vorhandenen Schiffmühlen nicht willkürlich ihre Liegeplätze verändern und jederzeit nur eine solche Stellung einnehmen, daß ein hinreichend breites und sicher zu passierendes Fahrwasser offen bleibt und durch sie in keiner Weise beengt wird.“

Auch die Anstellung von schiffahrtskundigen Stromaufsehern für einen Verantwortungsbereich von jeweils 4 bis 5 Meilen wurde vorgeschlagen. Diese sollten neben der Aufsicht über den Strom gleichzeitig die Einhaltung und Durchsetzung der Schiffahrts- und Strompolizeilichen Vorschriften kontrollieren und auf die einheitliche Anwendung dieser Gesetze achten. Das Gutachten brachte auch zum Ausdruck, daß die Anzahl der Schutz- bzw. Winterhäfen in keiner Weise den Anforderungen genügte, was besonders für die Elbstädte Riesa, Mühlberg, Dommitzsch, Kleinwittenberg, Vockerode, Aken, Barby, Magdeburg, Rogätz, Tangermünde, Sandau und Wohlt bei Bleckede zutraf.

Das hauptsächlichste Ergebnis der zweijährigen Verhandlungen war zweifellos der gleichzeitig zwischen allen Uferstaaten geschlossene Vertrag über die Erhaltung eines einzigen Elbzolls für sämtliche Uferstaaten an einem gemeinschaftlichen Zollamt. Damit waren alle bisherigen Erhebungsämter aufgehoben und nur das in Wittenberge blieb bestehen. Mit dieser einschneidenden Maßnahme war eine spürbare Herabsetzung aller Elbzollsätze verbunden.

Die eine Hälfte des Elbzolls sollte von Preußen, Österreich, Sachsen, Hamburg und den anhaltischen Herzogtümern gemeinsam erhoben werden, die andere von Hannover, Dänemark und Mecklenburg. Den drei letzteren sowie den anhaltischen Herzogtümern wurde als Schadenersatz für die entzogenen Zolleinnahmen ein jährlicher Betrag von 132 000 Thlr. zugesprochen.

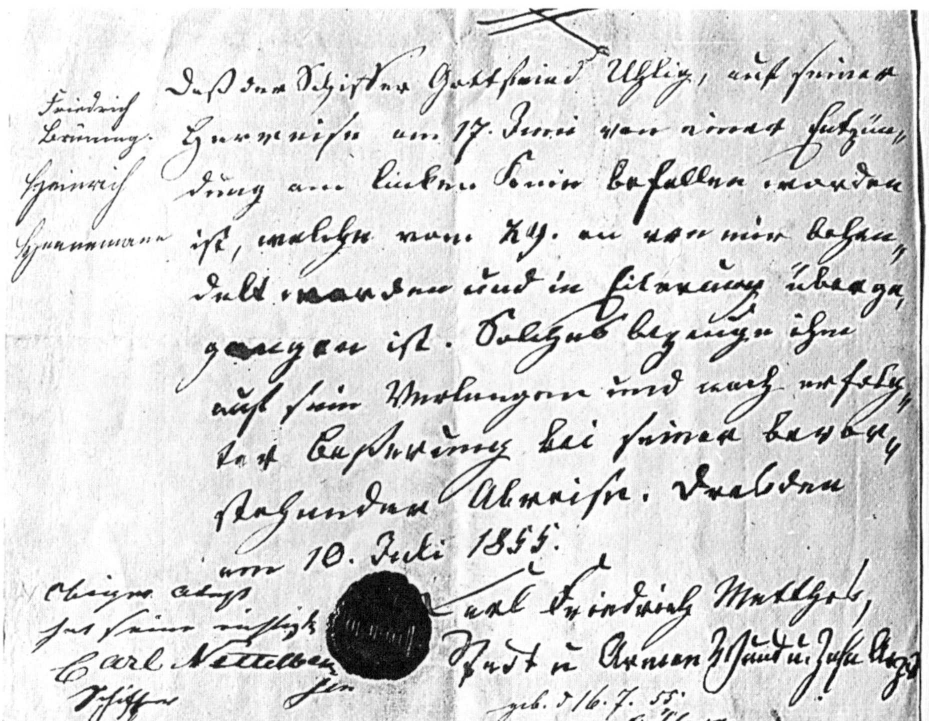

Dieser Beleg von 1855 über den Krankheitsfall eines Schiffers aus Aken wurde durch einen Dresdner „Stadt und Armen Wund und Zahn Arzt“ ausgestellt. Damit wird bestätigt, daß schon zu dieser Zeit vereinzelt Krankenunterstützung für in Dienst stehende Bootsleute geleistet wurde.

Für den Schiffsverkehr waren damit die lästigen und zeitraubenden Aufenthalte an den Zollstellen fortgefallen; nur noch ein einziges Mal mußte aus diesem Grund die Fahrt von und nach Hamburg bei Wittenberge unterbrochen werden. Größten Vorteil zog der böhmische und sächsische Verkehr aus diesen Festlegungen.

Seit der Beschlußfassung auf dem Wiener Kongreß 1815 war fast ein halbes Jahrhundert vergangen, bevor die ersehnten und erforderlichen Zollerleichterungen durchgesetzt werden konnten.

Die endgültige Abschaffung des letzten Elbzolls am 1. Juli 1870 erfolgte durch den 1866 gegründeten Norddeutschen Bund. Seitdem waren „der Flößerei- und Schiffahrtsbetrieb auf den mehreren Staaten gemeinsamen Wasserstraßen und der Zustand der letzteren sowie die Fluß- und sonstigen Wasserzölle der Beaufsichtigung und Gesetzgebung des Bundes unterstellt“.

Gegen diesen Beschluß opponierten zunächst Mecklenburg und Anhalt, da weitere Einbußen durch verlorengegangene Zolleinnahmen nicht zu übersehen waren.

Letztendlich wurden beide Staaten mit einer einmaligen Abfindungssumme von 1 Million bzw. 85 000 Thlr. entschädigt. Damit waren Schiffe und Flöße einschließlich ihrer Ladungen frei von den Zollabgaben, die jahrhundertelang den Elbverkehr bedrückt, ja sogar fast dem Niedergang nahe gebracht hatten.

5. Bemühungen der Uferstaaten beim Ausbau des Flußbettes ab 1840

5.1. Elbe und Moldau im Königreich Böhmen

In den vierziger Jahren des 19. Jahrhunderts begannen auf der Elbe und der Moldau im Bereich Böhmen zielgerichtete Stromregulierungsarbeiten. Baggerungen in größerem Ausmaß und Uferbefestigungen wurden in Angriff genommen. Es wurde versucht, durch Schaffung von Parallelwerken und sonstigen Uferschutzbauten die gewünschte Vertiefung des Fahrwassers zu erreichen. Mit sogenannten Steinheben und Baggern konnte man besonders die Strecke unterhalb von Aussig verbessern. Von 1850 bis 1853 wurde das Ufer in einer Länge von 3878 Klaftern befestigt.

Auch Häfen und ausgebaute Umschlagplätze wurden zu dieser Zeit angelegt. Da mit bisher üblichen Mitteln des Strombaus, durch die natürlichen Gefälleverhältnisse bedingt, in Böhmen die angestrebte durchschnittliche Fahrwassertiefe von 0,94 m nicht erreicht werden konnte, faßte die Landesregierung 1880 den Entschluß zur Durchführung einer umfangreichen Kanalisierung für die Moldau-Elbestrecke von Prag bis Aussig. Die Realisierung wurde sogleich nach Vorliegen eines diesbezüglichen Kanalprojektes angeordnet. Mit 13 Staustufen (7 auf der Moldau, 6 auf der Elbe), die aus je einer niederlegbaren Stemmanlage und einem Schiffsdurchlaß bestanden, sollte der Abfluß des Wassers verzögert und zwischen den Staustufen möglichst konstant gehalten werden. Nach Fertigstellung des Kanalisierungsprojektes erreichte man für diesen Bereich sogar eine ständige Fahrwassertiefe von 1,40 m. Ein möglicher Tiefgang der Schiffe von 2,10 m war sogar in Aussicht gestellt.

Die Abstände zwischen diesen Wasserhaltungen (Schleusen) lagen zwischen 4 km und 13,5 km. Der Höhenunterschied, der zu überwinden war, betrug auf der Moldau zwischen Prag-Smichow und Melník bei normalen Wasserverhältnissen 31 m und die Differenz der Elbe von Melník bis Aussig-Schreckenstein durchschnittlich 20 m. Die Ausgaben für dieses Kanalprojekt sollten sich durch ständige Frachtabgaben amortisieren.

Eine Weiterführung dieser Kanalisierung der Elbe bis in den sächsischen Bereich erachtete man zu dieser Zeit als nicht vorteilhaft. Es wurde befürchtet, daß die Schiffahrt dann ihre Aufgaben nicht mehr erfüllen könne, weil besonders talwärts alle Kähne auf Schlepphilfe angewiesen wären.

Da Prag zu dieser Zeit als Anfangspunkt der Elbschiffahrt galt, ist in Prag-Holeschowitz ein Schutzhafen und in Prag-Karolinenthal ein Umschlagplatz entstanden. Der Floßhafen in Prag-Kaiserwiese wurde mit 4 460 m Kaiufer und Bahnverbindung ausgerüstet. Alle diese Häfen hatten nun durch ihren

Anschluß an die österreichisch-ungarische Staatsbahn transkontinentale Bedeutung erlangt[1].

Für die Elbstrecke Böhmens entwickelten sich die beiden Häfen in Aussig und Rosawitz (heute Stadtteil Rozbelesy von Decin) vornehmlich durch die Ausfuhr der böhmischen Braunkohle. Begünstigend wirkte sich auf diese Entwicklung die Gründung der Aussig-Teplitzer Eisenbahn aus, wodurch der Anschluß der beiden Elbumschlagsplätze an die Kohlenreviere Böhmens vollzogen war.

Die beiden Aussiger Häfen, deren letzterer von 1889 bis 1891 entstand, konnten 120 Schiffe aufnehmen, und zusammen verfügten sie über 6 050 m Ladeplätze. Ebenfalls mit Eisenbahnverbindung wurden die nicht minder bedeutenden Umschlagplätze in Schönpriesen (Krasne Brezno) mit 1 400 m Kailänge und Laube (heute Stadtteil Loubi von Decin) mit 2 400 m Kaianlagen errichtet.

Für die böhmische Elbstrecke mußten durch den Staat für die Ablösung der 12 Schiffmühlen, die u. a. in Wegstädtl (Steti), Libochowan (Libochovany) und Czalositz (Zalhostice) standen, insgesamt 89 000 Gulden aufgebracht werden.

5.2. Die Elbe im Königreich Sachsen

Gedrängt von den Notwendigkeiten eines durch Industrialisierung in Sachsen anschwellenden Stromes zu transportierender Güter und durch den ständigen Druck der Dampfschiffahrtsgesellschaften kam es auch in diesem Uferstaat zur Ausführung von größeren Regulierungswerken.

Verantwortlich für alle Arbeiten am Strom war das Königlich-Sächsische Finanzministerium in Dresden, woraus später die Sächsische Wasserbaudirektion hervorging. Erster Wasserbaudirektor dieser Institution war *M. Schmidt*, der den sächsischen Elbbereich in drei Elbstrombezirke mit folgenden Streckenbereichen einteilte

1. Elbstrombezirk: von Schöna bis Klein-Zschachwitz;
2. Elbstrombezirk: von Klein-Zschachwitz bis Sörnewitz;
3. Elbstrombezirk: von Sörnewitz bis Kreinitz (sächsisch-preußische Grenze).

Erste Aktivitäten gab es durch Paralleldeckwerke zwischen 1825 und 1840 bei Meißen, Königstein und Dresden. In der Zeit von 1845 bis 1860 wurden acht größere Maßnahmen bei Dresden, Meißen, Kopitz, Loschwitz, Krossen, Riesa, Pieschen und Schöna realisiert. 13 222 m Paralleldeckwerke entstanden somit in diesem Zeitabschnitt. Gleichzeitig waren ab 1846 die ersten Dampfbagger im Einsatz. Neben der eigentlichen Aufgabe, für die Profilierung der Fahrrinne zu sorgen, förderten diese Bagger gleichzeitig 2 Mill. m^3 Kies. Diese Menge wurde gleich zum Befestigen und Begradigen des Ufers verwendet.

Unter der Leitung des Wasserbaudirektors *J. G. Lohse* ist von 1858 bis 1860 ein geschlossener Regulierungsplan für den sächsischen Strombereich aufgestellt worden.

Im Königreich Sachsen wurde von 1861 bis 1897 die beachtliche Menge von 5 195 883 m^3 Kies aus dem Strombett der Elbe gefördert. Zum Aufsuchen und zum Heben größerer Steine war ab 1880 ein mit Dampfkraft betriebenes Tauchschiff im Einsatz.

Allein in Sachsen verkürzte sich der Stromlauf durch Beseitigen starker Flußkrümmungen um 700 m. So wurden 1856 der Krümmungsradius des Elbbogens bei Heidenau von 165 m auf 1 000 m und die Krümmung bei Hirschstein von 180 m auf 770 m verbessert.

Die noch zahlreichen Inseln und Heger inmitten des Flusses verschwanden durch Baumaßnahmen bis auf zwei Ausnahmen („Pillnitzer Insel“ und „Gauernitzer Insel“). Durch diese umfangreiche Bautätigkeit konnte eine durchgängige Zunahme der Fahrwassertiefen auf der sächsischen Elbstrecke erreicht werden; so zwischen Schöna und Pillnitz um 40 cm, Pillnitz und Meißen um 20 cm, Meißen und der sächsisch-preußischen Grenze um 50 cm.

Außerdem konnte bei den Arbeiten am Elbstrom der Eisschutz verbessert werden. Die gefürchteten Eisversetzungen, die meist Überschwemmungen, Uferabbrüche und Dammbrüche zur Folge hatten, kamen nun weit seltener vor. Das gefährliche Treibeis konnte jetzt leichter abfließen, auch eine feste Eisdecke in strengen Wintern löste sich besser auf.

Da die Elbe besonders in den Sommermonaten weniger Wasser als normal abführte, reichten die Baggerarbeiten nicht aus, um das geringe Wasserangebot für die geforderte Fahrrinnentiefe zusammenzuhalten.

Große Aufwendungen waren gegen Ende des vorigen Jahrhunderts notwendig, um entlang der Elbe geeignete Hafenanlagen und Umschlagstellen zu schaffen (s. a. Abb. auf der folgenden Seite).

– Aufnahme von 1888: Ausbau der Döllnitzmündung zum Hafen Riesa-Gröba; mit seiner ersten Ausbaustufe war diese Anlage nutzungsfähig.

Unter Beachtung der im sächsischen Bereich oftmals wechselnden Gefälleverhältnisse begann man hier recht frühzeitig mit der Herstellung von Niedrigwasserprofilen. Zwischen den parallelen Deckwerken wurden quer zur Stromrichtung Stein- und Kiesschüttungen in Form von Grundschwellen in das Flußbett eingebracht. So konnte das Wasser in eine gewünschte Fahrrinne gezwungen werden.

Die sieben Häfen in Sachsen dienten vorrangig als Schutzhäfen, da der größte Teil des Güterumschlags in Dresden und Riesa stattfand. Dazu standen in beiden Städten Hafenanlagen zur Verfügung, die zwischen 1871 und 1901 entstanden und den größten Teil der Aufwendungen seitens des sächsischen Staates in Anspruch nahmen.

6,5 Mill. Mark kostete der Bau des König-Albert-Hafens in Dresden-Friedrichstadt, während für die Erweiterung der Döllnitz-Mündung in Gröba, die zur Anlage des Riesa-Gröbaer Hafens genutzt wurde, mit allen Ausrüstungen bis zur endgültigen Fertigstellung 1901 5 Mill. Mark aufgebracht werden mußten[2].

Außerhalb dieser beiden Hafenanlagen boten noch 43 Elborte im Königreich Sachsen der Schiffahrt Gelegenheit zur Beladung bzw. Löschung der mitgeführten Fracht an den erschlossenen Kaimauern mit einer Gesamtlänge von 7 000 m.

– 1889 wurde der Verkehrshafen in Aken in Betrieb genommen; der Bau erfolgte fast ausschließlich manuell.

5.3. Die Elbe im Königreich Preußen

Viele Klagen der Handels- und Schifferstände über mancherlei Übel am Elbfluß ließen die preußische Regierung den Entschluß fassen, für die ihr unterstehenden Stromstrecken der Regierungen in Merseburg, Magdeburg und Potsdam eine einheitliche Verwaltung zu schaffen. So wurde 1861 die Strombau-Direktion der Provinz Sachsen ins Leben gerufen, die dann fünf Jahre später in Elbstrombauverwaltung umbenannt wurde. Der Geschäftsbereich dieser Elbstrombauverwaltung erstreckte sich zur Zeit ihrer Gründung 1866, dem damaligen Umfang des preußischen Staates entsprechend, auf die Elbe innerhalb der Provinzen Sachsen und Brandenburg.

Nach der durch den Krieg 1866 herbeigeführten Umgestaltung wurde durch einen Beschluß 1868 der Elbbereich der Provinz Hannover bis zur Seevemündung und 1877 auch der zum Herzogtum Lauenburg gehörende Teil der Elbe dieser Behörde zugewiesen.

Damit unterstand der Elbstrombauverwaltung eine Stromlänge von 434 km mit einer Uferlänge von fast 815 km.

Um geplante Projekte zur Ausführung bringen zu können, wurde diese Elbstrecke in folgende sechs Baukreise unterteilt[3]:

1. Torgau, von der sächsischen bis zur oberen anhaltischen Grenze, 105 km Länge;
2. Magdeburg, von der unteren anhaltischen Grenze bis zur Einmündung der Ohre bei Rogätz, 81 km Länge;
3. Stendal, von der Ohre-Mündung bis zur Havel-Mündung, 81 km Länge;
4. Wittenberge, von der Havel-Mündung bis oberhalb Dömitz (mecklenburgische Grenze), 72 km Länge;
5. Hitzacker, von der mecklenburgischen Grenze unterhalb Dömitz bis Barförde, 54 km Länge;
6. Lauenburg, von Barförde bis zur Mündung der Seeve, 41 km Länge.

Die Tätigkeit der Elbstrombauverwaltung erstreckte sich auch auf die im Regierungsbezirk Magdeburg gelegene Strecke der Saale, einen weiteren Baukreis:

7. Calbe a. S., das Flußgebiet der Saale von der unteren Elbe umfassend, 27,2 km Länge.

Diese insgesamt sieben Baukreise waren in weitere Buhnenmeister-Bezirke eingeteilt.

Da dieser neuen Institution auch die finanziellen Mittel nicht versagt blieben, waren alle Grundlagen für eine planmäßige Veränderung des Stromes gegeben. Die Mittel und Praktiken, mit denen die Erfolge garantiert werden sollten, waren zwar die gleichen wie bisher, dennoch konnten Buhnenbauten, Deck- und Parallelwerke, Grundschwellen und Baggerungen großzügiger geplant werden.

Die noch 1869 auf der preußischen Elbstrecke vorhandenen 66 Schiffmühlen waren mehr oder weniger große Schiffahrtshindernisse. Sie schwammen immer dort, wo das beste Fahrwasser war. Mit einem Kostenaufwand von 536 000 Mark wurden sie durch den Staat aufgekauft und damit beseitigt[4].

Durch die Begradigung des Elbverlaufs im 19. Jahrhundert wurden nicht nur gefährliche Stromstellen beseitigt, sondern auch der Fluß um 11,7 km verkürzt. Diese Elbkarte vermittelt einen Überblick über die Elbregulierung zwischen Döbern (Elb-km 162) und Mockritz (Elb-km 165), die 1748 ausgeführt wurde.

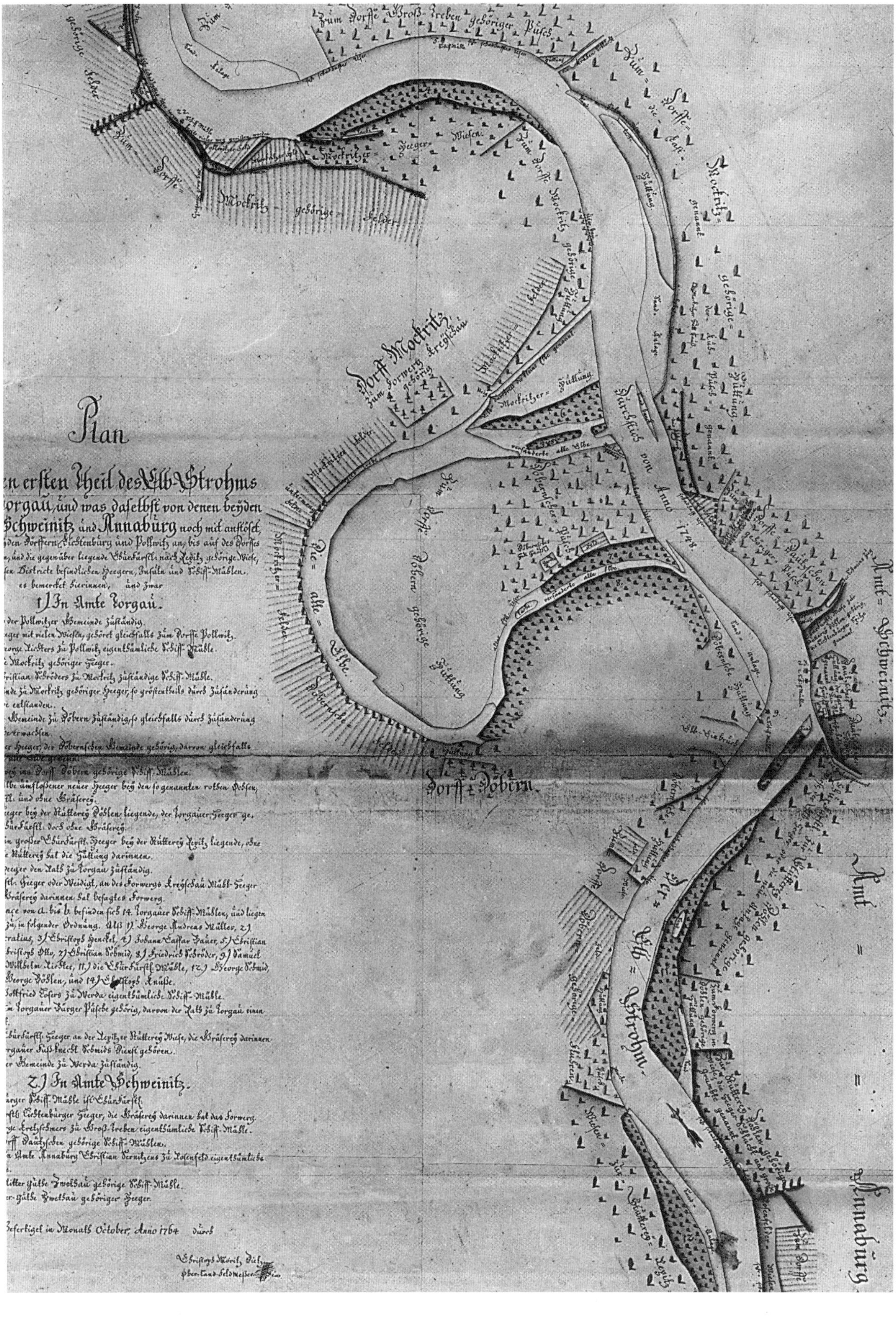

Plan
en ersten Theil des Elb-Strohms
Torgaü, ünd was daselbst von denen beyden
Schweinitz ünd Annabürg noch mit anstöset,
1.) In Amte Torgaü.
2.) In Amte Schweinitz.
Beferkiget in Monath October, Anno 1764. durch
Dorff Mockritz
Dorff Döbern
Elb-Strohm
Amt = Schweinitz.
Amt = Annabürg.
Die = alte = Elbe.
Dürchstich von Anno 1748.
Zum Dorffe Groß-Treben gehöriger Püsch
Mockritzer = Heeger = Wiesen.
Mockritz = gehörige = Felder

Aufbauend auf den Erfahrungen beim Anlegen von zwei Durchstichen der Elbe

1850 bei Elsnig (Nähe Torgau)	Elb-km 166,5 bis 168 und
1854 bei Mühlberg	Elb-km 126 bis 127

wurden weiterhin zwei große Durchstiche vollendet

1868 bei Gallin	Elb-km 204 bis 205,5
1873 bei Döbeltitz	Elb-km 144,5 bis 146.

Durch diese vier Maßnahmen verkürzte sich der Stromlauf der Elbe um insgesamt 11,7 km. Das Wirken dieser zielstrebigen Arbeit der Elbstrombauverwal-

Die Elbstrecke „Das düstere Loch“ (Elb-km 367 bis 368) einst und jetzt:

- Darstellung von 1855 durch den Kartographen der Preußischen Elbstrombauverwaltung, *W. Platt.*
- Der regulierte Strom in seiner Ausbaustufe von 1985 nach der „Schifffahrtskarte der Binnenwasserstraßen der DDR“, Band I. (siehe rechte Seite)

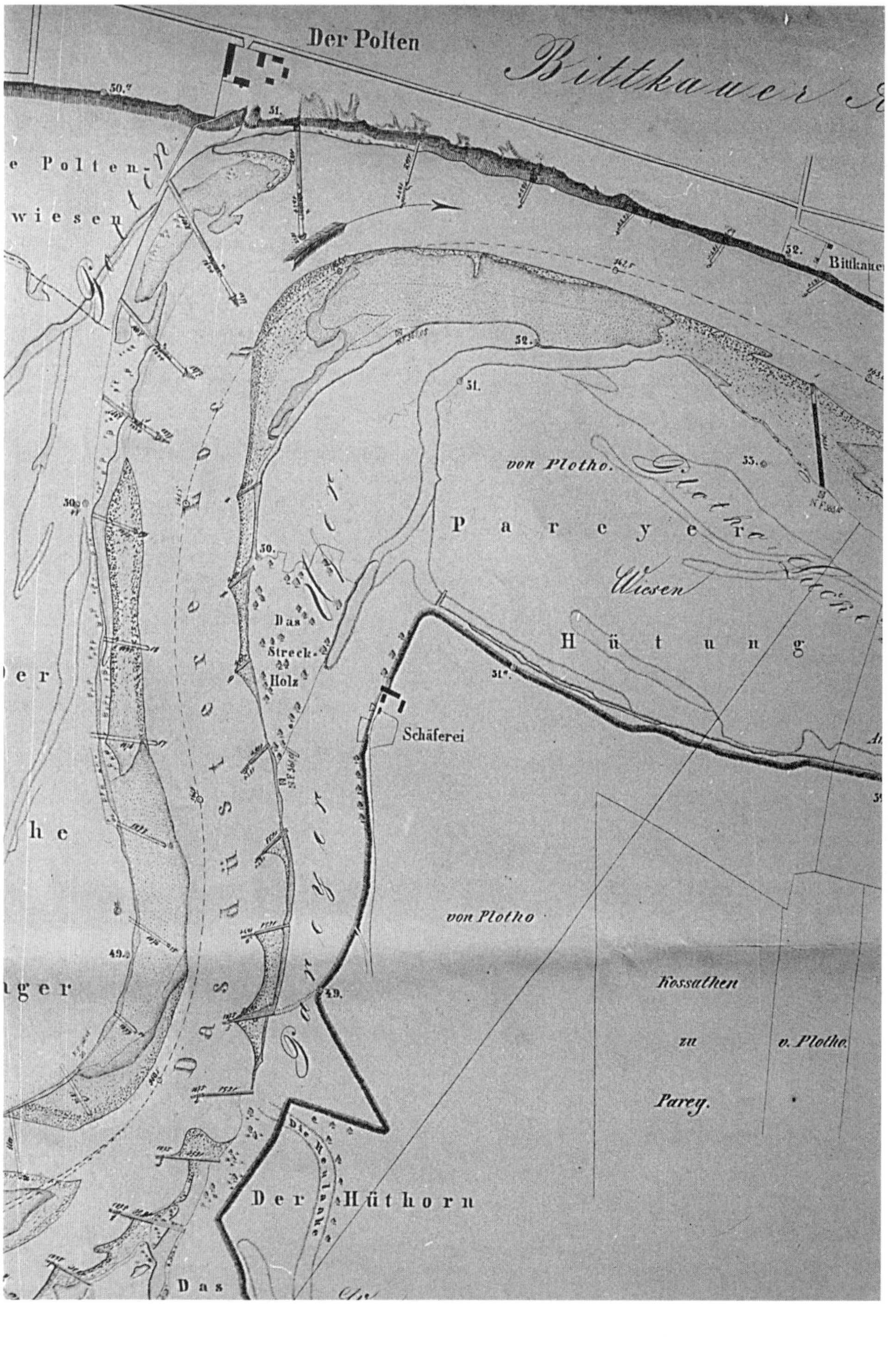

tung Preußens in den ersten 50 Jahren ihres Bestehens läßt sich durch folgende Ergebnisse nachweisen:

- Herstellen von 3 500 neuen Buhnenanlagen
- Verstärken oder Verlängern von 1 500 vorhandenen Buhnen
- Bergen von mehr als 100 000 Baumstämmen aus dem Fahrwasser der Elbe
- Neuanlage der Häfen Mühlberg, Torgau, Kleinwittenberg, Aken (Verkehrshafen), Barby, Magdeburg-Handelshafen, Tangermünde und Bleckede
- Erweitern der Häfen bei Wittenberge, Lauenburg und Hoopte
- Ersatz der Mummen und Bloßen durch feste Schiffahrtszeichen am Ufer oder auf Buhnen
- umfangreiche Felsbegradigungen, besonders in den Strombereichen bei Magdeburg und Torgau
- Beseitigen der letzten vier Schiffmühlen durch Ankauf der Mühlen von Pretzsch (1899), Aken (zwei Stück 1900) sowie Rogätz (1901)
- Reduzieren der Anzahl von Strompfeilern der Brücken in Torgau, Wittenberg, Magdeburg und Wittenberge zum Vergrößern ihrer Durchfahrtsöffnungen.

Mit diesen Ergebnissen konnte die Elbstrombauverwaltung zunächst die in sie gesetzten Erwartungen erfüllen. Eine Strombereisung 1873, die von Riesa bis Hamburg führte, brachte die Erkenntnis, daß die in der Additionalakte gesteckten Zielvorstellungen hinsichtlich der Tauchtiefen jedoch bei weitem noch nicht erreicht waren. Oberhalb der Saalemündung konnten Schiffe bei Mittelwasser mit maximal 0,58 m Tiefgang verkehren, während unterhalb derselben 0,80 m für Segelschiffe und 0,73 m für Schleppschiffe als Eintauchtiefen angenommen werden konnten.

Als Fazit dieser Testfahrt wurden in einem Gutachten Neufestlegungen der Normalbreiten durch genaue hydrologische Vorarbeiten gefordert. Die ausgeführten vermessungstechnischen und hydrologischen Arbeiten erforderten viele hundert Abflußmessungen an den verschiedensten Stromstellen, zahlreiche Gefällemessungen und unzählige Querprofilaufnahmen. Diese mit peinlicher Genauigkeit durchgeführten und ausgewerteten Arbeiten bilden teilweise noch heute die Berechnungs- und Arbeitsgrundlage der Hydrotechniker.

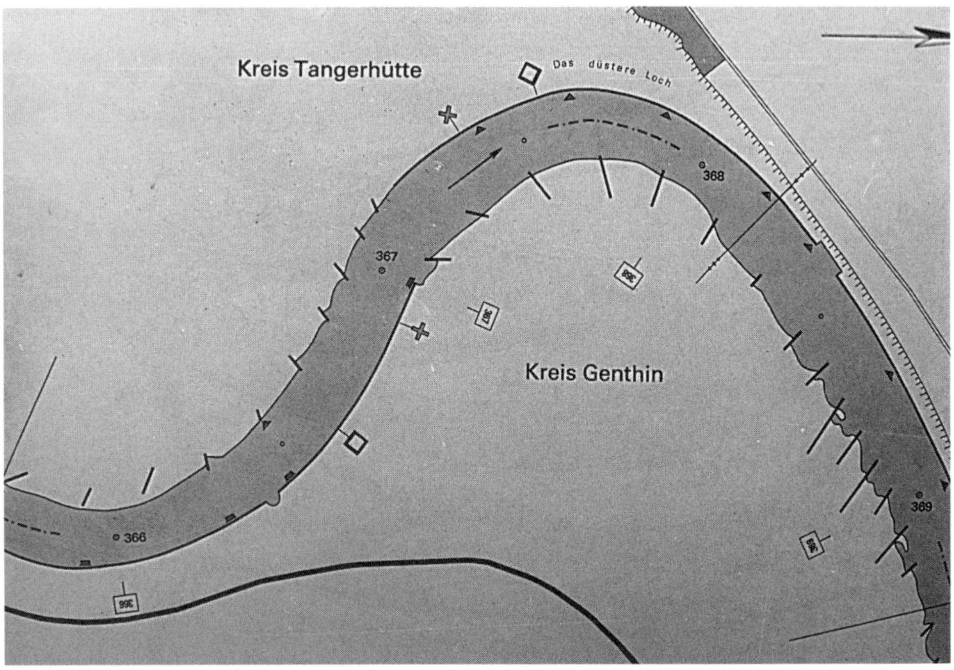

Der Elbverlauf ist bis auf kleinere Veränderungen noch heute identisch mit dem des Regulierungsplanes von 1877. Danach sind fast alle zur Zeit noch vorhandenen Buhnenanlagen und deren Fragmente von der sächsisch-preußischen Grenze elbabwärts in den Jahren zwischen 1880 und 1890 entstanden.

Ergänzt wurde diese frühere Planung durch einen Regelungsentwurf für Kopfschwellen und Deckwerke, woraus auch die Abnahme der Anzahl der Buhnen seit 1890 resultiert.

Während bei der Gründung der Elbstrombauverwaltung 1866 lediglich ein Bagger zur technischen Ausrüstung gezählt werden konnte, erweiterte sich die technische Flotte bis 1916 auf 14 Eimerdampfbagger, 1 Zangenbagger, 3 Saugspüler, 2 Taucherschächte, 1 Pumpenprahm sowie 2 Bereisungs- und Schleppdampfer, 9 Eisbrecher, 10 Schleppbarkassen, 16 Strompolizeiboote und 2 Motorboote[5].

Insgesamt fanden in der Hauptbausaison etwa 1 300 Arbeiter Anstellung zur Verbesserung der baulichen Anlagen am Fluß. Dies war eine beachtliche Zahl für den 434 km umfassenden Elbebereich und die 27,5 km lange Saalestrecke!

Mit dem ständigen Fortschreiten der Strombaumaßnahmen wurden die Binnenschiffe immer größer, schließlich war die Schiffahrt auch die Triebkraft der wasserbaulichen Entwicklung der Elbe, sie standen gewissermaßen in Wechselbeziehung. Waren 1866 Fahrzeuge bis maximal 100 t Tragfähigkeit auf der Elbe navigierbar, so waren schon um die Jahrhundertwende Schiffe mit einem Fassungsvermögen von 1 000 t und mehr keine Seltenheit.

Diesen Aufwärtstrend im preußischen, hannoverschen und mecklenburgischen Strombereich verdankte die Schiffahrt in hohem Maße dem Regierungs- und Baurat *T. Kozlowski*, der im April 1866 durch den Oberpräsidenten der Provinz Sachsen, *von Witzleben*, zum ersten Elbstrombaudirektor ernannt wurde.
Ihm oblagen durch „Allerhöchste Kabinettsorder vom 30. Dezember 1865“ die „Bau- und Schiffahrts-Polizei-Angelegenheiten“ an der Elbe.

Kozlowski erkannte als erster die Mittelwasserregulierung der Elbe als eine der vorrangig zu lösenden Aufgaben und begann mit den schon genannten Aktivitäten, sich um ein schiffbares Strombett verdient zu machen.

Die ausgebaute Elbstrecke unterhalb von Pretzsch (Elb-km 183 bis 189), wie sie sich 1935 dem Fotografen darbot.

5.4. Die Elbe im Herzogtum Anhalt

Frühestens nach Abschluß der Elbschiffahrtsakte 1821 kann man erste geringfügige Bemühungen zur Verbesserung des Fahrwassers auf dem nur 41 km umfassenden Elbstromgebiet in Anhalt registrieren. Erst die Additionalakte von 1844 zwang die anhaltischen Herzöge zum Umdenken. Sie hatten bis zu diesem Zeitpunkt die Elbschiffahrt durch die von ihnen noch erhobenen drei Elbzölle in Coswig, Roßlau und Dessau verstärkt ausgebeutet und für ihre Interessen genutzt.

Die Korrektion des Flusses ließen sie auch nur durch den Bau von Buhnen durchführen, um vorrangig den Forderungen zur Mittelwasserregulierung zu entsprechen. Diese einseitige Handhabung hatte zur Folge, daß nach höheren Wasserständen vielfach Versandungen zurückblieben, die wieder nur durch Baggerungen beseitigt werden konnten.

In Anhalt gab es 1864 noch 20 Fahrwasserstellen, die bis zu 0,5 m flacher waren als die vereinbarte Fahrwassertiefe von 0,94 m[6].

So sind es besonders die Grenzbereiche von Anhalt, die im Protokoll der Strombereisung von 1864 kritisch hervorgehoben wurden:

> „An Wahlbaum bei Griebow ist jedes Jahr Wassermangel. (Würde man am linken Ufer den großen Winkel zubauen, dürfte es nicht an Wasser fehlen.)
>
> An der s. g. Rosenwiese bei Wörlitz am linken Elbufer ist das Fahrwasser stets seicht und das Flußbett zu breit. (Die Einengung durch Buhnen erscheint wünschenswerth.)“
>
> „Am blauen Berg unterhalb Dessau befindet sich das Ufer oberhalb im Abbruch, auch sind dort keine Buhnen bis zur seichten Stelle, wodurch das Strombett sich zu weit ausbreitet, i. J. 1863 war die Fahrtiefe 23 Zoll, in diesem Jahre (1864) 24 Zoll. Das Fahrwasser geht bald rechts, bald links. Es befinden sich auch dort noch einige Steine, vor welchen indeß ein Bober liegt.
>
> Brambach, obschon an beiden Seiten durch lange Buhnen eingeengt, ist Jahre lang eine der schlechtesten Stellen der Elbe gewesen; i. J. 1863 war dort die Fahrtiefe nur 23 Zoll, in diesem Jahre (1864) 24 Zoll. Das Flußbett ist auf einer Länge von 30 his 40 Ruthen mit großen Steinen förmlich besäet. Nachdem mehrere Segelkähne, Schleppkähne und Dampfschiffe dort Haverie erlitten hatten, wurde die Strecke durch ein 5 Ruthen breites, von Steinen befreietes Fahrwasser nothdürftig verbessert; allein es liegen daneben, oberhalb und unterhalb, noch große Steine, welche ebenfalls im Interesse der Schiffahrt weggeräumt werden sollten.“

Schiffmühlen waren auf der 41 km umfassenden Stromstrecke des Herzogtums Anhalt nie vorhanden. Als man in der zweiten Hälfte des vorigen Jahrhunderts staatlicherseits die Schiffmühlen auf der Elbe im Interesse der aufstrebenden Schiffahrt beseitigte, was auch eine große Belastung der Staatskasse nach sich zog, sagte man den anhaltischen Herzögen sogar einen genialen Weitblick nach.

Obwohl zwischen 1875 und 1894 insgesamt 14,5 km Deck- und Parallelwerke entstanden, gab es noch immer fünf sehr seichte Stromstellen mit einer Fahrwassertiefe von nur 0,75 m . Für die beiden 19 km langen Elbbereiche, für die die Elbe zwischen Preußen und Anhalt gleichzeitig Grenzfluß war (heute Elb-km 225 bis 227 und 270,5 bis 287,5), waren zwischen beiden Uferstaaten durch mehrere formlose Übereinkommen zwar Korrektionsarbeiten in Aussicht gestellt worden, es mangelte jedoch an konkreten Plänen und Fristen.

Die Jahre zwischen 1860 und 1910 können aus der Sicht des Wasserbaus als einer der erfolgreichsten Zeiträume bei der Regulierung der Elbe angesehen werden. Das von der Natur geformte Elbbett wurde in ein künstliches umgewandelt, wodurch der natürliche Wasserabfluß durch Menschenhand in Grenzen beeinflußt werden konnte. Erst durch diese vielfältigen Maßnahmen am

Flußbett wurden die Grundlagen für eine weitgreifende Nutzung des Elbstroms durch die sich stark entwickelnde Schiffahrt geschaffen.

Die Verkehrsstatistik von 1860 bis 1910 weist aus, daß sich der Güterverkehr in diesem Zeitraum nahezu um das Siebenfache gesteigert hatte (registriert an der sächsisch-böhmischen Grenze).

Man muß konstatieren, daß sich die Bemühungen der Elbuferstaaten und vor allem die der preußischen Elbstrombauverwaltung ausgezahlt haben.

Deckwerke und Buhnen verlangen einen gewissenhaft ausgeführten Unterbau. Eine Faschine (geflochtene Reisigmatte) wird für den Einbau vorbereitet.

Der Magdeburger Elbbereich als maßstabgerechte Modelldarstellung. Durch umfangreiche Versuche in der Forschungsanstalt für Schiffahrt, Wasser und Grundbau in Potsdam-Marquard können heute bei verschiedenen Wasser- standsverhältnissen Sohlen- und Ufererosionen praxisnah vor der Bauausführung simuliert werden.

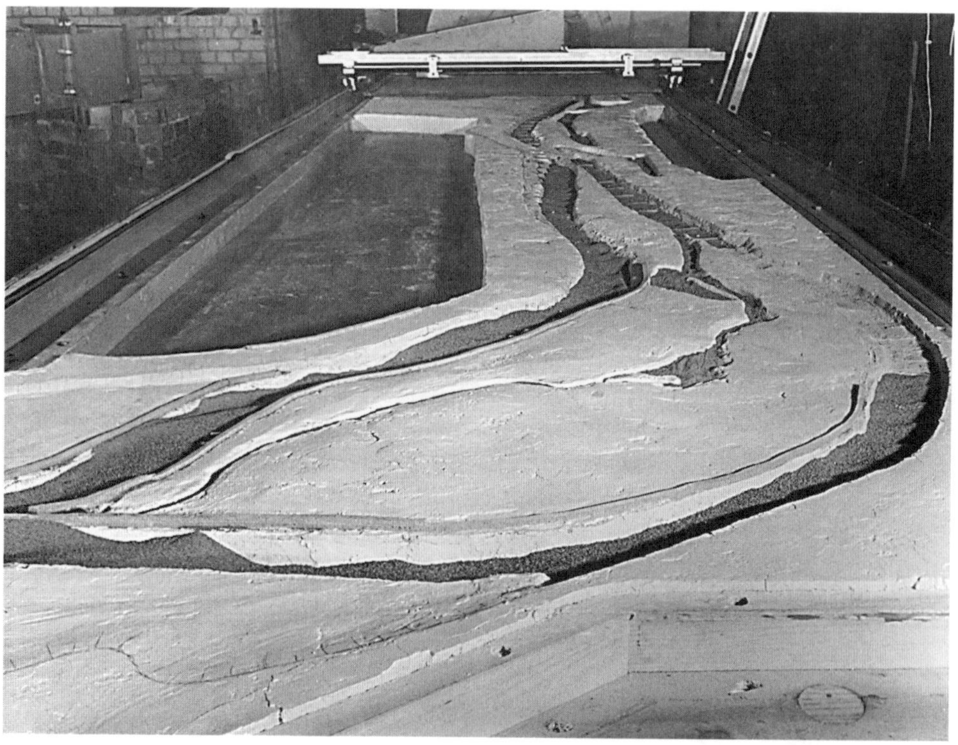

6. Kennzeichnung des Flusses

6.1. Frühere Stromstellennamen

Der technische Betrieb der Binnenschiffahrt verlangt von allen Beteiligten ein hohes Maß an Kenntnissen über den Fluß. Sehr wichtig ist dabei die Festlegung von speziellen Stromstellen zum Berechnen von Entfernungen, Tagesleistungen oder zur genauen Lagebestimmung von Häfen, Brücken und sonstigen Hindernissen. Nicht zuletzt werden sie bedeutungsvoll beim Abfassen von Havarieberichten.

Heute stehen den Schiffern zur genauen Ortsfestlegung in der Regel rechtsseitig des Flusses Hilfsmittel in Form von Kilometertafeln zur Verfügung.

In früheren Zeiten war die Situation völlig anders; man orientierte sich an Stromstellennamen, die durch Schiffer, Strombauarbeiter oder Fischer willkürlich ihren Namen erhalten hatten. Für das Stromgebiet der Elbe sind diese Bezeichnungen relativ leicht zu erfassen, allerdings reicht ihr Ursprung sehr weit zurück.

Es ist daher allzu verständlich, daß bestimmte Stromstrecken Bezeichnungen erhielten, die mehr waren als bloße Hilfsmittel zur Stellenauffindung. Oft dienten sie auch als Anhaltspunkte oder Merkmale zur Bewältigung der täglichen Arbeit.

Am zahlreichsten sind Bezeichnungen, die mit Grundwörtern zusammengesetzt sind. Ausdrücke mit dem Wort „Furt“ weisen auf seichte Stellen des Fahrwassers, wie „Hübelmichels Furt“ (Elb-km 2), „Strandfurt“ (Elb-km 21) oder „Kaditzer Furt“ (Elb-km 64), hin. Wortverbindungen mit „Heger“ oder „Sand“ deuten auf sehr flache Sandbänke, wie „Prühlitzer Heger“ (Elb-km 208), „Kirchhofheger“ (Elb-km 26), „Am Kuhsand“ (Elb-km 298) oder „Wessinger Sand“ (Elb-km 149)[1]. Sehr häufig sind Verbindungen mit den Wörtern: „ Schwebe“, „-Horn“ , „-Loch“, „-Ecke“, „-Steine“, „-Grube“ und „-Mühle“ vertreten.

Die Elbschiffer bezeichneten ein sehr mühsam zu befahrendes Stromgebiet als „Loch“ oder „Grube“. Sie meinten dabei aber immer die äußere Seite einer Flußkrümmung. Auf den technischen Ablauf der Schiffahrt verweisen solche Bezeichnungen wie die „Melke-Kuh“ (Elb-km 103), „Erdegruben“ (Elb-km 48), „Hostewitzer Leichte“ (Elb-km 45) oder „Grödeler Leichte“ (Elb-km 103)[2].

Stellen die ersten beiden Begriffe eine Verbindung zur früheren Treidelschiffahrt, dem „Melken“, her, so bedeutet „Leichte“ soviel wie „Lüften“, also einen Teil der Ladung in kleinere Fahrzeuge umladen. „Lüften“ oder „Leichtern“ sind auch in unserer Zeit noch Worte, die im Schifferberuf geläufig sind.

Welche Bedeutung diese Stromstellennamen bei den Fahrensleuten hatte, zeigt sich darin, daß sogar ein Lied mit 26 Strophen und diesen mundartlichen Ortsbeschreibungen bei Treffen der Schiffer gesungen wurde:

Eine Seefahrt, die ist lustig, eine Kahnfahrt ebenso,
und so laßt uns eine machen mit Tamtam und mit Hallo!

Steiget ein ins kleine Schifflein bei der „Hübelmichelsfurt“,
fahrt den „Diebsteig“ dann vorüber, wo die „Hirschenmühle“ surrt.

Laßt die „Biberlöcher“ liegen, fahrt „Die faule Magd“ vorbei,
und dann haltet kräftig Umschau wo „Die Melkekuh“ wohl sei.

Habt ihr diese dann gefunden, richtet schnell den Blick nach vorn,
und gewahrt den „Kirchhofheger“ und ganz fern „Das Wehlner Horn“.

Und dann geht's durch „Das Gebräche“ an dem Struppenbach entlang,
wo vor langen, alten Zeiten einst das „Mügelhorn“ erklang.

Seht „Die Hosterwitzer Leichte“, dann „Die Erdengruben“ ein,
laß „Die Kuhfurt“ dann beiseite und kehr schnell „Bei Antons“ ein.

Habt ihr nötig ein Gepinkel, haltet noch ein wenig auf.
Dazu paßt „Der Piesch'ner Winkel“ und „Der Schindergraben“ auch.

An der „Scharfenberger Ecke“ haltet nicht so lang zurück,
denn es kommt sogleich „Der Rehbock“ und „Der Silberbruch“ in Blick.

Dann „Die Knorre“, „Die Klosterschwebe“, doch der Nebel wird sehr dicht,
und ihr sehet so die „Kuchen-“ und die „Rosenmühle“ nicht.

Ist vorbei „Die Schwedenschanze“ und bei Kreinitz erst der Busch,
liegt zurück das schöne Sachsen, diesem bringt ihr einen Tusch!

Lebewohl, du schönes Sachsen, lebewohl du schönes Land,
wo die schönsten Mädchen wachsen und auch sonst noch allerhand.

Noch am „Brottewitzer Graben“ denk ich gern an dich zurück,
bis am „Tauschewitzer Mühlhaus“ winkt ein neues holdes Glück.

In dem „Döbeltitzer Durchstich“ und „Beim Armen Edelmann“
ich mich gar nicht mehr erinnern an das Kaffeesachsen kann.

Und so geht die Fahrt dann weiter durch das schöne Preußenland,
durch „Die Rosenfelder Buhnen“ und den „Wessinger Sand“.

Und brüllt „Der rote Ochse“ dicht bei Mockritz sein „muh! muh!“,
und „Der Honigmann“ bei Sachau hört dem Ochsen ruhig zu.

Schaut „Die alte Weiberfähre“, schauet den „Galliner Stich“,
und im Gasthaus „Zur Stadt Dresden“ findet ihr gedeckten Tisch.

Ist vorbei „Die rote Grube“, „Das Apollensdorfer Loch“,
grüßt Euch schon „Der Schröderfrieden“ und „Die Pferdegrube“ noch.

„Weißes Haus“ und „Schlangengrube“, „14 Buhnen“, „Blauer Berg“,
schon ist vorbei Anhalt's Ländchen als ein winzig kleiner Zwerg.

Kaum sind wir vorbei an Steckby und „Die Sauengrube“ durch,
grüßt uns in der blauen Ferne schon das schöne Magdeburg.

In dem kleinen Städtchen Frohse und dem großen Schönebeck
wohnen keine guten Leute, darum geh'n wir drüber weg.

Und dann kommt „Der Affengarten“, dieses komisch, närrische Ding, und
darauf „Der Raddeldaddel“ und sodann „Der Schweinering“.

Weiter folgt „Die Seekengrube“, „Zickenheber“, „Düstres Loch“,
„Springerhegert“, „Zickenwerder“ und auch dann „Der Stadtbusch“ noch.

Immer weiter treibt das Schifflein, immer weiter, schön und stolz,
strebt vorbei an Buchten, Löchern und am alten „Mühlenholz".

Immer weiter, immer weiter zieht das Schifflein seine Bahn
und es kommet dann allmählich im „Kuhscheitenkruge" an.

Steiget aus dem kleinen Schifflein, kehret in dem Kruge ein
bei der prallen drallen Wirtin mit dem holden Töchterlein.

Lasset heit're Lieder schallen, schwelgt im Frohsinn und im Glück,
so daß jeder denke gerne an'n „Kuhscheitenkrug" zurück.

(Refrain: Ei wie fein, ei wie fein
muß 'ne Kahnfahrt auf der schönen Elbe sein.)

Wenn auch viele dieser Stromstellennamen zeitgebunden entstanden sind und die meisten Bezeichnungen längst durch technische Maßnahmen ihrer Grundlage beraubt wurden, so spiegelt sich doch darin die Tradition der Schiffer wieder. Interessant ist, daß in den 1985 herausgegebenen „Schiffahrtskarten der Binnenwasserstraßen der DDR" ein Teil dieser alten Stromstellennamen wieder aufgenommen wurde.

6.2. Kennzeichnung des Fahrwassers

Bis 1873 blieben sich die Fahrensleute in bezug auf das Erkennen der Fahrbahn selbst überlassen. Obwohl das Dampfschiff als Schlepphilfe oder Ladungsträger selbst elbaufwärts mehr und mehr angenommen wurde, hing das Aufspüren des besten Fahrwassers bei der Talfahrt der antriebslosen Fahrzeuge einzig von der Erfahrung jenes Mannes ab, der den Ruderstand besetzte. Zu Zeiten der Treidelschiffahrt fuhr wenigstens ein strom- bzw. schiffahrtskundiger Mann, der Haupter, dem Konvoi voraus und „vermalte" (kennzeichnete) die Fahrrinne. Haupter traten als Kenner des Fahrwassers und als zusätzliche Arbeitskraft noch im 20. Jahrhundert bei der Talfahrt der Kähne in den Dienst der Schiffseigner.

Trotz der umfangreich einsetzenden Bau- und Regulierungsarbeiten kam es durch witterungs- bzw. jahreszeitbedingte Einflüsse immer wieder zu Veränderungen am Flußbett.

Im Mittelelbebereich und speziell unterhalb von Magdeburg, zwischen Schnackenburg und Boizenburg, bildeten sich so in kürzesten Zeitintervallen die sogenannten Sänder (Sandbänke), aus denen man sich im Havariefall meist nicht ohne fremde Hilfe befreien konnte.

Diese Zustände brachten unzählige Beschwerden von den Schiffseignern und Steuerleuten, so daß entsprechende Maßnahmen zur Kennzeichnung der Fahrrinne durch die Uferstaaten eingeleitet und durchgesetzt werden mußten.

Auf der böhmischen Elbstrecke wurden Bober sowohl links als auch rechts der Fahrbahn bevorzugt, während im sächsischen Gebiet aus den Erfahrungen früherer Jahre Malstöcke Verwendung fanden. Waren diese schwimmenden „Mäler" rechts verankert, trugen sie am oberen Ende eine „Mumme" (Strohwisch oder geschmeidige Reiser), kennzeichneten sie die linke Seite der Fahrbahn, dann waren sie „bloß", d. h. ohne Strohwisch. Sie wurden deshalb „Bloßen" genannt.

Für das Elbegebiet von der sächsisch-preußischen Grenze elbabwärts erwies sich diese Verfahrensweise der Fahrbahnmarkierung inmitten des Flußbettes als nicht vorteilhaft. Hier begann man ab 1877 die noch heute üblichen Landbaken aufzustellen.

Die unterschiedliche Kennzeichnung für ein und dieselbe Sache ist ein Spiegelbild der unterschiedlichen Ansichten und Methoden der einzelnen Elbuferstaaten.

Eine Landbake bestand aus einer geschälten Stange, an deren oberen Ende ein Lattenquadrat angebracht war. Rot-weiße Farben kennzeichneten grundsätzlich die linken, schwarz-weiß dagegen die rechtsseitigen Uferbaken. Nur im anhaltischen Gebiet war das rechte Ufer mit grün-weißem Anstrich markiert. Rot-weiß, wie in anderen Uferstaaten, waren die linksseitigen Baken gestrichen.

Eine Abfahrtsstelle oder Abfahrtsbake der Fahrrinne (Wechsel zum gegenüberliegenden Ufer) hatte eine senkrechte, eine Zufahrtsstelle oder Zufahrtsbake eine waagerechte Farbtrennung. Durch Veränderung dieser Teilung war eindeutig festgelegt, ob die Fahrrinne dem betreffenden Ufer folgt oder sich dem anderen, gegenüberliegenden zuwendet.

Um diese Baken vor den Unbilden des Winters zu schützen, wurden sie im Spätherbst oder zum Winteranfang durch „Winterlandmarken" ersetzt. Diese waren lange Stangen, die, je nachdem, ob sie die Funktion einer Anfahrts- oder Abfahrtsbake zu erfüllen hatten, am oberen Ende mit ein oder zwei waagerechten Strohbüscheln versehen waren.

Die auf dem rechten Ufer stehenden Baken trugen zusätzlich am oberen Ende einen senkrecht stehenden Strohwisch[3].

Im wesentlichen hat sich diese Verfahrensweise zur Kennzeichnung des Fahrwassers bis in unsere Tage bewährt. Lediglich mit dem Inkrafttreten der Binnenwasserstraßen-Verkehrs-Ordnung 1964 war ein Farbwechsel der Uferseiten notwendig. Das linke Ufer wurde durch schwarz gefaßte und das rechte durch rot gefaßte weiße Tafeln markiert.

Während die Baken der linken Uferseite vor 1964 auf der Spitze standen, waren die der rechten Seite waagerecht an den Stangen befestigt. Die Übergänge von einer Uferseite zum anderen Ufer werden heute jeweils durch gelbe Lattenkreuze angezeigt. Am rechten Ufer haben sie die Form eines Georgskreuzes (stehend), am linken Ufer die eines Andreaskreuzes (liegend).

Der Farbwechsel der Uferkennzeichnungen nach vielen Jahren der Bewährung hatte seine Ursache in der Lage Hamburgs, da dort die Binnen- mit der Seewasserstraße zusammentraf. Die von Cuxhaven landeinwärts kommenden Seeschiffe betrachteten entgegen der Flußrichtung der Elbe und den Gepflogenheiten in der Binnenschiffahrt ihre Backbordseite als rechte Seite (linke Uferseite der Elbe).

Am „Kreuzbober" in Hamburg trafen diese „beiden" Wasserstraßen zusammen, und die Ufermarkierungen wechselten die Farbe. So wurde aus Schwarz Rot und aus Rot Schwarz.

Binnenschiffer, die über Hamburg hinaus die Unterelbe befuhren, mußten zwangsläufig umdenken.

Im Rahmen der Verbesserung des Schiffahrtsverkehrs wurde zur Sicherung der internationalen Schiffahrt für die Gesamtheit des Elbverlaufs eine einheitliche Regelung durchgesetzt, die einem Beschluß der Wirtschaftskommission der Vereinten Nationen für Europa von 1979 folgte, und eine nochmalige Korrektur der Uferkennzeichnung analog anderen europäischen Strömen vorsah.

Nach der Anordnung Nr. 4 vom 26. Juli 1985 zur Binnenwasserstraßen-Verkehrsordnung wurde somit eine generelle Änderung zur grünen Farbgebung aller linksseitigen Schiffahrtszeichen notwendig. Die Umstellung für Baken, Tonnen im Fahrwasser und Bober an gefährlichen Stellen vollzog sich etappenweise ab 1985.

6.3. Einführung der Wasserstandsbeobachtungen an der Elbe

Mit dem Beginn gezielter Regulierungsarbeiten am Fluß und der damit verbundenen Eingriffe in die Natur durch Menschenhand gingen zwangsläufig Beobachtungen des Wasserstandes des Flusses einher. Dabei konnte man von einem System erst dann sprechen, als zum bloßen verbalen Beschreiben der Wasserstände das konkrete Festhalten und das Wichten der Meßdaten, wie es z. B. bei Hoch- und Niedrigwasser erfolgte, kam. Das Auswerten konkreter Zahlenwerte setzte jedoch wiederum das Vorhandensein einer Vielzahl von vergleichbaren Wasserstandsskalen an verschiedenen Orten voraus.

Aus Anlaß der Wiedereröffnung der Schiffahrt Mitte Oktober 1904 wurden diese Gedenkansichtskarten herausgegeben. Zuvor mußte am 14. Juli des gleichen Jahres mangels Wasser in der Elbe der Schiffsverkehr auf der gesamten Elbe eingestellt werden.

Heute werden diese Meßpunkte schlicht mit Pegel bezeichnet. Die ältesten Nachrichten von Wasserstandsmessern in Deutschland kommen aus der Mark Brandenburg, dort standen sie schon 1714 an den Mühlen in Spandau (Havel) und an der Nuthe bei Potsdam[4].

Vermutlich ist der erste Elbpegel schon vor 1727 errichtet worden, was einem Bericht[5] zu entnehmen ist:

> „Bei Magdeburg ist an drei Pegeln beobachtet worden, die man nach den Benennungen alter und neuer Pegel unterscheidet. Der alte Pegel steht an einem Pfeiler der Strombrücke im linken Elbarm und ist oberhalb des Nullpunktes in Nummern, jede zu sechs Hamburger Zoll, und unterhalb des Nullpunktes nach Zollen desselben Maßes eingeteilt. Wann dieser Pegel errichtet worden ist, hat sich nicht ermitteln lassen. Die vorhandenen Beobachtungen an demselben reichen aber bis 1727."

Eine weitere Quelle[6] gibt den Standort dieses zuvor beschriebenen Höhenmessers an:

> „Im Jahre 1728, wo die Elbe außerordentlich klein war, fing das Fähramt an, die Höhe des Wasserstandes sorgfältig aufzuzeichnen, zu welchem Zwecke am ersten Pfeiler der noch daselbst befindliche Pegel eingehauen wurde."

Die Jahresangabe 1728 kann allerdings nicht ganz stimmen, da bereits Meßwerte aus dem Jahre 1727 vorlagen.

Warum gerade in Magdeburg der erste Wasserstandsmesser an der Elbe entstand, findet eindeutig in den örtlichen Schiffahrtsverhältnissen mit dem bereits mehrfach beschriebenen Gefährlichkeitsgrad für die Schiffe und ihren Mannschaften seine Begründung.

In einer zeitgenössischen Beschreibung[7] werden die Verhältnisse in diesem Stromgebiet treffend geschildert, wonach die Fahrt durch die Magdeburger Brücken für „den von oben oder aus Sachsen herunter kommenden Schiffen, wegen der nach darunter gebauten Mühle, und zum Durchhelfen der Schiffe erforderlichen vielen Mannschaften (Bomätscher – d.A.) halber, die gefährlichste und kostbarste Fahrt auf der ganzen Elbe sein soll".

26 Jahre nach dem Magdeburger Pegel, also 1753, wurde 34 km elbaufwärts vom ersten Wasserstandsmesser bei Barby der zweite Pegel an der Elbe in unmittelbarer Nähe der Saaleeinmündung errichtet. Das stand im engen Zusammenhang mit der geplanten Eindeichung des Flusses in diesem Stromgebiet als Schutzmaßnahme vor den viel befürchteten Hochwassern. Dieser Barbyer Wasserstandsmesser hat neben der Bedeutung, zweiter Strompegel in Deutschland gewesen zu sein, noch die, daß bisher die älteste bekannte und noch vorhandene grafische Auftragung von Wasserständen an diesem Pegel vorgenommen wurde[8].

Der Urheber dieser Niederschriften, Major *P. Günther*, nannte sich Churfürstlicher Sächsischer Straßen- und Wasserbauinspektor mit Dienstsitz in Wittenberg (Barby gehörte zu dieser Zeit zum Churfürstentum Sachsen). Er war es auch, der innerhalb seines Dienstbezirkes neben der Projektierung einer neuen Elbbrücke in Wittenberg 1787 die Errichtung eines Wasserstandsmessers an ihr veranlaßte. Seine Wasserstandsbeobachtungen bezogen sich bereits neben dem Festhalten der täglichen Wasserstände auf das Steigen und Fallen des Wasserstandes in Abhängigkeit von den herrschenden Eisverhältnissen, auf die Wasserzunahme bei geschlossener Eisdecke, das Fallen und Steigen des Wassers unter der Eisdecke und das Fortschreiten der Hochwasserwelle.

Nicht minder bedeutungsvoll war die Errichtung des Elbhöhenmessers in Form eines Lattenpegels in Dresden. Dies geschah auf Veranlassung des früheren Schreibers der Meißner Porzellanmanufaktur, *Ch. G. Pötzsch*, der gleich nach seiner Versetzung 1776 von Meißen nach Dresden an seinem neuen Wirkungsort die bereits in Meißen begonnenen Wasserstandsbeobachtungen fortsetzte und grafisch festhielt. Aus Dresden sind seit dieser Zeit vereinzelt und dann seit 1804 alle täglichen Wasserstandswerte noch vorhanden. Seinen Hauptbeitrag zur Entwicklung der Flußkunde leistete *Pötzsch* mit seiner „Chronologischen Geschichte der großen Wasserfluten des Elbstroms seit 1 000 und mehr Jahren". Besonders hervorzuheben sind darin die Beobachtungen über die Laufzeiten der Hochwasserwellen von Dresden bis Wittenberg und weiter bis hin nach Barby.

Des Fortschreiten des Hochwassers konnte zu dieser Zeit, wie auch bei Eisgang, nur durch reitende Boten oder durch Kanonenschüsse signalisiert werden.

Von wesentlicher Bedeutung war bei allen Elbhöhenmessern die Festsetzung des jeweiligen Nullpunktes. Für die Festlegung des Dresdner Pegel-Nullpunktes sind zwei Deutungen anzuführen:

1. Der Nullpunkt wurde so gewählt, daß ein Schiff der damaligen Größe bei diesem Wasserstand vollschiffig, also mit voller Beladung fahren konnte.
2. Das Ufergelände, welches bei dem Pegelstand Null unter Wasser war, gehörte dem Fiskus (Staat), alles Land über dem Nullpunkt einem Elbanlieger.

Damit hatte die Festlegung des Nullpunktes auch ökonomische Auswirkungen.

Besonders erwähnenswert ist die Beschreibung des Pegel-Nullpunktes in Wittenberg von 1787. „Höchsten Orts" wurde ein Befehl erteilt, daß an der neu zu errichtenden Brücke auch eine Zollsäule „an einem schicklichen Orte der Brückenpfeiler angebracht wird, um die jedesmaligen Veränderungen in der Wasserhöhe des Elbstroms richtig bemerken, und verständlich angeben zu können."[9] Als Vorbild dienten die beiden Elbhöhenmesser in Dresden und Barby.

Um auch eine Beziehung zwischen diesen Pegeln herzustellen, nutzte der Churfürstliche Hofcondukteur *Glasewald* einen dienstlichen Ritt nach Barby, um den Wasserstand an der dortigen Meßeinrichtung ablesen und diesen nach seiner Rückkehr nach Wittenberg an dem vorgesehenen Brückenpfeiler zu markieren. Damit hatte er zunächst mit ausreichender Genauigkeit den Nullpunkt von Barby nach Wittenberg übertragen. Gleiches wiederholte er mit dem Dresdner Pegel, allerdings entsprach der Nullpunkt von Dresden 44 Zoll am Wittenberger Höhenmesser.

Man kam schon zu dieser Zeit recht schnell zu der Erkenntnis, daß es vorerst reine Spekulation war, Beziehungen zwischen den absoluten Pegelwerten der einzelnen Stationen herzustellen.

Um die Jahrhundertwende wurden zusätzlich zum Prinzip der einfachen Ablesung am Lattenpegel selbstschreibende Meßeinrichtungen nach dem Prinzip der verbundenen Röhren errichtet, wo in einem bestimmten Abstand vom Ufer durch Loteinrichtungen kontinuierlich der Wasserstand aufgezeichnet wird. Da für Pegelstationen I. Ordnung (Hauptpegelstationen) immer zwei unabhängig voneinander arbeitende Meßeinrichtungen vorgeschrieben sind, haben die Lattenpegel auch heute keinesfalls an Bedeutung verloren.

Die Pegelstationen II. Ordnung sind Hilfspegel und besonders bei Hochwasserführung der Elbe wichtig. Pegelstationen III. Ordnung sind fast ausschließlich von örtlichem Interesse.

Alle Nullpunkte der Pegelstationen I. und II. Ordnung im deutschen Elbbereich wurden längst mit dem Normal-Nullpunkt bei Cuxhaven in Beziehung gebracht, während für das böhmische Elbgebiet die Normal-Nullpunkte der Pegelstationen auf den Wasserstand der Adria bezogen sind.

1912 gab es an der Elbe zwischen Melník und Hamburg 53 Pegelstationen I. und II. Ordnung.

Die Bauzeichnung eines Pegelhauses:
Alle Hauptpegelstationen wurden um die Jahrhundertwende mit selbstarbeitenden Schreibpegeln ausgerüstet und erhielten somit neben den Lattenpegeln eine fortlaufend registrierende Maßeinrichtung, wodurch der Bau dieser Pegelhäuser notwendig wurde.

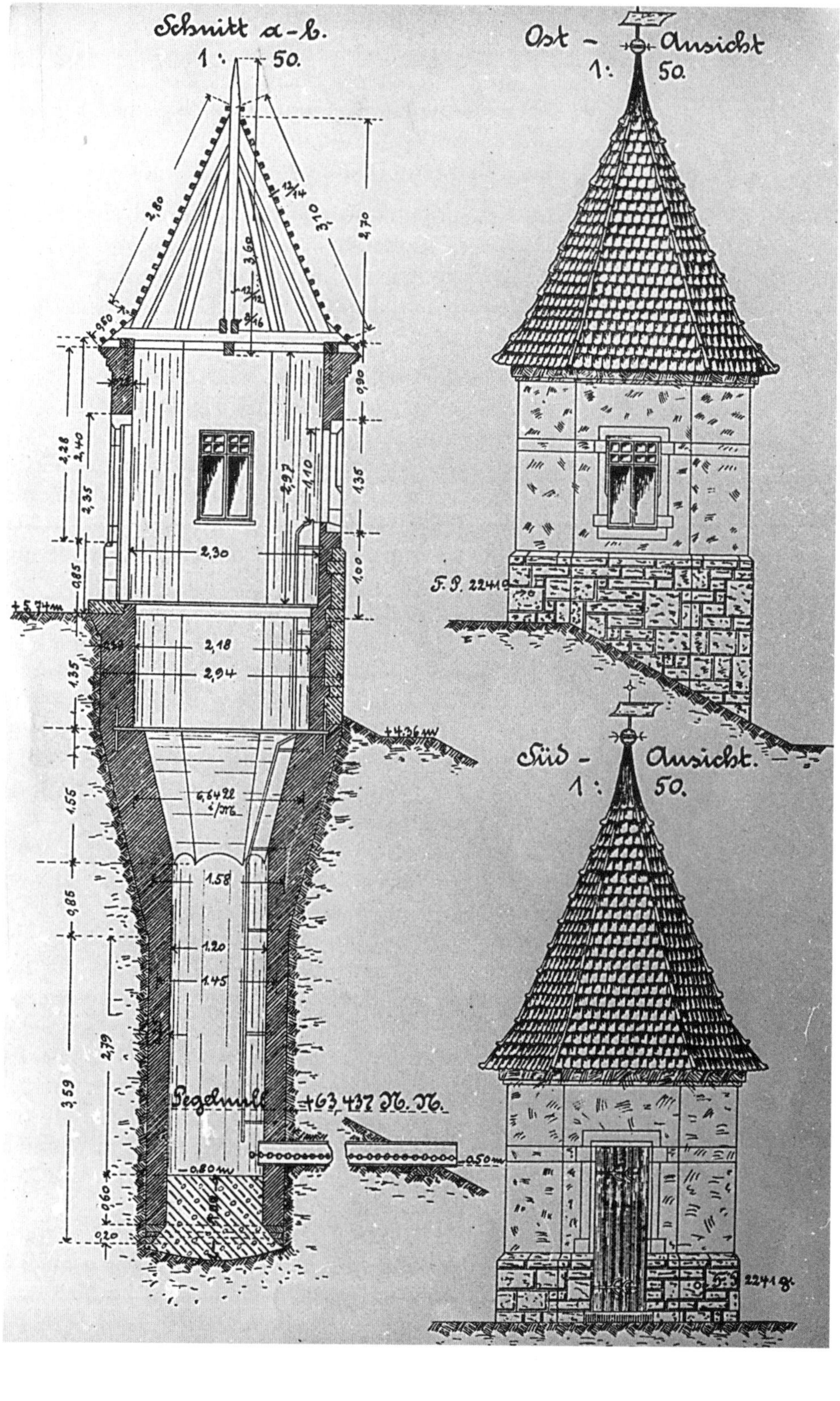

6.4. Vermessung des Elblaufs

Die Natur auf Papier oder Leinen in verkleinerter Form darzustellen war seit langem eine Notwendigkeit. Zeichnungen waren ebenso zum Klären von Eigentumsverhältnissen wie zum Anfertigen von strategisch-taktischen Plänen im Kriegsfall unabdingbar. Aber auch die Wasserbauer und die Schiffer selbst nutzten die mehr oder weniger genauen Kartenwerke oder Zeichnungen.

So sind für den Verlauf der Elbe oder ihrer Teilgebiete eine Vielzahl von Flußkarten entstanden, die noch heute, sofern erhalten, in den Magazinen der Museen oder in den Archiven aufbewahrt werden.

Verantwortlich für die Anfertigung solcher Karten zeichneten früher meist Geistliche, Mathematiker, Regierungskondukteure oder Kartographen. Letztere wurden auch „Geometer“, gleichbedeutend mit Landvermesser, genannt.

Die erste Elbkarte entstand schon um 1560; *J. Kentmann* (1518 bis 1574), Stadtphysikus in Torgau, stellte sie her. Sie zeigte nicht nur Städte, Nebenflüsse, Brücken und Fähren, sondern auch, was die Schiffer interessierte, die Zollstellen. Außerdem gab sie die Entfernungen zu Wasser und zu Lande an[10].

Eine weitere Stromkarte des gesamten Elblaufs, die zu den Kostbarkeiten der geschichtlichen Kartographie gehört, entstand 1781 in Amsterdam durch *P. Schenk*, in seinem bedeutungsvollen Werk „Atlas Saxonius Novus“. In diesem mehrteiligen Abriß Sachsens stellte er Inseln und Heger der damals noch fast unregulierten Elbe eindrucksvoll dar. Auch Fähren, Schiffmühlen und Furten sind abgebildet. Bis zum Zeitpunkt der Entstehung dieses Kartenwerkes konnte man nicht annähernd so genau einen Einblick in die durch Hochwassereinfluß entstandenen Landabtragungen, Durchstiche und alten Elbarme erhalten.

Mit Hilfe der meist örtlich angefertigten Karten über geplante und ausgeführte Regulierungsarbeiten lassen sich noch heute verworrene Flurverhältnisse aufklären. Durch eine alte Darstellung konnte man nachweisen, daß die Gemeinde Axien bei Prettin zumindest bis 1612 am linken Elbufer und erst später – nach einem Elbdurchriß infolge einer Hochwasserwelle – am rechten

Stromkarte
der
Elbe und Moldau
von Prag bis Hamburg.
Nach amtlichem Material im Maßstabe von 1:100000 gezeichnet
von
W. Platt
Kartograph der Strombau-Verwaltung.

Mit einer Beigabe:
Die Brücken der Elbe
für Schifffahrttreibende
mit Angabe der Brückenunterkanten, der Spannweiten der Schifffahrts-Oeffnungen und des höchsten und niedrigsten schiffbaren Wasserstandes nach den betreffenden Nullpunkten.

MAGDEBURG.
Verlag von Albert Rathke's
Buch-, Kunst-, Musikalien- und Landkartenhandlung.

Von 1781 zählt der „Atlas Saxonius Novus“ von *P. Schenk* zu den ältesten und historisch bedeutungsvollsten Elbkarten. Der Ausschnitt zeigt den Elbbereich zwischen Glinde (Elb-km 302) und Magdeburg (Elb-km 328).

Ufer des Flusses lag[11]. Diese Kartenwerke stellen besonders für die Ortschronisten wahre Fundgruben für die territoriale Geschichtsforschung dar.

Die erste große Elbstromkarte für das sächsische Stromgebiet der Elbe entstand im Maßstab 1 : 4 800 Ellen zwischen 1820 und 1827. Dafür verwendete damals der sächsische Hofkartograph *W. G. Lohrmann* nicht weniger als 73 Blatt Leinwand für den 122 km langen Stromabschnitt. Für die genaue Vermessung des Elblaufs benutzte er bereits 936 Triangulierungspunkte (Dreiecksmessung in der Kartographie). Dadurch war es auch möglich, alle Schiffmühlen, Fähren, Inseln und Furten darzustellen; auch die Fahrrinne und der Schiffstreidelweg wurden markiert. Für die Regulierung des Flusses hatten die eingezeichneten „Weichen", die unterhalb von Meißen rechts und links in mehr oder weniger großen Abständen angelegt und dargestellt waren, große Bedeutung. Diese Weichen waren schräg elbabwärts gerichtete buhnenähnliche künstliche Strombauten, die besonders in starken Krümmungen dem Wasser die Energie nehmen und so die Uferabtragungen verhindern sollten. Neben den Zeichnungen von Ketten-(Prahm-) und Schrick-(Kahn-)fähren stellte *Lohrmann* 1825 auf der Elbe bei Pillnitz auch eine „Fliegende Fähre" dar, die in der Wirkungsweise den heute noch gebräuchlichen Gierfähren entspricht.

Weitaus präziser war noch die von 1850 bis 1855 durch das Königlich Sächsische Finanzvermessungs-Bureau erstellte Karte des Elbstromes innerhalb des Königreichs Sachsen mit Angabe des durch Hochwasser vom 31. März 1845 erreichten Überschwemmungsgebietes.

Zwischenzeitlich hatte man Profilaufnahmen vom Flußbett angefertigt. In 14 Sektionen hatte der Autor neben den natürlichen Besonderheiten am Strom sogar in bestimmten Abständen Stromprofile und die Wassertiefen dargestellt.

Neben den genannten Aktivitäten in Sachsen und besonders den des Kartographen *Lohrmann*, machte sich der spätere Kartograph der Preußischen Elbstrombauverwaltung, *W. Platt*, um die Aufnahme der Stimmverhältnisse des gesamten Elblaufs verdient. Ihm ist die Herstellung und Herausgabe der ersten einheitlichen Elbstromkarte zu verdanken, die 1854 bis 1861 aufgenommen wurde und nach der Einführung der „Maaß und Gewichts-Ordnung vom 17. August des Jahres 1868" des Norddeutschen Bundes erschien. Mit dieser

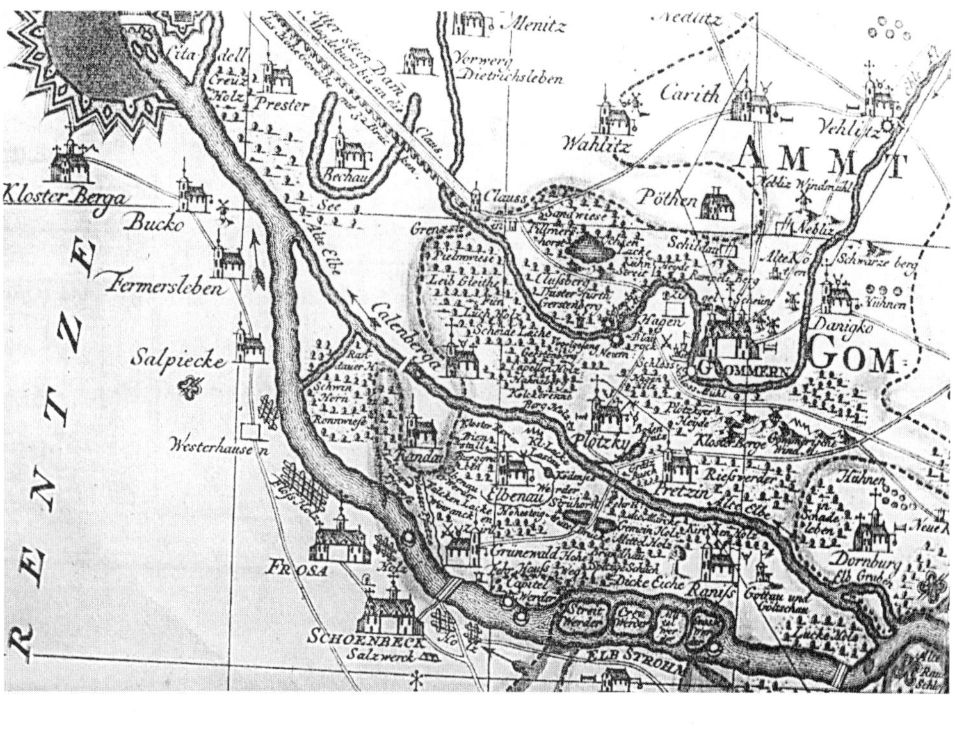

Vermessungsarbeiten für dieses Kartenwerk nahmen den Zeitraum von 1854 bis 1861 in Anspruch. Diese Elbstromkarte entstand unter Federführung des Kartographen der Preußischen Elbstromverwaltung, *W. Platt*.

Ordnung wurde in Deutschland das Meter als einheitliches Maßsystem für die Längenmessung eingeführt.

Mit dem im Frühjahr 1875 zustande gebrachten internationalen Meterabkommen galt die Metereinteilung dann auch uneingeschränkt für den böhmischen Teil der Elbe bis Melník. Bemerkenswert und auffallend an dieser Karte ist, daß der erste einheitliche Kilometer-Nullpunkt für die gesamte Elbschiffahrt in Prag angenommen wurde. Dieser Nullpunkt lag in Höhe der jetzigen Eisenbahnbrücke, die die Prager Altstadt mit dem Prager Ortsteil Smichov verbindet. An dieser Stelle befand sich früher ein markanter Punkt, die Fährstelle.

Diese Nullpunktfestlegung ist ein Beweis, daß Prag zu jener Zeit durchaus das Prädikat „Anfangspunkt der Elbschiffahrt" zuzusprechen ist. Somit wurde an der Einmündung der Moldau in die Elbe (Moldau-km 52) die Elbstrecke weiter fortlaufend bezeichnet, d. h. einschließlich dieser Moldaustrecke.

In Folge umfangreicher Vermessungsarbeiten wurde 1864 im Bereich der preußischen Elbe begonnen, die rechte Uferseite in Abschnitte von 100 Ruthen zu unterteilen und diese durch Nummernsteine für die Schiffer zu markieren. Mit dem Setzen dieser Kennzeichen betraute man jeweils sachkundige Bauführer und die verantwortlichen Buhnenmeister der betreffenden Elbstrecke. Sie waren gleichzeitig dafür verantwortlich, mit den Besitzern der Uferbereiche Betretegenehmigungen des jeweiligen Uferterrains auszuhandeln. Außerdem wurden vom Fiscus diese Eigentümer durch Anordnungen aufgefordert, „den mit der Setzung der Nummernsteine beauftragten Beamten allen Vorschub zu leisten"[12]. Alle Vermessungsarbeiten waren erschwert, weil durch die vielen Stromkrümmungen die linken und die rechten Ufer unterschiedliche Längen aufwiesen. Weitere Hauptmängel dieser ersten Vermessungen bestanden auch darin, daß beim Anfertigen eine zu geringe Zahl sicherer und unveränderlicher Festpunkte eingemessen waren.

Selbständige Änderungen der Stromsohle oder des Wasserspiegelgefälles ließen sich später nie mit der geforderten Genauigkeit bestimmen.

Mit Beginn der hydrometrischen Arbeiten am Flußbett 1874 war man gezwungen, ein einheitliches „Präcisions-Nivellement" des gesamten Elblaufes anzufertigen und die erforderlichen Festpunkte an beiden Ufern zu schaffen. Beginnend an der böhmisch-sächsischen Grenze wurden in Abständen von 500 m – und möglichst in der Nähe des Ufers – Quadratsteine aus wetterbeständigen Dolomit gesetzt. Diese quadratischen Festpunktsteine waren einen Meter hoch und hatten Kantenlängen von einem halben Meter. Am vermessenen Aufstellungsort wurde in entsprechender Tiefe ein Betonfundament so eingebracht, daß der behauene Quadersteinkopf 10 bis 15 cm über das Terrain herausragte. In der Mitte des nach allen vier Seiten abgeschrägten Steines war ein vierkantiger, verzinkter, eiserner Bolzen mit halbkugelförmigem Kopf senkrecht eingelassen. Sie waren und blieben für spätere Vermessungen immer die Bezugspunkte[13].

Diese Ufersteine wurden, an der böhmisch-sächsischen Grenze mit Null beginnend, fortlaufend numeriert und kenntlich gemacht, so daß im sächsischen Elbbereich 241 Nummernpaare rechts sowie links der Elbe einzubringen waren. Eine Ausnahme bildete nur jener Bereich zwischen den Markierungspunkten 0 bis 7 (3,5 km), in dem die Elbe in der Strommitte, wie auch noch heute, die natürliche Grenze zwischen der CSFR und Sachsen bildete. Die Markierungen 8 bis 113 wurden rechtsseitig und jene von 114 bis vor die Elbbrücke bei Meißen (161) linksseitig der Elbe angebracht. Sie waren für die Schiffer überaus nützliche Hilfsmittel zur Bestimmung ihres Standortes. Von der Meißner Brücke (162) standen die halben Kilometersteine bis zur Grenze mit Preußen auf dem rechten Elbufer. Gelegentlich wechselten die Markierungen auch die Uferseiten. Bis 1925 war die genaue Lagebestimmung für die Schiffer im sächsischen Bereich noch immer mit einen kleinen Rechenexempel verbunden, erst dann wurden die vollen Kilometer zusätzlich angegeben. Standortabweichungen der Kilometerkennzeichnung traten nur dort auf, wo aus örtlichen Gründen, wie bei Einmündungen von Nebenflüssen, ein Aufstellen der Steine oder Tafeln nicht möglich war.

Neben diesen Längenmarkierungen, man nannte sie auch „Merksteine“ oder „Sachsenkreuze“, wurden insgesamt weitere 1880 genau vermessene Uferfestpunkte in diesem Bereich gesetzt. Sie ermöglichten die Bestimmung von unzähligen Profilaufnahmen, deren Auswertungen teilweise noch heute den Wasserbauingenieuren als Arbeitsgrundlage dienen.

Während der Vermessungsarbeiten wurde vorübergehend der einheitliche Kilometernullpunkt für die gesamte schiffbare Elbstrecke von Prag nach Melník verlegt. Dieser galt von Melník bis zur Mündung des Flusses bei Cuxhaven.

Die Nivellierungsarbeiten waren bereits die Vorbereitungen zur Herstellung einer einheitlichen Elbkarte, die für die gesamte schiffbare Elbe galt und nach einheitlichen Richtlinien erarbeitet wurde. Während im Königreich Sachsen die Arbeiten in den Händen der sächsischen Gradmessungs-Kommission lagen, wurde für die Elbuferstaaten Preußen, Anhalt und Mecklenburg das Geodätische Institut in Berlin gewonnen. Für den angrenzenden Elbbereich von Lauenburg bis einschließlich Hamburg zeichnete die Hamburger Baudeputation für Strom- und Hafenbau unter Leitung von *Prof. Seibt* verantwortlich.

Alle vorbereitenden Arbeiten für dieses umfassende Kartenwerk konnten bis 1881 abgeschlossen werten.

Aufnahme vor 1900: Auf der Elbrede bei Riesa werden Flöße ausgewaschen (aufgelöst). Neben dem Sachsenkreuz 214 (heute Elb-km 107) liegen Wieden, mit denen Flöße zusammengebunden waren.

Die tiefgründig durchgeführten Vermessungsarbeiten am Elblauf führten dann 1885 zur Herausgabe der „Vereinskarte der Elbe“ im Maßstab 1 : 10 000. Für die Herstellung dieses Kartenwerkes waren die jeweiligen Elbstrombau-Verwaltungen für ihre zuständige Elbstrecke eigenständig verantwortlich, wie die Königliche Elbstrombau-Verwaltung zu Magdeburg für den preußischen oder die Königlich sächsische Wasserbaudirektion zu Dresden für den sächsischen Bereich der Elbe.

Diese Vereinskarte legte den noch heute gültigen Nullpunkt bei Melník fest. Dieser war für den 109 km langen Elbbereich in Böhmen außerordentlich bedeutungsvoll. Als zweiter Nullpunkt gilt seitdem der Grenzort Schöna (Hübelmichels Furth), und zwar für den gesamten Elbverlauf von der sächsisch-böhmischen Grenze bis zur Einmündung der Elbe in die Nordsee.

Praktisch wirksam wurden diese Maßnahmen erst 1889, als mit der weiteren Herausgabe des Jahresperiodikums zum Jahr 1890, dem „Elbe-Schiffahrts-Kalender 1890“, allen Schiffahrtstreibenden diese vermittelt wurden.

Da die Längenmessung vor der Erstellung der „Vereinskarte der Elbe“ nicht in der Strommitte erfolgte, sondern sich immer auf die Luftlinie von Meßpunkt zu Meßpunkt bezog, traten zwangsläufig Ungenauigkeiten auf, die ebenfalls mit dieser Vereinskarte revidiert werden konnten.
So stellte sich heraus, daß die Grenze zwischen den Königreichen Sachsen und Preußen nach preußischer Vermessung beim Elb-km 120,5 liegt, die sächsische

Die ersten Elbe-Periodika von 1883 waren ein gewaltiger Fortschritt für die Schiffer und Flößer. Die Umschlaggestaltung läßt erkennen, daß zu dieser Zeit die Kettenschleppschiffahrt auf der Elbe ihren Höhepunkt erreicht hatte.

Vermessung jedoch Elb-km 121,54 angibt. Um nicht die bereits realisierte Kilometrierung der restlichen, meist preußischen Elbstrecke vornehmen zu müssen, einigte man sich sehr salomonisch und entschied, den Abstand von 2,04 km als einen Kilometer zu werten. Diese Verfahrensweise wurde bis in die heutigen Tage beibehalten und ruft oft Verwunderung bei Nichteingeweihten hervor. Diese alte „Vereinskarte der Elbe“ stellt jetzt eine große Rarität dar, da während des Zweiten Weltkrieges fast alle vorhandenen Exemplare verlorengingen.

Die Kilometrierung für die 109 km lange Elbstrecke in der CSFR zwischen Melník und der Grenze zu Sachsen erfolgt entgegen der im deutschen Elbbereich vorherrschenden Weise auf dem linken Ufer. Ein weiterer Unterschied: in Abständen von jeweils 100 m werden immer noch die aus dem vorigen Jahrhundert eingebrachten Markierungen auf den Uferbauwerken kenntlich gemacht. Man nennt sie Hektometer.

Die Kilometrierung auf der jetzt noch 91 km langen schiffbaren Moldaustrecke ist rechtsseitig realisiert. Der frühere Nullpunkt der Moldau bei Budweis hat durch die Errichtung vieler Staustufen in ihrem Oberlauf keine Bedeutung mehr.

Auch der schiffbare Teil der „Kleinen Elbe“ wird ab Melník gekennzeichnet.

Die bewährte Methode der Längenkennzeichnung der Elbe durch Tafeln wurde im sächsischen Elbbereich erst nach 1945 nachvollzogen. Zunächst nur in Abständen von 5 km eingeführt, wurden mit Verbesserung der materiellen Voraussetzungen nach dem zweiten Weltkrieg auch die Lücken geschlossen, so daß nur äußerlich ein Unterscheidungsmerkmal blieb; denn die sächsischen Tafeln wiesen entgegen den allgemein üblichen gelbe (heute schwarze) Ziffern auf weißem Untergrund auf. Dieser Unterschied hat sich jedoch verloren, so daß das gesamte deutsche Elbgebiet heute hauptsächlich rechtsseitig des Flusses, an einigen Stellen sogar beidseitig, und seit 1979 teilweise durch Tafeln in emaillierter Ausführung gekennzeichnet ist.

Die im ehemaligen Elbbereich der DDR beibehaltenen schwarzen Tafeln mit weißen Ziffern wurden nach der deutschen Vereinigung bereits auf das bewährte bundesdeutsche System weiße Tafeln und schwarze Ziffern umgestellt.

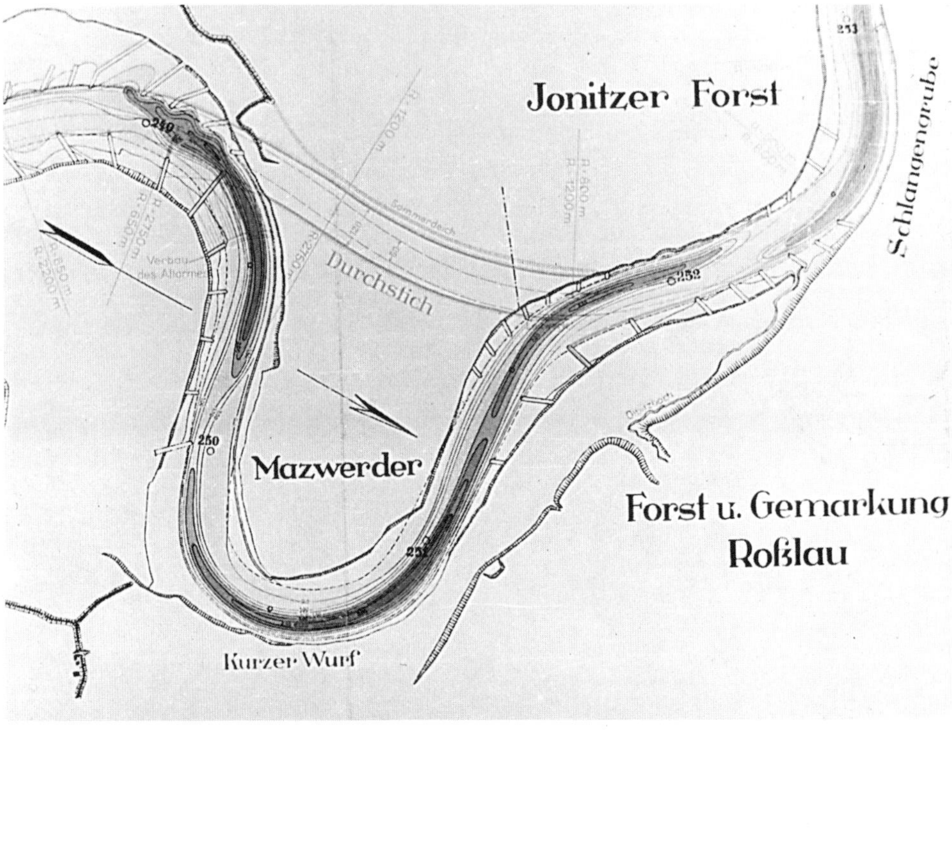

Die letzte größere Veränderung des Flußbettes, am „Kurzen Wurf“ bei Roßlau, wurde erst 1934 vollendet. Er verkürzt die Elbe seitdem um weitere 1,5 km. Dieser künstliche Eingriff in die Natur bereitet den Fachleuten gegenwärtig große Probleme. Der Laie sucht vergeblich die Kilometerkennzeichnung 251.

Die Quelle der Elbe in 1 390 m über dem Meeresspiegel inmitten des Naturschutzgebietes Krknose (Riesengebirge).

An einer Quadersteinwand sind der Elblauf mit seinen wichtigsten Zuläufen in Bronze sowie Wappen der größeren Elbstädte aus Mosaiksteinen dargestellt.

Der beliebte Erholungsort Spindlerouv Mlyn (Spindlermühle) wird als erstes Städtchen von der Elbe durchflossen.

Wie ein gewöhnlicher Gebirgsbach verläßt die Elbe ihr Quellgebiet, zeigt sich aber während der Schneeschmelze als stattlicher Fluß.

Direkt am Fuße des Melníker Schloßberges vereinen sich Labe (Kleine Elbe) und Vltava (Moldau).

Hochwassermarken aus früheren Zeiten in Kresice (Kreis Litomerice). Bei Schneeschmelze und Niederschlägen schwoll der Fluß schnell zu einem gefährlichen Strom an, der oft unberechenbar sein Flußbett verließ.

An einem bedeutenden Elbübergang liegt die alte Garnisons- und Handelsstadt Litomerice.

Zwischen Chvaletice
und Lovosice ist ein
leistungsfähiger Kohle-
pendel eingerichtet.

– der oberste Hafen
der Elbe, Chvaletice,
ist Zielort der Kohle-
transporte.

– in Lovosice wird die Kohle
aus Most und Brüx mit
moderner Technologie in
gebrochenem Transport
(Schiene – Schiff)
umgeschlagen.

Oberhalb der Schleuse in Ustí n/L gleicht die Elbe einer idyllischen Seenlandschaft.

Blick von Strekov (Schreckenstein) auf die größte Stauanlage im Oberelbebereich. Um den mittleren Höhenunterschied von 7,80 m zu überwinden, stehen der Schiffahrt zwei unabhängig voneinander betriebene Schleusenanlagen zur Verfügung.

Ustí n/L war beliebtes Ziel von zwei Tagesfahrten der Weissen Flotte Dresden zu DDR-Zeiten. Die Fahrgastschiffe „Bastei" und „Königsstein" haben unmittelbar an der Brücke die Anker geworfen.

An der Elbreede in Krásné Brezno werden vorrangig Kohle für den Export bzw. Halbzeuge aus Eisen für Zielorte in Übersee verschifft.

Majestätisch schaut das Deciner Schloß auf den florierenden Schiffsverkehr. In Decin befindet sich die Generaldirektion der tschechoslowakischen Reederei CSPL.

Der Umschlagplatz an der Elbreede in Decin-Loubi wird auch als das tschechoslowakische Tor zur Welt bezeichnet.

Wo heute die Schiffe der CSPL ihren Treibstoff tanken, war noch zur Jahrhundertwende ein bedeutungsvoller Floßsammelplatz.

In Dolni Zleb war früher eine Zollstation, damit hatte der Ort besondere Bedeutung für den Floßverkehr.

Hrensko (Herrnskretschen) ist Kontrollpunkt für die grenzüberschreitende Schiffahrt nach Böhmen (CSFR).

Stadt und Festung Königstein sind beliebte Anziehungspunkte
für viele Urlauber und Kurgäste der Sächsischen Schweiz.

Die Schiffe der Weissen Flotte Dresden beförderten jährlich etwa 1,5 Mill. Fahrgäste,
hier der Personenraddampfer „Kurort Rathen“ (ex „Bastei“) in Königstein.

An einer der gefährlichsten Elbstrecken der alten Segelschiffahrt bei Dolni Zleb blickt das Andachtsbild des „Heiligen Adalbert von Prag“ auf die Elbe. Besonders die Bomätscher erwiesen ihm große Ehrfurcht.

Blick auf das Elbtal von der Bastei zum Wartturm.

Alte Postkarte:
Schwimmende Freibäder auf der Elbe hatten stattliche Abmessungen; besondere Probleme bereitete ihr Schutz bei Hochwasser.

Postkarte von 1906:
Der Kettendampfer „N⁰ 14“ der V. E. G. passiert mit gelegtem Schornstein die Augustusbrücke in Dresden.

Historische Postkarte:
Meißen mit der Albrechtsburg und dem Dampfschiff „Graf Moltke“ (Baujahr 1892), das als Schiffsgaststätte „Seeperle“ in Seeburg (Landkreis Eisleben) ein zweites Leben fristet.

Postkarte von 1909:
Torgau und das Schloß Hartenfels; im Vordergrund der Dampfer „Hermes“ der Preußischen Elbstrombauverwaltung in Magdeburg.

Postkarte von 1926:
Die Zollelbe in Magdeburg war lange der wichtigste Umschlag- und Schutzhafen der Domstadt.

Historische Postkarte:
Eines der Wahrzeichen der Stadt Hamburg und der Elbschiffahrt zugleich, die Elbbrücke von Hamburg.

Seit 1893 verbindet das „Blaue Wunder“ die Dresdener Stadtteile Blasewitz und Loschwitz. Diese Brücke zählt zu den markantesten Bauwerken am Fluß.

Die Passage der Dresdner Brücken, im Bild die Marienbrücke, verlangt von den Schiffsführern volle Konzentration und Ortskenntnis.

Das Personendampfschiff „Meissen“ (ex „König Albert“) 1986 im Konvoi der Flottenparade zur 150-Jahr-Feier der Gründung der Weissen Flotte Dresden.

Das Gelände der ehemaligen Schiffswerft in Dresden-Uebigau, auf dem eine große Anzahl Schiffe gebaut wurde.

Auch die Einfahrt zum Dresdner Hafen ist von einem markanten Brückenwerk überspannt.

Zu den ältesten Personendampffähren zählt die Fähre der Stadt Wehlen „Pötzscha-Wehlen-Bastei“; zu besonderen Anlässen wird noch „Dampf gemacht“.

Die Mühlberger Gierfähre gehört nicht zu den größten ihrer Art, sie ist aber dennoch wichtig für Industrie und Landwirtschaft.

Historischer Stich:
Der Dampfer Neptun auf dem Köhlbrand bei Hamburg.

Über Jahrhunderte gehörten Schiffmühlen zum Landschaftsbild der Elbe.

oben: Aquarell von 1850 mit dem Dampfschiff „Saxonia“.

unten: Die einzige erhaltene Schiffmühle im Burggarten des Landschaftsmuseums in Bad Düben.

Ein tschechisches Motorgüterschiff passiert die Elbe bei Wittenberg.

Frühere rechtsseitige Uferbake, die den Schiffen half, den richtigen Fahrweg einzuhalten oder zu finden.

Die Wittenberger Elbbrücke kurz vor ihrer sinnlosen Zerstörung im April 1945. An Brücken wurden bevorzugt Pegelhäuser errichtet, da die Lattenpegel gut an ihren Pfeilern zu befestigen waren.

Früher zählte das Eissägen zu den unangenehmen und arbeitsaufwendigen Pfllichten der Besatzung, um Beschädigungen der Schiffskörper vorzubeugen.

Widerstandsfähige Bauformen und verbessertes Baumaterial verlängern die Einsatzfähigkeit der Schiffe – besonders bei starkem Treibeis.

Gern besucht wird der „Russendamm“ in Aken; die Bezeichnung ist seit der Völkerschlacht 1813 gebräuchlich, als eine russische Heeresabteilung hier die Elbe überquerte.

Der letzte Seitenraddampfer, „Württemberg“, ein Zeitzeuge der Dampfschifffahrtsepoche, ist als technik-geschichtliches Denkmal im Magdeburger Kulturpark erhalten.

Kapitän eines Elbeschiffs.

Kurze Entspannung für den diensthabenden Heizer.

Sommergarten des Schiffskochs.

Die Magdeburger Hubbrücke zählt zu den längsten und ältesten ihrer Art in der Welt. Das 1847 eingeweihte und mehrfach umgebaute Bauwerk kann bei Elbhochwasser innerhalb von 5 Min. um 2,87 m angehoben werden.

Die Dampfpfeife, seit 1974 für die Frachtschiffahrt der Elbe museales Requisit.

Der Hafen der früheren Hansestadt Tangermünde verfügt über Umschlaganlagen und war untere Talstation der 1984 formierten Stückgutlinie auf der Elbe.

Um die Frachtschiffahrt auf der Elbe in den 50er Jahren zu beleben, mußten Frachtkähne mit Antriebsaggregaten ausgerüstet werden. Dadurch wurden sie bei der Talwärtsfahrt von der Schleppfahrt unabhängig.

Durch die Verwendung von Holz als Hauptbaustoff im Schiffbau waren bei Grundberührungen oder sonstigen Havarien Totalverluste keine Seltenheit.

Lauenburg (das Elbschiffahrtsmuseum dieser alten Schifferstadt verfügt über eine hervorragende Sammlung bedeutender schiffahrtsgeschichtlicher Ausrüstungen), majestätisch zieht ein Motorgüterschiff seine Bahn.

Moderne Technik des 20. Jahrhunderts bei der Beräumung der Fahrrinne. Die elektronisch gesteuerte Unterwasserraupe „Kamatsu“ aus Japan im Einsatz bei Dolni Berkovice unterhalb der Moldaumündung (Elb-km 6,7).

Die „Kleine Elbe“ bei Podebrady.
Sie ist oberhalb von Melník 102 km für die gewerbsmäßige Schifffahrt ausgebaut und verlangt wegen der geringen Strombreite volle Konzentration der Schiffsführer.

7. Historische Kanalprojekte von und zur Elbe

7.1. Elbe-Ostsee-Verbindungen

Eine der ältesten künstlichen Wasserverbindungen zwischen Elbe und Ostsee ist der 98 km lange Stecknitz-Kanal, der von 1390 bis 1398 unter Ausnutzung eines kleinen Flüßchens, der Delvenau, angelegt wurde. Dieser Nebenfluß der Elbe wurde durch Verbreitern und Vertiefen künstlich 3,5 km in nördliche Richtung zum Möllner See umgeleitet. Um das Wasser zu halten, waren zwei Schleusen notwendig, die sogenannten Hahnenburger Schleusen. Sie stauten das spärlich zufließende Wasser auf und gelten heute als älteste Schleusenanlagen der Welt. Durch das geringe Wasserangebot konnten nur an zwei Tagen in der Woche, den „Zapfeltagen", die Stauschleusen geöffnet werden. Mit dieser Wasseranschwellung fuhren die Schiffe mit einem größtmöglichen Tiefgang von 77 cm frei zu Tal, bergwärts konnte bis zu einer Beladetiefe von 67 cm getreidelt werden. Erreichte ein Schiff die nächste Schleuse nicht rechtzeitig, konnte es erst mit der nächsten Stauwelle weiterschwimmen. Unter Nutzung der linkselbischen Ilmenau war dieser Schiffahrtsweg besonders für den Transport des Lüneburger Salzes zur Ostsee wichtig, in entgegengesetzter Richtung waren es die Holztransporte für die Salzsiedereien in der Umgebung von Lüneburg[1].

Durch einen zweiten und kürzeren Verbindungsweg zwischen Elbe und Ostsee war die Alster durch den Bau eines Kanals zur Beste, einem kleinen Flüßchen, das in die Trave mündet, für den Schiffsverkehr nutzbar gemacht worden. Bereits 1452 begonnen, konnte er erst 1525 bis 1528 vollendet werden. Der Kanal erwies sich für die Schiffahrt aber als unrentabel und wurde nach nur 20jähriger Verwendungszeit nicht mehr benutzt. Reste dieses Kanals sind noch heute erhalten.

Eine dritte Verbindung zwischen Elbe und Ostsee unter Ausnutzung der Elde, dem Hauptfluß Mecklenburgs, zu errichten war immer ein Anliegen der Herzöge von Mecklenburg. Diese wurden in ihrem Streben durch die Wismarer Kaufmannschaft unterstützt. Die Elde hinauf zur Müritz, über die Stör zum Schweriner See und durch einen anzulegenden Kanal nach Wismar wählte man als Linienführung. Diesem Projekt war hinderlich, daß die Elde im Unterlauf durch Brandenburger Gebiet floß und die Brandenburger dem Ausbau nicht zustimmen wollten. Dennoch projektierte der Kartograph und Mathematiker *T. Stella*, nachdem er sich in den Niederlanden mit der Wasserbaukunst vertraut gemacht hatte, diese Wasserstraße. Er wurde gleichzeitig 1565 beauftragt, den Ausbau fertigzustellen. Dieser dauerte bis 1582 und konnte wegen Geldmangels nur notdürftig zu Ende geführt werden. Zwischen dem Schweriner See und der Elbe waren einem Bereisungsprotokoll von 1567 zufolge sechs

Kammerschleusen entweder fertig oder geplant. 1573 fand auch eine erste Probefahrt mit zwei Schiffen von Schwerin nach Dömitz statt[2].

1577 wurde der Bau der Nordstrecke zwischen Hohen Viecheln und Wismar, der sogenannten Viechelschen Fahrt oder Schiffsgraben, fortgesetzt. 1581 konnte man 12 Schleusen, die den 38 m betragenden Höhenunterschied überwinden sollten, notdürftig fertigstellen. Aber bereits 1597 kam die Schiffahrt auf dieser Wasserstraße wieder zum Erliegen.

Wallenstein besichtigte gleich zu Beginn seiner Amtszeit als Herzog von Mecklenburg (von 1628 bis 1631) die Reste dieses Schiffahrtsweges und wies unverzüglich die Wiederherstellung desselben an. Aber es blieb durch die kurze Amtszeit *Wallensteins* bei diesem Willensbekenntnis. Nicht nur die Schleusen, auch ein großer Teil der Uferstrecken stürzten später ein. Was noch von diesem Kanal verblieb, wurde im Laufe der Zeit zerstört.

Aus dem Gedächtnis der Bevölkerung verschwand diese Kanalverbindung nie, ohne aber jemals eine Belebung zu erfahren. In Unkenntnis hielt man später *Wallenstein* für den Schöpfer dieses Kanalbaus und benannte diesen deshalb irrtümlich mit „Wallensteingraben“.

Das jüngste Kanalprojekt aus diesem Jahrhundert sah eine Verbindung zwischen Wittenberge und Wismar vor. Eine Mecklenburger Kanal-AG ließ 1926 ein Projekt mit direkter Linienführung zwischen Wittenberge und Wismar über Neustadt-Schwerin-Schweriner See anfertigen, nachdem bereits das Reichsministerium die Konzession zum Bau und Betrieb dieses Kanals erteilt hatte. Von den ermittelten 120 km der Gesamtlänge des Kanals waren bereits 60 km vorhanden. Nur die Verbindung von Wittenberge nach Neustadt (44 km) und die Strecke vom Schweriner See bis zur Wismarer Bucht galten als völlige Neubaustrecken. Der Höhenunterschied von 42 m bis zur Scheitelhaltung im Schweriner See sollte durch fünf Schleusen und ein Hebewerk überwunden werden.

Dieses heute noch diskussionswürdige Projekt scheiterte an der Finanzierung, denn damals – unmittelbar nach der Inflation – war es nicht möglich, das notwendige Baukapital zur Verfügung zu stellen.

Elbe-Ostsee-Verbindung unter Nutzung der Alster, Beste und Trave (1528-1548).

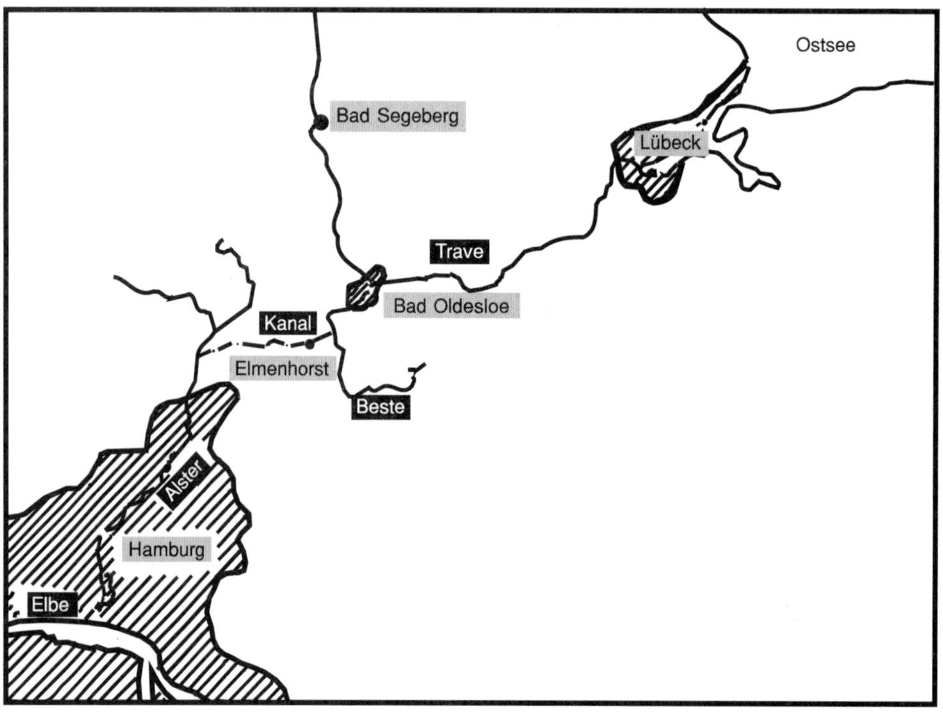

Zwei Varianten, die eine Verbindung der Elbe zur Wismaer Bucht ermöglichen sollten (1581-1597).

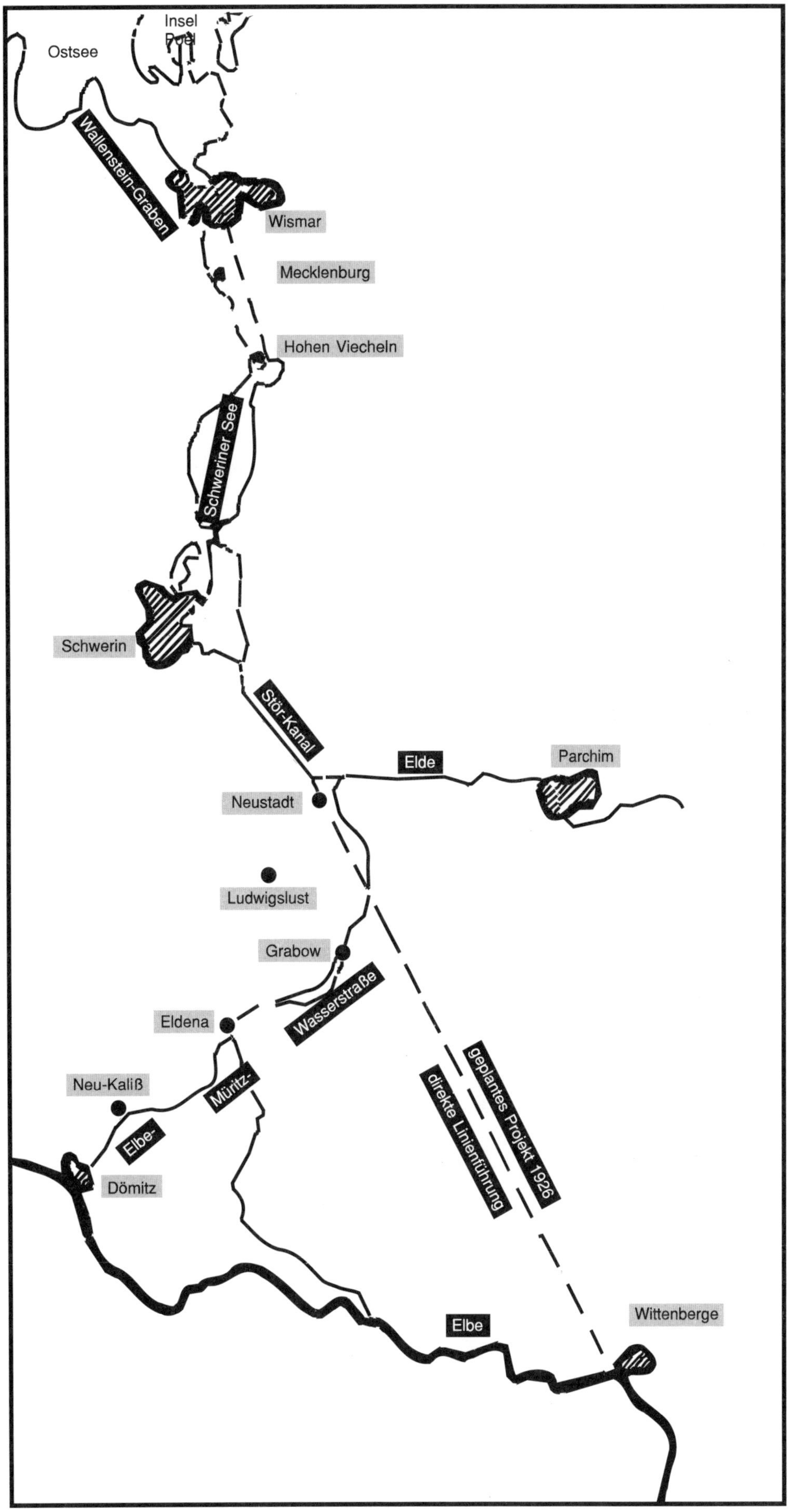

7.2. Elbe-Spree-Projekte

Die ersten Vorstellungen, den sächsischen Teil der Elbe mit der Spree zu verbinden, wurden um 1870 entwickelt. Ein diesbezügliches Projekt für eine Verbindung der sächsischen Metropole Dresden und dem preußischen Regierungssitz veranschlagte Kosten in Höhe von 16 000 Thlr. Bereits 1871 hatten sich drei sächsische Städte bereit erklärt, an der Finanzierung dieser Verbindung mitzuhelfen. Es waren Dresden (mit 1 000 Thlr.), Riesa (mit 2 000 Thlr.) und Meißen (mit 1 450 Thlr.). So stand es im „Akener Wochenblatt“ vom 6. Dezember 1871. Dieses Projekt sah nach einer weiteren Bekanntmachung in der gleichen Zeitung vom 10. April 1872 folgenden Verlauf des Kanals vor:

> „Die neu zu gründende Wasserstraße soll bei dem Dorfe Zadel unterhalb Meißen die Elbe verlassen, von da ab den Grödelner Kanal benutzen, über Liebenwerda, Tröbitz und Schlieben das Gebiet der schwarzen Elster durchschneiden, den Hö-

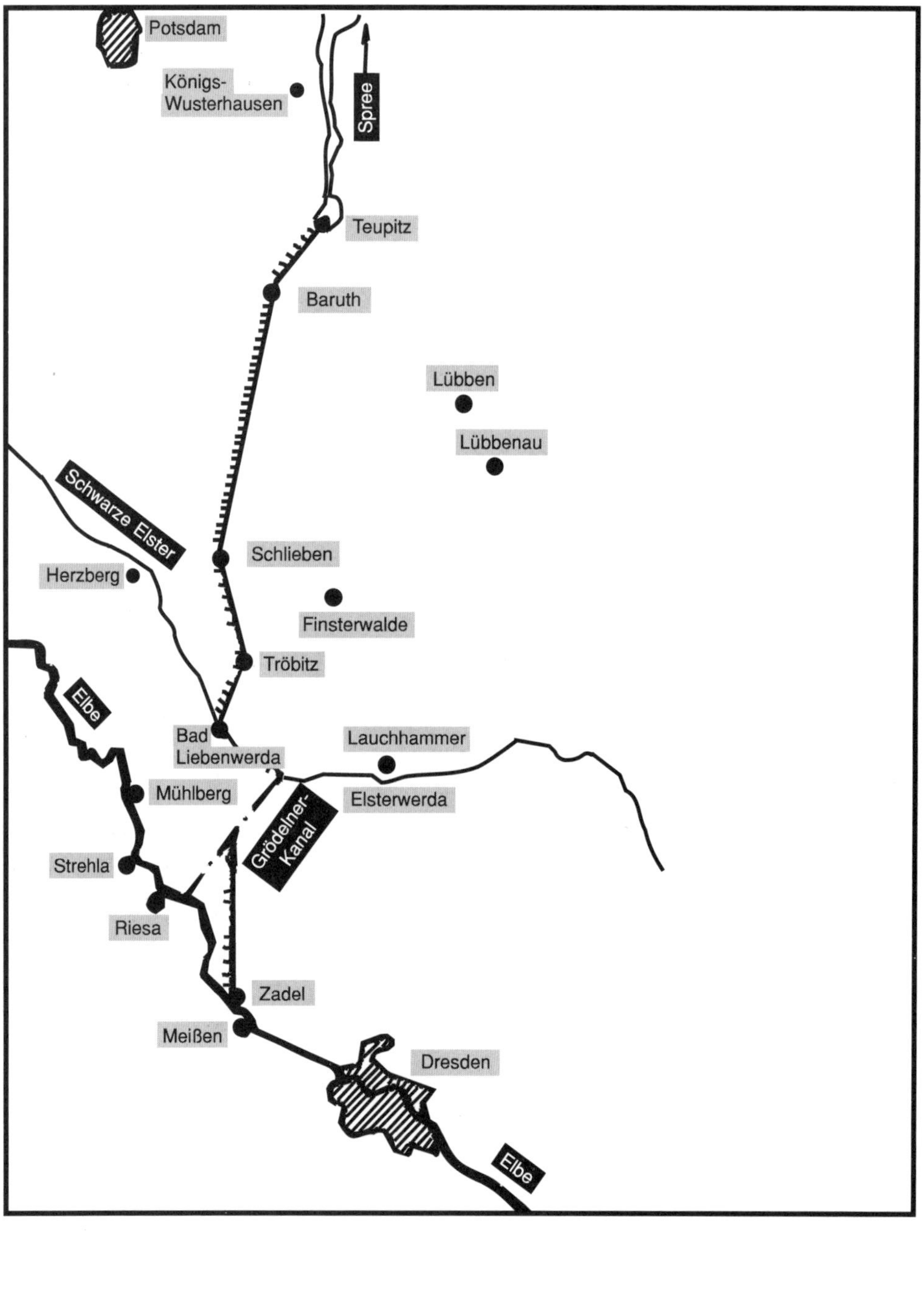

Kanalprojekt zwischen Elbe und Spree unter Nutzung des Grödelner Kanals (1870).

henzug bei Baruth mittelst 20 Schleusen übersteigen, von Teupitz ab die dort vorhandenen kleinen Seen benutzen, endlich durch die Dahme in die Seen bei Königs-Wusterhausen und 4 1/4 Meilen von Berlin in die bereits schiffbare Spree geführt werden. Die Länge der projektierten Wasserstraße Dresden-Berlin beträgt 27 Meilen, von denen auf die Elbe 4,20, auf die Spree 4,25, auf den eigentlichen Kanal 18,55 Meilen kommen."

Die wirtschaftliche Betrachtung unterstrich das Anliegen dieses Planes:

„Die projektierte Wasserstraße kürzt den Wasserweg zwischen Dresden und Berlin um mehr als die Hälfte, um 35 Meilen, ab und ermöglicht daher eine weit kürzere Lieferzeit der Transportgüter, die mit Hilfe der Kettenschleppschiffahrt oder der Remorquage (Dampfschleppkraft) auf 3 bis 5 Tage herabgesetzt werden kann."

Zweitens bestand 1913 durch den Kanalverein Berlin-Leipzig die Absicht, eine Verbindung zwischen Elster/Elbe und Berlin herzustellen. In die Planung zog man den zu diesem Zwecke auszubauenden Mühlbach von der Schwarzen Elster bis Seyda ein, dem ein 12,5 km langer Kanal von Seyda bis Dennewitz bei

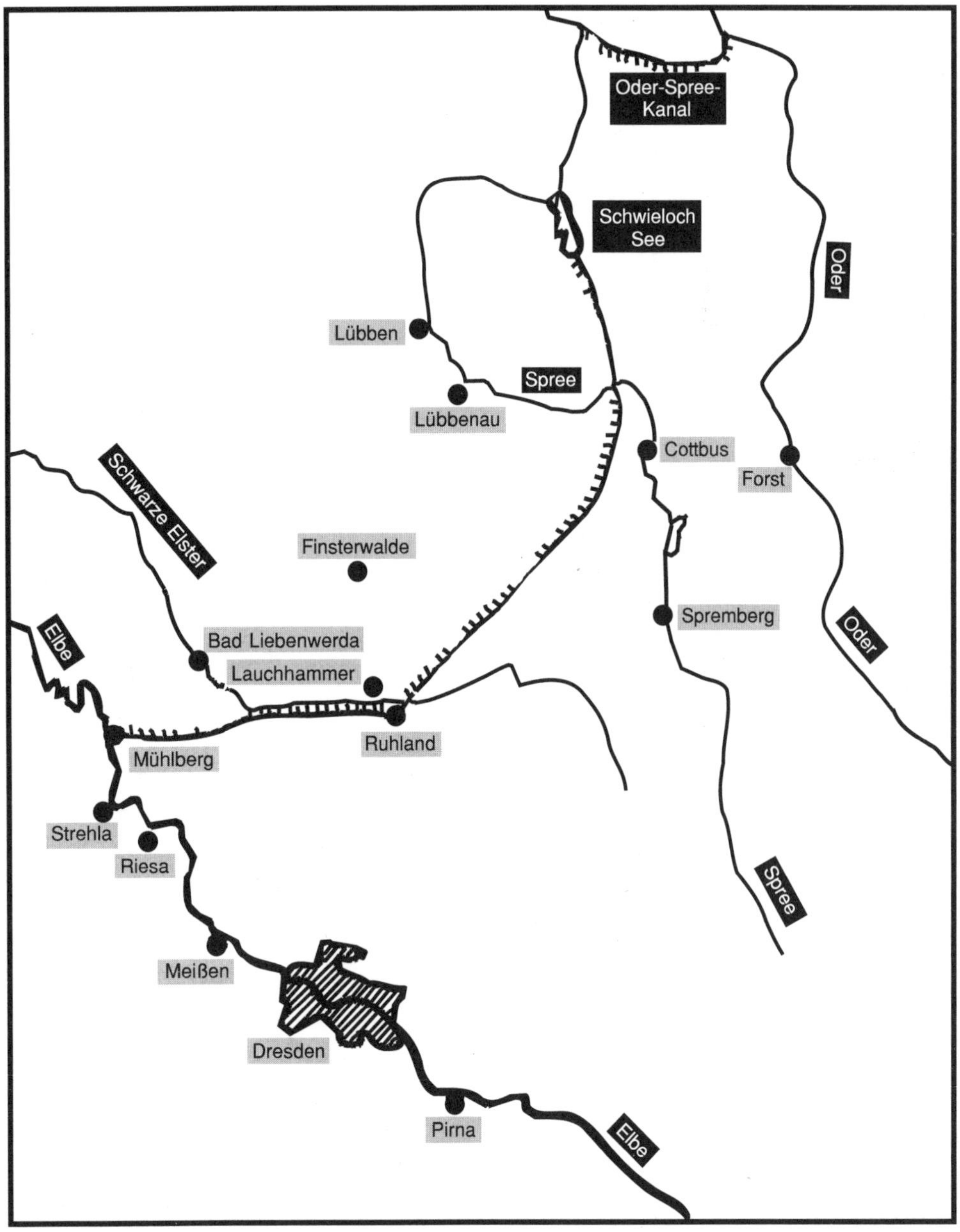

Kanalprojekt von Mühlberg/ Elbe zur Spree über Cottbus (1915).

Jüterbog folgen sollte. Von hier aus würde ein kanalmäßiger Ausbau der Nuthe über Luckenwalde und Trebbin anschließen, um endlich bei Potsdam über die Havel den Anschluß zur Spree zu vollenden. Diese Wasserstraße hätte eine Länge von etwa 75 km. Durch den Ausbruch des Ersten Weltkrieges konnten die Wirtschaftlichkeitsbetrachtungen dieses Projektes nicht abgeschlossen werden, der Kanalverein löste sich ohnehin auf.

Eine dritte Variante unterbreitete 1915 die Handelskammer in Cottbus. Sie sah die Errichtung eines 113,5 km langen Kanals von Mühlberg nach Cottbus vor. Dazu sollte die Spree von Cottbus bis Berlin ausgebaut werden. 18 m hätte bei Realisierung dieses Vorhabens der zu überwindende Höhenunterschied unter Zugrundelegung des mittleren Elbwasserspiegels betragen. Der Kanal sollte durch die Schwarze Elster bzw. durch die Einleitung der Abwässer aus den reichhaltig vorhandenen Kohlegruben gespeist werden. Wie schon die beiden ersten Varianten kam auch diese dritte nicht zur Ausführung.

Kanalprojekt zwischen Leipzig und Berlin von 1913.

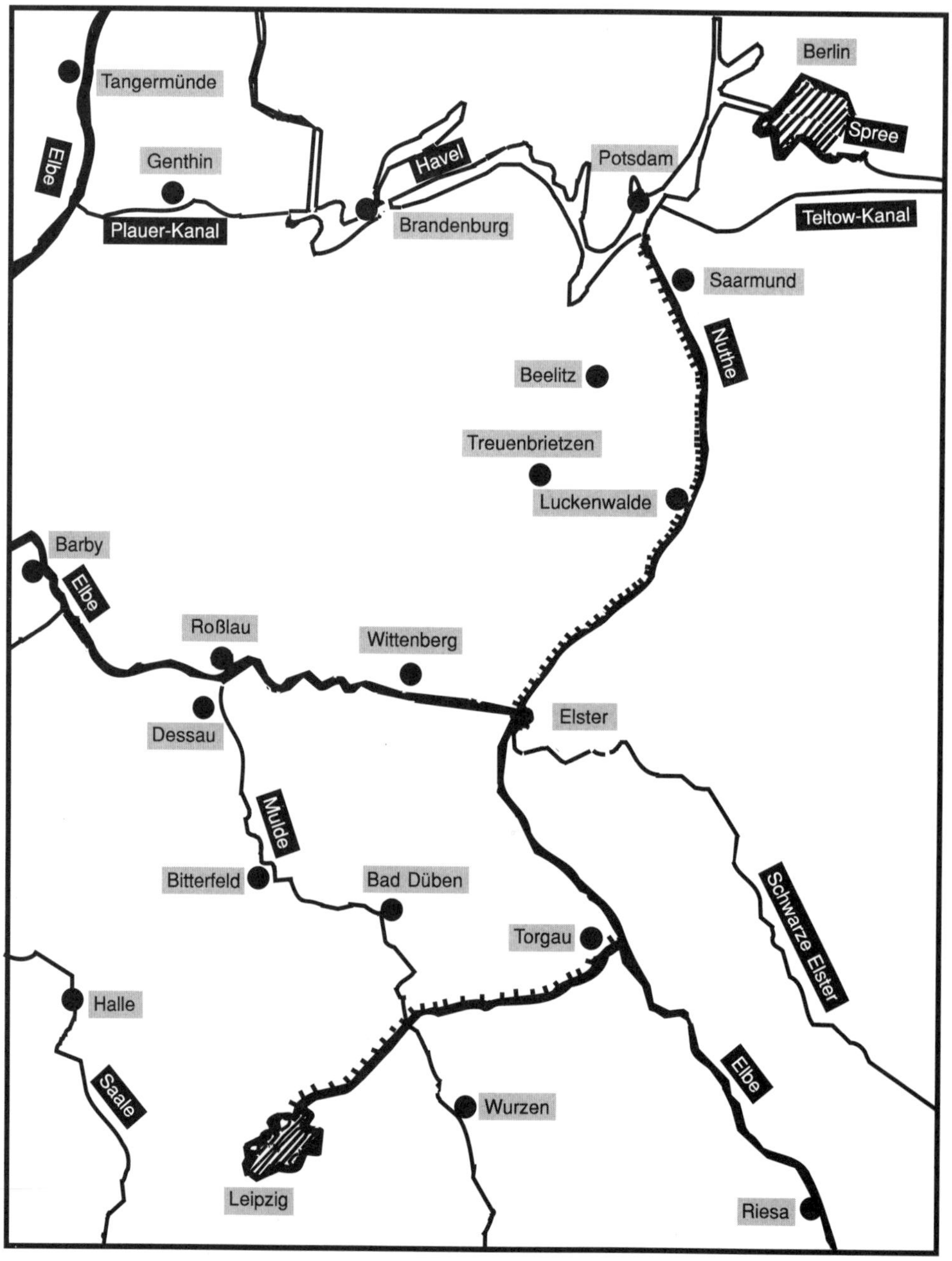

7.3. Elbe-Oder-Projekte

Mit Beginn unseres Jahrhunderts reiften auch drei Varianten heran, die Elbe mit der Oder durch künstliche Wasserstraßen zu verbinden.

Der erste Vorschlag für ein derartiges Vorhaben, unterbreitet durch die Handelskammer Görlitz, wurde durch den Regierungsbaumeister *Schulz* bearbeitet. Er sah wie bei dem vorgenannten Elbe-Spree-Projekt die Abzweigung von der Elbe bei Mühlberg vor, um den Kanal jedoch bei Ruhland weiter in östlicher Richtung auf Sprottau (Szprotawa) zu führen. Insgesamt sollte er eine Länge von 240 km aufweisen und mit acht Kammerschleusen und drei Hebewerken versehen werden. Die Hebewerke im Abstiegsbereich zur Oder waren notwendig, da die Wasserversorgung des Kanals nur mit großem Aufwand zu sichern war. Überhaupt wäre es ein kostenaufwendiges Vorhaben geworden, denn neben den schon erwähnten technischen Ausrüstungen hätten die Flüsse Spree, Neiße, Queis (Kwisa) und Bober (Bobr) überbrückt werden müssen.

Für ein zweites Projekt zeichnete der Landbaurat *Freystedt* verantwortlich. Er wollte einen 253 km langen Kanal von Torgau bis Maltsch (Malczym) führen und dabei das Niederlausitzer Braunkohlenrevier berühren. Die Schwarze Elster sollte bei Bad Liebenwerda gekreuzt werden. Auch der Anschluß der Industriestädte Görlitz, Bunzlau (Boleslawiec) und Liegnitz (Legnica) war vorgesehen. Der zu überwindende Höhenunterschied von 90 m sollte durch neun Schleusen bis zur Scheitelhaltung und sieben Schleusen bis zum Abstieg zur Oder ausgeglichen werden.

Auch ein dritter Vorschlag, 1920 von *Dr. Platzmann*, blieb wie die beiden anderen Varianten ein Schubladenprojekt. Es sah vor, die Elbe bei Riesa in nordöstlicher Richtung zu verlassen, um vorbei an Senftenberg, Cottbus, Guben und Fürstenberg bei Brieskow in die Oder abzusteigen. Als Gesamtlänge dieses Kanals wurden 186 km konzipiert. Obwohl diese Variante durch erhebliche

Kanalprojekte von der Elbe zur Oder.

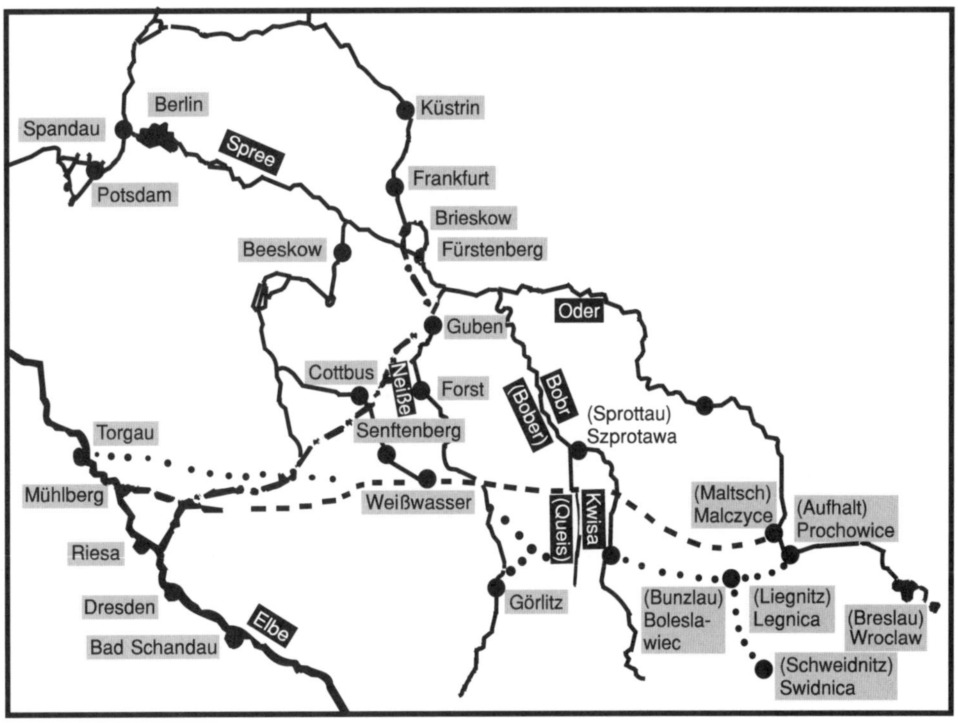

Erd- und Dichtungsarbeiten sehr aufwendig geworden wäre, hätte sie aber eine Reihe von Vorteilen geboten, wie:

- nur drei Staustufen,
- gute Wasserversorgung,
- Möglichheiten zur Wasserkraftgewinnung,
- gefahrlose Ableitung von Spreehochwässern,
- kürzeste Verbindung für den Verkehr zwischen dem sächsischen Teil von Elbe und Oder.

7.4. Kanäle zwischen Leipzig und der Elbe

Bereits zu Zeiten von Kurfürst *Friedrich August II.* von Sachsen (1696 bis 1763) war eine Wasserstraße zwischen Leipzig und der Elbe Gegenstand von Gesprächen. Laut „Akener Wochenblatt" vom 26. Juni 1872 wurde diese Idee erneut aufgegriffen:

> „Die schon früher aufgetauchte Idee, zwischen Leipzig und der Elbe einen Kanal herzustellen, der die Überführung der Waren mittelst Schrauben- oder Kettendampfer ermöglicht, wird jetzt in Leipzig lebhaft ventiliert. Nach dem Ausspruche des mit den Vorarbeiten betrauten Herrn Baurath Löhmann soll sich die Einmündung des Kanals in die Elbe bei Wallwitzhafen empfehlen, da dann der Kanal kürzer werden würde, als wenn die Mündung, wie früher projektiert war, bei Wittenberg oder Riesa eingelegt wird. Der Ansatz des Kanals in Leipzig soll zwischen der Magdeburger Bahn, der Verbindungsbahn und dem Berliner Bahnhof bewirkt werden."

Rat und Handelskammer der Stadt Leipzig ließen später durch ein bekanntes Konstruktionsbüro zwei Varianten, eine unter der Linienführung Elster-Saale, eine zweite direkt an Eilenburg vorbei nach Torgau, prüfen. Eine Denkschrift, die den Wert einer solchen Verbindung eindeutig hervorhob, erschien 1892. Das Vorprojekt für die zweite Variante konnte zwar im Dezember 1913 fertiggestellt werden, doch scheiterte die Fortführung am Ausbruch des Ersten Weltkrieges.

Auch eine Verbindung zwischen Dessau bzw. seinem damals bedeutungsvollen Hafenvorort Wallwitzhafen und Leipzig, vorbei an Bitterfeld, wurde ernsthaft in Erwägung gezogen. Gegen dieses Projekt standen vor allem objektive Schwierigkeiten, wie die Überwindung der Höhenzüge zwischen der Mulde und dem Elstertal. Dabei wurden interessante technische Überlegungen angestellt, selbst ein 4,5 km langer Schiffahrtstunnel stand zur Diskussion. Durch eine schiefe Ebene mit einem Steigungsverhältnis von 1:20 sollten die Schiffe, auf tragende Wagen abgesetzt, ähnlich einer Standseilbahn den Höhenunterschied von Leipzig aus überwinden. Die Länge dieses kombinierten Eisenbahn-Schiff-Verkehrs sollte 9,4 km bei einer gesamten Kanallänge von 63,94 km betragen. Selbstverständlich war dem Einsatz von Schiffen mit einer Tragfähigkeit von 200 t eine Grenze gesetzt. Der Elbabstieg war mit 16 Doppelschleusen projektiert, und eine Flutschleuse sollte den jeweiligen Wasserstand der Elbe ausgleichen.

Um 1890 wurde auch ein Plan für eine Kanalverbindung von Leipzig über Oschatz nach Riesa durchdacht. Bei dieser Streckenführung wären erhebliche Anlagenkosten zur Überwindung der Wasserscheiden aufzuwenden gewesen, jedoch lag der Vorteil dieses Projektes darin, daß der gesamte Kanal auf sächsischem Staatsgebiet verlaufen wäre. Besonders für den oberelbischen Verkehr und den zur Moldau hin hätte sich diese Verbindung positiv ausgewirkt.

Zur Überwindung der Höhenzüge wären vier Hebewerke und fünf Wasserhaltungen zu errichten gewesen. Ein Wasserreservoir bei Zschöllau sollte gleichzeitig als Hafenbecken für Oschatz dienen. Die Leistungsfähigkeit dieser Wasserstraße wurde bei 270 jährlichen Navigationstagen mit 5 Mill. t veranschlagt, die Gesamtbaukosten wurden um die Jahrhundertwende mit 33 Mill. Reichsmark geplant.

Das jüngste, vor dem Zweiten Weltkrieg in Angriff genommene, aber nicht endgültig fertiggestellte Kanalprojekt von der Elbe nach Leipzig bezeichnete man als „Südflügel des Mittellandkanals". Vorgesehen war dabei ein schon über 200 Jahre diskutierter Elster-Saale-Kanal, jedoch nun ausgelegt für das heute noch dominierende 1 000-Tonnen-Schiff. Die Planung sah zunächst den Ausbau der Saale bis oberhalb von Merseburg vor, um durch einen 20 km langen Kanal die Verbindung nach Leipzig herzustellen. Der Ausbau der Saale und die Arbeiten am Kanalbett wurden gleichzeitig betrieben. Ein großer Teil der Anlage war bereits fertiggestellt, als der Ausbruch des Zweiten Weltkrieges auch dieses Anliegen – die Stadt Leipzig an das mitteldeutsche Wasserstraßennetz anzuschließen – zunichte machte.

Der 1943 schon fast fertiggestellte Hafen der Messestadt war für einen Jahresumschlag zwischen 600 000 und 800 000 t ausgelegt, wozu die Speicher und das fast 1 000 m lange Hafenbecken dienen sollten. Von der 20 km langen Kanalstrecke konnten noch 13,2 km ausgeführt und 10,4 km davon geflutet werden. Weitere 3,2 km wurden nur teilweise zur Ausführung gebracht. Leider konnte der Anschluß Leipzigs an das Binnenwasserstraßennetz bis heute nicht vollzogen werden, ist aber wieder im Gespräch.

Kanalprojekt von der Elbe nach Leipzig.

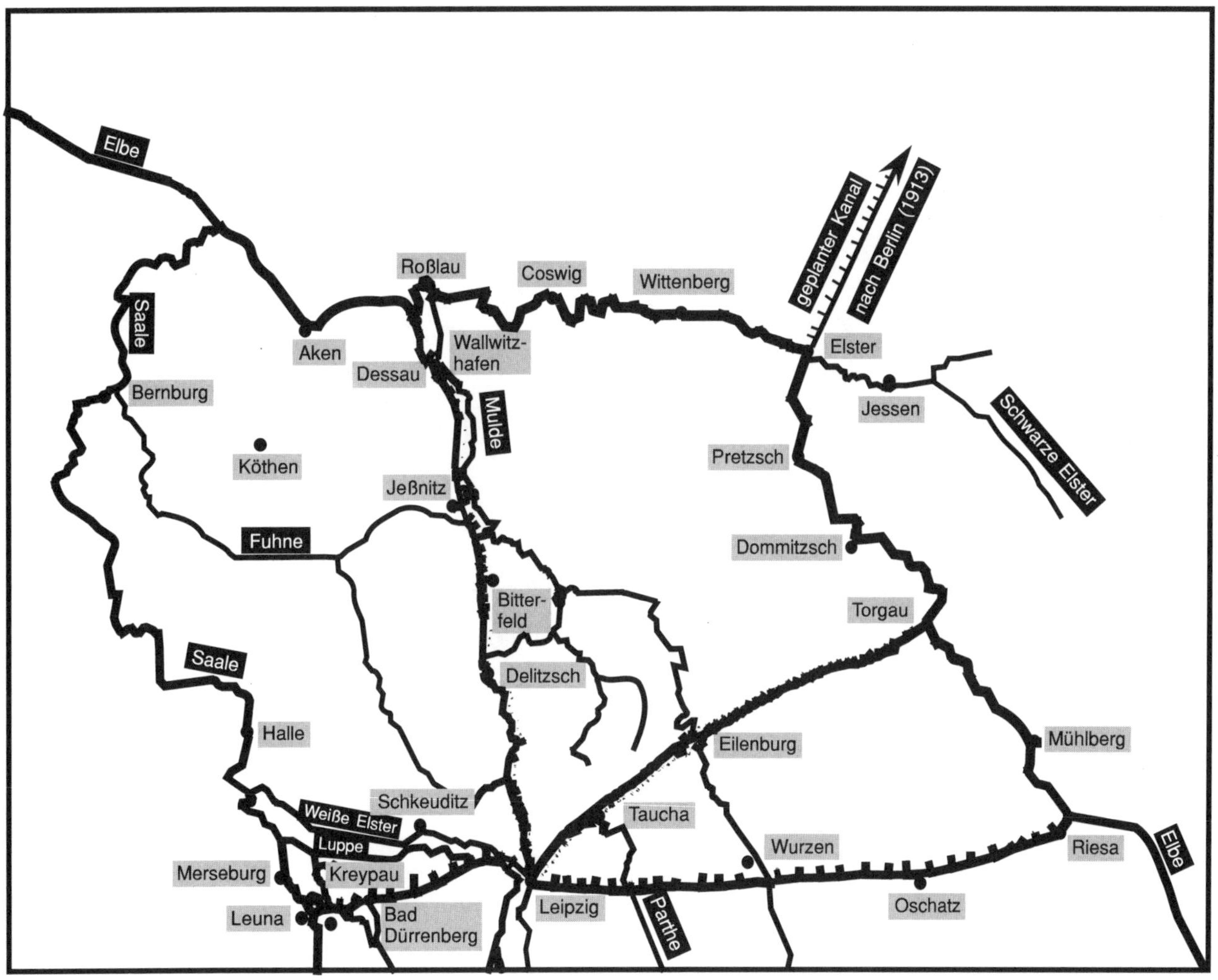

7.5. Floßkanal von Elsterwerda nach Grödel

Bei Grödel, unweit von Riesa, zweigt rechts der Elbe ein Kanal ab, der ausschließlich zum Transport von Floßholz diente und auch nur dafür errichtet wurde. Das reichlich in den Forsten von Liebenwerda, Finsterwalde und Ruhland anfallende Holz sollte auf vertraglicher Basis den Salzsiedereien im Schönebecker Raum zugeführt werden, um im Gegenzug Salz empfangen zu können. Auch war geplant, Holz aus den Wäldern an der Schwarzen Elster nach Dresden zu bringen, um den böhmischen Holzhändlern Konkurrenz zu machen. Später wurde dieser Kanal mehr für die Zufuhr von Kalk und Koks zum Eisenhüttenwerk Gröditz wichtig. Nachdem auch für die Linienführung dieses Kanals mehrere Möglichkeiten bestanden, wurde er von 1742 bis 1747 erbaut, ohne aber jemals eine Verbindung zur Elbe zu erhalten. Auf den Bau einer Abstiegsschleuse zur Elbe mußte wegen der zu großen Kosten verzichtet werden. Die auf dem 5 161,5 Ruthen langen Kanal bewegten Stämme wurden bei Erreichen der Elbe über den Elbdamm getragen, um an dem dortigen Elbufer zu Flößen zusammengestellt zu werden.

Trotz der kurzen Bauzeit dieses Kanals war es ein dornenreiches Unternehmen für den Auftragnehmer, dieses Projekt mit nur einem Jahr Terminverzug fertigzustellen. Teils mangelte es an Fachkräften, teils an den primitivsten Werkzeugen. In einem Bericht vom 17. März 1748 erfährt man dazu: „Von den Werkzeugen (Karren, Rüstbrettern und sonstigem Gerät) ist infolge der Länge und Einsamkeit dieser Baustelle ein wesentlicher Teil entwendet worden." Wenn auch für einen völlig geänderten Verwendungszweck, so hat dieser Kanal heute wieder Bedeutung erlangt; und zwar als Beregnungsanlage. Die Landwirtschaft nutzt diesen fast 250jährigen Wasserbauveteranen[3].

Der Grödelner Kanal, ein früherer Floßweg.

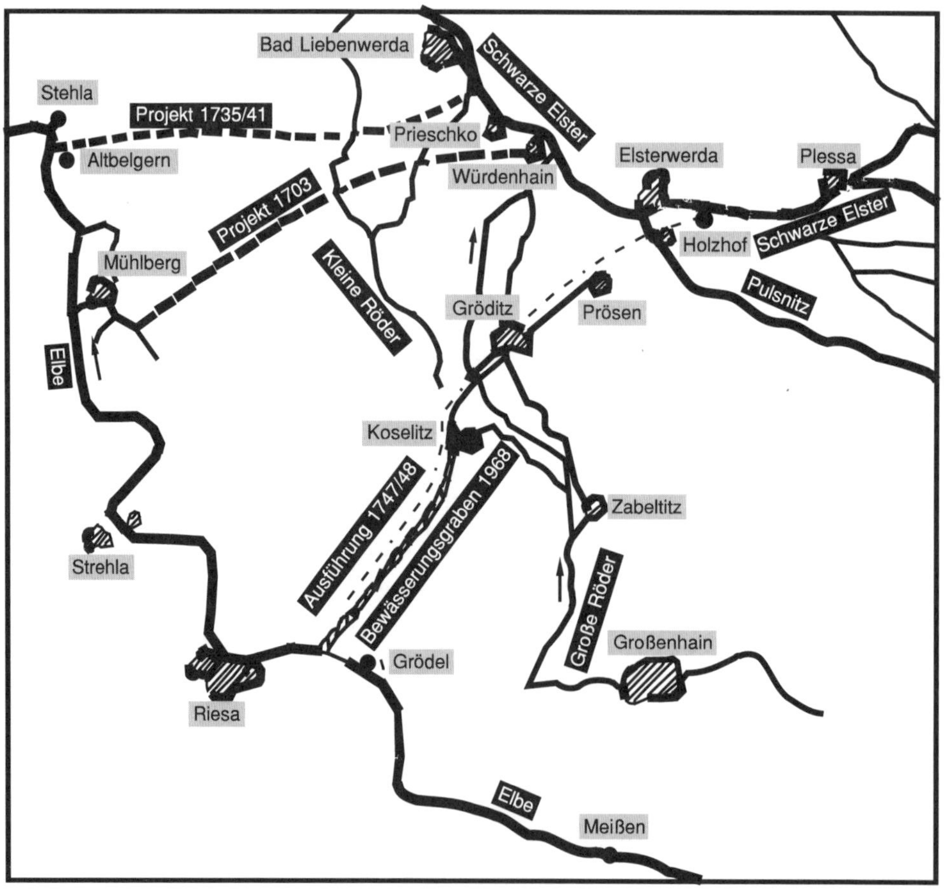

7.6. Elbe-Moldau-Donau-Projekte

Seit der Zeit des römischen *Kaisers Karl IV.* (1346 bis 1378) hat die Verbindung zwischen Elbe und Donau nie an Aktualität verloren. Neben dem Transport von Kaufmannsgütern aller Art war man vor allem bestrebt, das in den Hochtälern der Alpen gewonnene Salz billig auf dem Wasserwege unter Nutzung der Moldau bis zur Elbe zu bringen. Dieses gewinnbringend erscheinende Geschäft wurde jedoch nie in die Praxis umgesetzt, da die Überwindung des natürlich vorhandenen Höhenunterschiedes zwischen beiden Strömen für die Schiffahrt bis zum heutigen Tage – vor allem aus finanziellen Gründen – nicht möglich war. Für Floßholz, aber nur für einzelne Stämme, hat dennoch eine derartige Verbindung zwischen Elbe und Donau unter Nutzung des Quellgebietes der Moldau bestanden, der „Fürstlich Schwarzenberger Schwemmkanal".

Im Auftrag des Fürsten von Schwarzenberg legte der Forstingenieur *J. Rosenauer* (1735 bis 1805) einen Entwurf vor, der 1789 bauseitig fertiggestellt war[4]. Unter Ausnutzung dieses Kanals konnte das geschlagene Holz mit einer maximalen Länge von 24 m aus den Höhenlagen des Böhmerwaldes bis in das Flüßchen Mühl schwimmen, um dort, zu Flößen zusammengestellt, den Weg zur Donau zu nehmen. Der Teil des Holzes, der in entgegengesetzter Richtung an der Moldau umgeschlagen wurde, mußte eine Rutsche passieren, die „Hefenkrieger Gleitrutsche". Mit ihr wurde auf nur 3 km Länge ein Höhenunterschied von 200 m bewältigt. Markantester Bau des gesamten Objekts ist aber ein 389 m langer Tunnel, der in der zweiten Ausbaustufe von 1821 bis 1822 entstand. Er überwand den Scheitelpunkt zwischen der „Kalten Moldau" (Studená Vltava) und dem Schwarzenberger Kanal. Dieser wiederum hat eine Gesamtlänge von 44,4 km, unter Hinzuzählung seiner Nebenarme sogar von 57,8 km. Versuche, auf diesem Kanal Salz zu befördern, scheiterten immer wieder wegen Fehlens eines geeigneten Transportmittels. Und obwohl dieser Kanal in einigen Literaturquellen als ehemalige Wasserstraße geführt wird, trifft diese Bezeichnung keineswegs zu. Ein Teil wurde dennoch bis 1962 im dargelegten Sinne genutzt.

Eine zweite Möglichkeit, die Elbe mit der Donau zu verbinden, war um 1800 im Gespräch. Oberhalb von Prag sollte ein Schiffahrtskanal durch Ausbau des Moldauzuflusses Beraun (Berounka) bis Pilsen (Plzen) führen, um dann durch einen Kanal bei Regensburg die Donau zu erreichen[5].

Nochmals gründlich untersucht wurde auch eine Verbindung zwischen der Moldau und der Donau durch eine von Fürst *Lobkowitz* 1807 gegründete Hydrotechnische Gesellschaft, die den genialen Ingenieur *J. Ritter von Gerstner* (1756 bis 1832) zu ihrem Direktor berief[6]. Er war der Auffassung, daß ein Kanalbau von Budweis nach Linz mit einer Länge von 129 km wohl möglich, aber die Kosten zu hoch und der Transport sehr zeitraubend seien. Als weitaus günstiger sah er den Bau einer Pferdeeisenbahn. Nachdem 1819 die Wiener Hofkanzlei das Privileg zur Errichtung dieser Bahn seinem Sohn, *F.A. Gerstner*, erteilt hatte, wurde 1825 in zwei Etappen mit den Bauarbeiten begonnen. Mit Fertigstellung der Bahnkörper, Brücken und Tunnel konnte 1832 die „Erste Fernbahn der Welt" eingeweiht werden.

Eine vierte Variante sollte eine „Weltstraße" werden, wozu bereits 1835 die österreichische Reichs- und Landesvertretung ihre Zustimmung erteilt hatte. Dieser Donau-Elbe-Kanal sollte die Donau 16 km oberhalb Wiens verlassen und mittels 129 Schleusen die größte Höhe in 552 m über dem Meeresspiegel erreichen. Weitere 56 Schleusen waren für den Abstieg zur Moldau bei Budweis vorgesehen. 8 m breit und 2 m tief sollte dieser künstliche Schiffahrtsweg ausgebaut werden. Da dieses 222,3 km lange Wasserstraßenprojekt für relativ große Fahrzeuge ausgelegt war, hätte auch die Moldau auf einer Länge von 245,2 km mit den gleichen Maßen ausgebaut werden müssen. Daß eine wirtschaftlich tragbare Lösung vorgelegen haben muß, beweist die Aufnahme der Bautätigkeit, denn einige Kilometer dieser Kanalrinne bestehen noch im Osten von Wien.

Einen Vorgriff auf die Zukunft stellt ein Projekt dar, das schon bei verkehrstechnischen Überlegungen früherer Generationen eine Rolle spielte; die Verbindung zwischen Donau, Oder und Elbe. Um 1970 hatte die Regierung der damaligen CSSR diese Verbindung in den wasserwirtschaftlichen Generalplan des Landes aufgenommen, und die erste Etappe sieht vor, die Industriemetropole Ostrava mit der Oder zu verbinden. In internationaler Zusammenarbeit soll nun – unter Ausnutzung von vorhandenen Flußbetten und durch Kanalbauten – die Verbindung zwischen Ostrava, Pardubice und Bratislava in Angriff genommen werden. Diese künstliche Wasserstraße, die die östlichen und die westlichen Binnenwasserstraßennetze unseres europäischen Kontinents verbinden wird, erreicht in ihrer Scheitelhaltung eine Höhe von etwa 400 m über dem Meeresspiegel, was mit Investitionen in Milliardenhöhe verbunden ist.

Kanalprojekte zwischen der Elbe und der Donau

1. Verbindung zwischen Pilsen und Regensburg unter Nutzung der Flüsse Regen und Beraun (Berounka) um 1800,
2. Verbindung zwischen Budweis (Ceske Budejovice) und Linz um 1807,
3. Verbindung zwischen Budweis und Wien um 1900,
4. Vorbereitetes Projekt der Elbe-Oder-Donau-Verbindung von 1970.

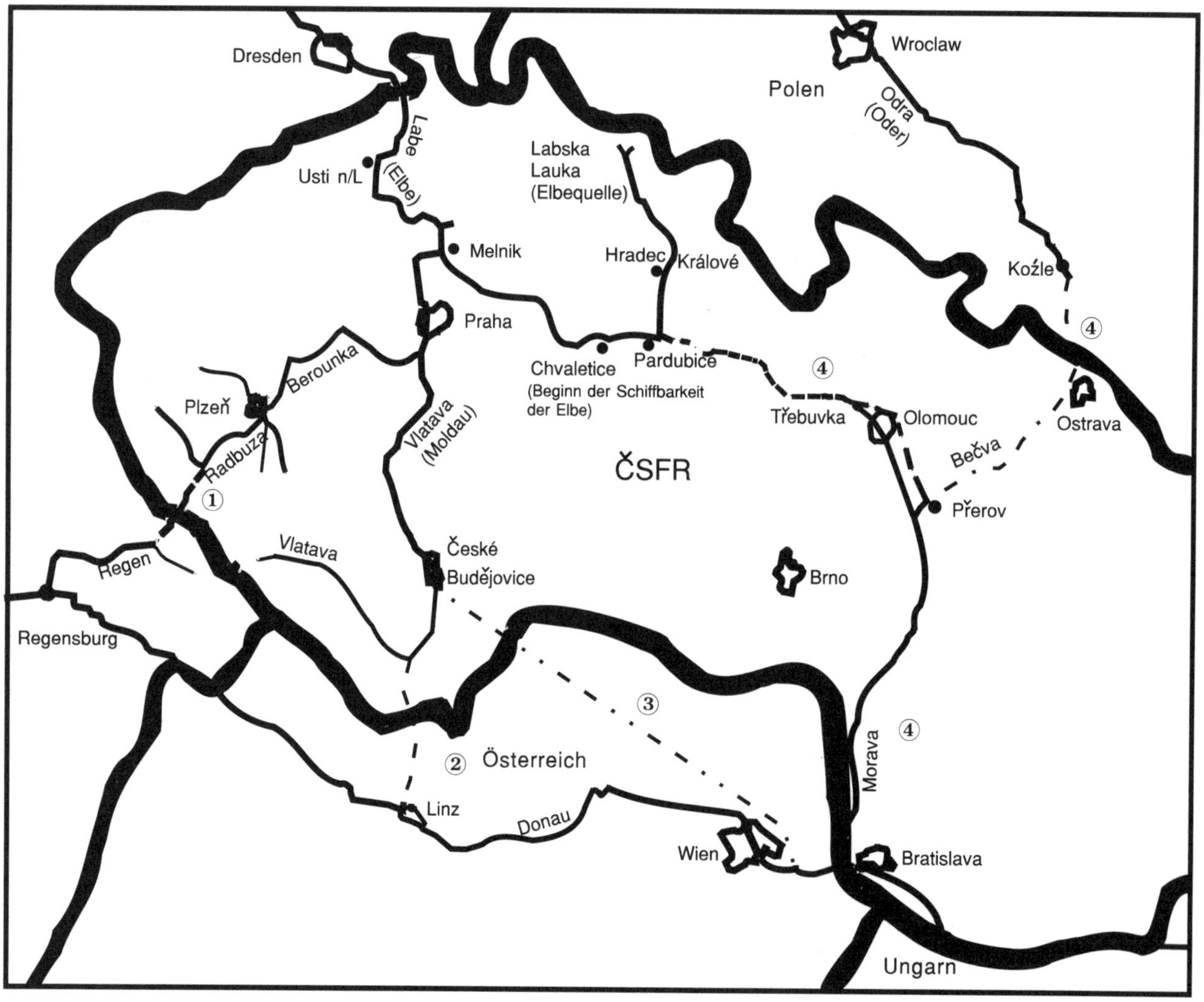

8. Dampfschiffahrt auf der Elbe

8.1. Erste Rauchfahnen über dem Strom

Der Wunsch, Dampf zum Antrieb von Maschinen zu nutzen, ist schon sehr alt. Pläne eines solchen Vorhabens entwickelte auch der französische Protestant *Papin* (1674 bis 1712), dem jedoch die technischen Voraussetzungen fehlten, um eine leistungsfähige Dampfmaschine, z. B. zum Antrieb von Schiffen, herzustellen.

Die erste technisch brauchbare Dampfmaschine mit Kolben konstruierte etwa 1771 der Engländer *Newcomen*. Als „atmosphärische Dampfmaschine" ging diese in die Technikgeschichte ein.

Dampfmaschinen kamen zuerst in Bergwerken zum Einsatz, jedoch fehlte es ihnen an Effektivität. Durch hohen Brennstoffverbrauch waren sie unwirtschaftlich. Es dauerte weitere 50 Jahre, bis dem Schotten *J. Watt* (1736 bis 1819) der Durchbruch gelang. 1765 bis 1782 entwickelte er die Newcomensche Maschine weiter und brachte eine vielseitig verwendbare und wirtschaftlich arbeitende Dampfmaschine in einer englischen Kohlengrube zum Einsatz.

Diese war nun auch zum Antrieb von Schiffen geeignet, jedoch fehlte zunächst ein geeignetes Bauteil, um bei geringem Energieverlust die Kräfte der Maschine in einen Vortrieb des Schiffes umsetzen zu können.

Anfänglich waren Dampfschiffe durchweg mit Antriebsrädern ausgestattet. Nach verschiedenen Vorschlägen für eine Schiffsschraube wurde diese aber erst 1827 durch den Österreicher *J. Ressel* (1793 bis 1857) in eine technisch anwendungsbereite Form gebracht.

Das erste Schiff der Welt, das mit einer Dampfmaschine ausgerüstet war und einen regelmäßigen Dienst versah, hieß „Clermont" und gehörte dem Amerikaner *R. Fulton* (1765 bis 1815).

Seine Jungfernfahrt unternahm dieses Dampfschiff am 17. August 1807 auf dem Hudson auf der 125 Meilen langen Strecke von New York nach Albany.

Als erstes Dampfschiff Europas war der 13,7 m lange „Comet" auf dem Clyde zwischen Greenock und Glasgow im kommerziellen Einsatz[1].

Jahre bevor die erste Eisenbahnlinie 1825 in England in Betrieb genommen wurde, war am 15. Juni 1816 ein Raddampfer auf der Elbe bei Cuxhaven zu sehen.

Er wurde 1814 in Koncordine (Schottland) gebaut, und als er zur Elbe kam, hatte der englische Kapitän *John Watson Coock* die Leitung. Sein poetischer Schiffsname „The Lady of the Lake" war der gleichnamigen Dichtung von *W. Scott* von 1810 entlehnt. Es war 18,90 m lang und 4,97 m breit. Als Antrieb diente eine Niederdruckdampfmaschine mit 20 bis 24 PS. Ab 29. Juni 1816 befuhr dieses Schiff regelmäßig die Strecke Hamburg – Cuxhaven in sieben bzw. neun Stunden.

Das Privileg zum Befahren der Elbe zwischen Hamburg und Cuxhaven hatte eine Gültigkeitsdauer vom 6. März 1816 bis 6. März 1820, sofern sich dessen Inhaber verpflichtete, die Hamburger Bürgerschaft anzunehmen.

Antipathien der Bevölkerung wegen der in Zeitungen hochgespielten Gefahr des „Zerspringens des Dampfkessels“ und die zu hoch angesetzten Fahrpreise führten zu einem frühzeitigen Ende des ersten Liniendampfschiffes auf der Elbe und in Deutschland überhaupt. Die Berliner „Vossische Zeitung“ schrieb an dem Tag, als die „Lady of the Lake“ erstmalig ihren Liniendienst versah und zufällig auch das erste deutsche Dampfschiff an der Havel auf Kiel gelegt wurde:

> „Die Gefahr, daß der Dampfbehälter zerspringen kann, wird der Gefahr, daß ein Wagen brechen und die Pferde durchgehen können, so ziemlich die Waage halten“[2].

Am 24. Juni 1817 fuhr das Schiff nach 12monatigem Aufenthalt auf der Elbe zurück nach England.

Am 6. November 1815 hatte sich der Kaufmann *F. W. Schaff* in Dresden mit einem Gesuch an den König von Sachsen gewandt, ihm für seine „Dampfschiffahrt auf der Elbe ein ausschließliches Privilegium auf zehn Jahre von dem Tage an zu verleihen, an welchem sein erstes durch Dampf bewegtes Schiff in Gang gebracht sein würde.“

Friedrich August I. hatte jedoch Bedenken, dem Antragsteller die ausschließliche Nutzung der Dampfmaschine im Bereich des Königreichs zu bewilligen.

Fast gleichzeitig mit dem Erscheinen einiger im Ausland erbauter, mit Dampf betriebener Schiffe auf deutschen Flüssen erfolgte die Kiellegung für die ersten Dampfschiffe, deren Schiffskörper auf deutschem Boden gebaut werden sollten.

Mit der Unterstützung des Ministeriums für Finanzen in Berlin erhielten der Engländer *J. Hamphrey* und dessen Sohn am 12. Oktober 1815 ein Patent über „das ausschließliche Recht zur Anwendung ihrer eigentümlichen Methode, über die genaueres nicht verlautet, Dampfmaschinen zum Fortbewegen von Schiffen im ganzen Umfange des Königreichs Preußen“ zu benutzen. Sie bauten in Pichelsdorf an der Havel als erstes Personenschiff das Mittelradschiff „Prinzessin Charlotte von Preußen“ und stellten es am 5. November 1816 in Dienst. Es trug den Namen der ältesten Tochter des Königs *Friedrich Wilhelm III.*

Zwei weitere Schiffe, „Courier“ und „Stadt Magdeburg“, waren sowohl für den Personen- als auch für den Güterverkehr auf der Elbe vorgesehen.

Aufnahme von 1816: Das erste Dampfschiff auf der Elbe, „The Lady of the Lake“, erfüllte noch nicht die Erwartungen.

Es hatte ein Jahrzehnt gedauert, bis in Deutschland die Zeit herangereift war, um sich nach amerikanischen und englischen Vorbildern am Bau dieser neuartigen Verkehrsmittel, den „Feuerböten", zu versuchen. Als mit dem „Courier" ein weiteres Dampfschiff nach der „Lady" am 8. April 1817 in Hamburg eintraf, war es das erste in Deutschland gebaute Dampfschiff, das die Elbe befahren hatte.

Am 6. Mai 1818 erreichte das dritte Schiff der *Hamphreys*, „Stadt Magdeburg", unter großer Anteilnahme der Bevölkerung nach 74stündiger Fahrt, von Hamburg kommend, Magdeburg.

Es scheint etwas verwunderlich, daß nicht der Unternehmergeist Hamburger oder Magdeburger Reeder bzw. Kaufleute den ersten Dampferverkehr auf der Elbe ins Leben rief. Die Tatkraft zu diesen Vorhaben ging von Berlin und Potsdam aus. So ist es verständlich, daß es sich bei diesem Unterfangen nicht vordergründig um eine Verbindung zwischen den beiden größten Elbhandelsplätzen Hamburg und Magdeburg handelte, sondern in erster Linie um eine zwischen Hamburg und Berlin. Der Verkehr zwischen Hamburg und Magdeburg sollte nur gelegentlichen Charakter annehmen.

Die ersten Erfolge ermunterten zu weiteren Neubauten und so kam es zum Neubau von zwei weiteren Dampfschiffen, „Friedrich Wilhelm III" 1818 und „Fürst Blücher" 1819. Inzwischen war die „Dampfboot-Baustelle" von Pichelsdorf nach Potsdam verlegt worden. Bemerkenswert ist, daß alle fünf Schiffe mit Schiffsmaschinen englischer Herkunft angetrieben wurden. Die Lebensdauer dieser Fahrzeuge war, bedingt durch ihren hölzernen Schiffskörper, nicht sehr groß.

Die eigentliche Entwicklung der Dampfschiffahrt begann in den vierziger Jahren, als Eisen im Schiffbau mehr und mehr zur Anwendung kam.

Der desolate Zustand der Schiffe und die wirtschaftlichen Mißerfolge führten zu einem schnellen Ende des ersten Versuchs zur Einführung der Dampfschiffahrt auf preußischen Gewässern. Die folgende Versteigerung der ersten drei Schiffe brachte lediglich den Erlös von 414 Talern. Gleiches Schicksal erging den beiden anderen Schiffen. „Friedrich Wilhelm III" wurde am 12. März 1825 in Potsdam versteigert und zu Bauholz zerschlagen, während „Fürst Blücher" am 13. August 1824 einem Auktionator in Hamburg anvertraut wurde.

Ein gesonderter Versuch der beiden Magdeburger Kaufleute *Steinert* und *Jacobs*, ein Privileg zur Ausübung der Dampfschiffahrt auf der Elbe von und nach Magdeburg zu erhalten, war bereits 1822 gescheitert.

Bemühungen zur Einrichtung einer hannoverschen Schleppdampfschiffahrt auf der Elbe zwischen Hoopte und Hamburg sind schon 1829 vom Handelsstand der Stadt Hamburg ausgegangen.

Mit dem Dampfschiff „Berlin" der Berliner Dampfschiffahrts-Gesellschaft wurde am 16. Juli 1829 mit positivem Ergebnis eine Versuchsfahrt auf der gewünschten Strecke unternommen. Auf dem Schiff fanden 100 Personen Platz, für 16 Passagiere konnte ein Nachtquartier gerichtet werden.

Flußaufwärts benötigte das Schiff mit drei „Frachtkähnen" im Anhang für die Strecke von Hamburg nach Hoopte zwei Stunden. Jeder der befrachteten Kähne hatte 22 t Steinkohle geladen. Für die Rückfahrt stromab benötigte man nur die Hälfte der Zeit.

Der Hauptgrund des Scheiterns dieses Projektes war wohl die Absicht der Lüneburger, ihr Dampfschiff gleichzeitig als Personen- und Schleppdampfer benutzen zu wollen. Die Fahrgäste sprachen sich eindeutig gegen die recht langsame Beförderung aus, die durch die geschleppten Kähne verursacht wurde.

In den dreißiger Jahren waren in Hamburg insgesamt neun Raddampfer registriert, die jedoch seit 1818 meist im Fährverkehr zwischen der damals noch selbständigen Stadt Harburg und der Hansestadt zum Einsatz kamen.

Auch im damaligen Königreich Sachsen plante man sehr früh ein Dampfschiffahrtsunternehmen. Obwohl mehrere angesehene Konstrukteure seit 1815 nacheinander bei den königlichen Landesherren Gesuche zur Errichtung einer solchen Schiffahrtsart einreichten, gelang es erst 1833 dem Zuckersiedereibesitzer *H. W. Calberla* in Dresden trotz aller Hemmnisse, ein Privileg zur Ausübung der Dampfschiffahrt auf der Elbe zu erhalten. Dieses aber auch erst, nachdem er sich durch die vorgeschriebenen Lehr- und Wanderjahre die Mitgliedschaft der Dresdner Handelsinnung erworben hatte.

Inhalt seines Gesuchs war die Ausübung der Dampfschiffahrt auf der Elbe, je acht Stunden stromauf- und -abwärts von Dresden, und die Genehmigungen zur Nutzung eines Landungsplatzes in der Nähe seiner Fabrik sowie der Großverkauf der herangebrachten Waren von seinem Schiffe aus.

Zusammen mit seinem Sohn plante *Calberla* den Bau eines Schiffes mit einer Tragfähigkeit von etwa 1 000 Ztr. und veranschlagte dafür einen Kostenaufwand von 12 000 bis 16 000 Thlr. Das Schiff glich in Bauart und Aussehen den üblichen Elbkähnen, um es bei einem eventuellen Fehlschlag auch ohne Dampfmaschine benutzen zu können.

So wurde der hölzerne Rumpf des Calberlaschen Bootes gegen Ende des Jahres 1833 auf einem Schiffbauplatz bei Krippen an der Mündung des Krippenbaches vollendet. 1834 wurde dem Schiff in Hamburg eine englische Maschine mit einer Leistung von 24 PS eingesetzt. Die restlichen Maschinenteile waren vom Dresdner Hofschmied *C. W. Thieme* gebaut worden. Es handelte sich um ein Heckradschiff, womit angesichts der vielen im Strombett der Elbe vorhandenen Sandbänke, Stromschnellen und Klippen der Erbauer des Schiffes sein Vorhaben günstiger in die Tat umsetzen wollte.

Diese Bauart gewann später an Bedeutung, wobei das Schaufelrad in speziellen Fällen gleichzeitig die Funktion eines Schwungrades für die Dampfmaschine zu erfüllen hatte. Das Schaufelrad war durch eine Klappe vor Beschädigungen geschützt. Dampfmaschine und Dampfkessel waren mittschiffs angeordnet.

Im Winter 1834/35 unternahm das kleine Schleppschiff auf der zum Teil schon eisführenden Elbe seine Jungfernfahrt von Hamburg nach Dresden. Oftmals mußte wegen des stärker werdenden Eisgangs unterwegs Station gemacht werden, wodurch sich die Ankunft des Schiffes in Dresden verzögerte. Dennoch wurde das Eintreffen in Dresden wie eine Sensation aufgenommen und der Besitzer des Schiffes brachte seinen Stolz über das gelungene Unternehmen mit folgender Zeitungsmeldung zum Ausdruck[4]:

> „Hierdurch erlaube ich mir die ergebenste Anzeige, daß mein Dampfschiff, nachdem es sechsmal wegen Treibeises hatte haltmachen müssen, den 14. (14. Februar 1835 – d.A.) dieses Abends halb acht Uhr seine Uebungsfahrt ohne Unfall zurückgelegt hat, ich habe es in Ermangelung eines sicheren Landungsplatzes in der Stadt und wegen abermaligen Treibeises am Schusterhaus vor Anker legen lassen."

Neben diesen objektiven Schwierigkeiten stellten sich noch andere technische Mängel ein. Wochenlange Reparaturphasen für Umbauten an der technischen Anlage wurden notwendig. Das Schiff brachte dem Besitzer letztendlich mehr Verdruß als Freude.

Obgleich das Schiff noch einige weitere Fahrten zwischen Hamburg und Dresden erfolgreich durchführte, wurde dasselbe mit der Aufnahme des Dampfschiffverkehrs zwischen Magdeburg und Hamburg durch die Magdeburger Dampfschiffahrts-Gesellschaft 1837 und durch die inzwischen gegründete Sächsische Elbdampfschiffahrts-Gesellschaft von seinem Eigentümer und Erbauer außer Dienst gestellt. Trotz der unübersehbaren technischen Unzulänglichkeiten und konstruktiven Mängel war dieses Schiff das erste Dampfschiff in der Geschichte überhaupt, das zwischen Hamburg und Dresden verkehrte.

8.2. Die zweite Etappe der Elbdampfschiffahrt

8.2.1. Dampfschiffahrt im Bereich der sächsischen Elbe

Trotz der bekannten technischen Unzulänglichkeiten und bitteren Erfahrungen des Calberlaschen Experimentes und ungeachtet seiner Unwirtschaftlichkeit wurde dennoch der Beweis erbracht, daß Dampfschiffahrt auf der Elbe kein unlösbares Problem darstellt.

So ist es nicht verwunderlich, daß im März 1936 wiederum bei der Königlich-Sächsischen Staatsregierung drei Gesuche um Privilegien zum Befahren der Elbe mit Dampfschiffen eingereicht wurden, z. B. von den Gründern der Dresden-Leipziger Eisenbahn aus Leipzig. Diese wollten von Strehla aus die Elbdampfschiffahrt nordwärts bis Hamburg, südwärts bis Aussig und noch tiefer nach Böhmen hinein zur Ausübung bringen. Die zwei anderen Einreicher waren aus Dresden. Dort vereinigten sich auf Anregung der beiden Kaufleute *B. Schwenke* und *F. Lange* zwölf, meist dem Handelsstand angehörige Bürger der Stadt und stellten ein Gesuch zur Aufnahme der Dampfschiffahrt auf dem sächsischen Teil der Elbe.

Calberla, der bereits vorher das Privileg vom 18. Juli 1833 innehatte, wurde kurzerhand in den vorgenannten Personenkreis einbezogen. Da das Gesuch der Dresdner Antragsteller vom 16. März 1836, das der Leipziger jedoch erst vom 30. März 1836 datierte, wurde den ersteren der Zuschlag gegeben. Am 8. Juli 1836 wird das Privilegium für fünf Jahre mit folgendem Wortlaut erteilt[5]:

> „Auf Sr. Königl. Majestät allerhöchsten Befehl wird hiermit für Allerhöchst dieselben, sowie für Allerhöchst dero Erben und Nachkommen vom Ministerio des Innern beurkundet, dass auf darum geschehenes geziemendes Ansuchen nach vorheriger Erwägung der einschlagenden Umstände der in Dresden zusammengetretenen Elbdampfschiffahrts-Gesellschaft zur Betreibung der Dampfschiffahrt auf der Elbe von einem inländischen Orte zum anderen ... “

Später wurde das Privileg der Elbdampfschiffahrts-Gesellschaft um weitere acht Jahre verlängert.

Diese neuformierte Gesellschaft schickte sofort ihren wissenschaftlichen und technischen Wortführer, *Prof. Schubert*, der bereits 1833 aus wirtschaftlichen und technischen Erwägungen heraus ein eigenes Privileg angestrebt hatte, mit Zustimmung der sächsischen Regierung nach Frankreich, um die französische Dampfschiffahrt auf der oberen Seine, der Rhône und der Savonne zu studieren und Erfahrungen zu sammeln. Nach seiner Rückkehr ging *Schubert* unverzüglich an die Vorbereitungen und war zuversichtlich, schon mit Beginn des Frühjahrs 1837 das erste Dampfboot und im Juni des folgenden Jahres zwei weitere in Betrieb stellen zu können.

Aufgrund eines privaten Vertrages hatte *Schubert* nicht nur die Konstruktion, sondern auch die Bauleitung für die Schiffskörper der beiden ersten Oberelbedampfschiffe „Koenigin Maria“ und „Prinz Albert“ nebenberuflich übernommen. Diese eisernen Schiffe waren ausschließlich für den Personenverkehr gedacht, während ein drittes, das hölzerne Schiff „Dresden“, für den (zunächst nicht privilegierten) Güterverkehr zwischen Dresden und Magdeburg bestimmt war.

Der improvisierte Schiffbauplatz befand sich für die ersten beiden Schiffe oberhalb von Dresden vor dem Ziegelviertel der Pirnaischen Vorstadt, auch als „alte Vogelwiese“ bekannt. Das dritte Schiff entstand in unmittelbarer Nähe der Werkstätten des Dresdner Aktien-Maschinenbau-Vereins in Uebigau bei Dresden, ein Betrieb, der vorrangig Spinnereimaschinen herstellte.

Da *Schubert* auch mit der ungünstigen Beschaffenheit des Elbstroms vertraut war, empfahl er entsprechend seinen in Frankreich gewonnenen Erkenntnissen, die leichteren Hochdruck-Dampfmaschinen zum Einsatz auf die Schiffe zu bringen. Dadurch wollte er einen möglichst geringen Tiefgang der Fahrzeuge sichern. Die Landesregierung versagte jedoch wegen Sicherheitsbedenken den Einsatz der Hochdruck-Anlagen und schrieb die Verwendung von Niederdruck-Anlagen vor. Der Bau derselben wurde dem Berliner Maschinenbauer *Egells* übertragen.

Die gelieferten Maschinen nach Boultonscher Bauart waren fast dreimal schwerer als die von *Schubert* vorgeschlagenen. Seine Gesellschaft fand sich ohne ernsten Widerspruch mit dieser Regierungsentscheidung ab, alle nachdrücklichen Warnungen und Forderungen *Schuberts* in den Wind schlagend. Der „Dampfbootprofessor“ kam so in eine prekäre Situation.

Mit dieser übergewichtigen Maschine hatte die „Koenigin Maria“ später einen Tiefgang von 740 mm (*Schubert* hatte etwa 400 mm vorausberechnet). So war der Betrieb der „Koenigin Maria“ auf der Oberelbe von vornherein außerordentlich erschwert.

Nach mehrjähriger Nutzung der Schiffe entschloß sich die Gesellschaft deshalb, die Egellschen Maschinen zu entfernen und durch leichtere Niederdruckmaschinen der Firma Penn & Sons in Greenwich (England) zu ersetzen. Mit diesen oszillierenden Maschinen und einer neuartigen Steuereinrichtung tauchten die Schiffe mit 300 Personen an Bord nur noch 480 mm in das Wasser ein.

Mit diesem geringeren Tiefgang ging die Erhöhung der Fahrgeschwindigkeit einher. Eine Reise von Dresden nach Tetschen, die früher einen vollen Tag beansprucht hatte, wurde nun in 12 Stunden bewältigt. Die reine Fahrzeit betrug nach Abrechnung des Ein- und Aussteigens der Personen an den Anlegestellen und der Zollabfertigung nur 7 Stunden und 23 Minuten. Da die Talfahrt kürzere Zeit beanspruchte, erfolgte noch am gleichen Tag die Rückreise des Schiffes nach Dresden.

Damit die Schiffe im Winter vor den Witterungsunbilden geschützt werden konnten, wurde zwischen dem Königlichen Finanzministerium und der Elbdampfschiffahrts-Gesellschaft ein Pachtvertrag zur Mitbenutzung des Gondel-

Aufnahme von 1844: Der Raddampfer „Königin Maria“ der Elbdampfschifffahrtsgesellschaft Dresden an der Dresdener Schiffsanlegestelle oberhalb der Augustusbrücke (kolorierter Stich von *J.C.A. Richter*).

hafens an der Ostseite der Brühlschen Terrasse abgeschlossen. Dieses Recht stand bis dahin nur der Fischerinnung zu. Dieser Hafen wurde bis zur Fertigstellung einer neuen Anlage unterhalb der Marienbrücke genutzt.
Mit Bestätigung des Statutes der Gesellschaft am 2. Februar 1839 durch das Ministerium des Innern wurde die Elbdampfschiffahrts-Gesellschaft in Königlich-privilegierte Sächsische Dampfschiffahrts-Gesellschaft umgenannt[6].

Infolge des Umbaus der beiden Schiffe „Koenigin Maria“ und „Prinz Albert“ in Hamburg standen in Dresden nur begrenzte Platzkapazitäten für den Personenverkehr zur Verfügung. Das dritte Schiff, „Dresden“, eignete sich auch unter verbesserten Stromverhältnissen nicht für den regelmäßigen Einsatz, und zudem erwies sich ein Umbau der Maschinenanlage bei diesem Schiff als zu schwierig. Für 11 000 Thlr. wurde das Schiff nach Hamburg verkauft und soll einem Tischler noch jahrelang als schwimmende Werkstatt gedient haben.

Am 29. Mai 1841 erschien zum Entsetzen der sächsischen Dampfschiffahrtsdirektion das nur 471 mm eintauchende schnittige und mit einem österreichischen Privileg versehene Dampfschiff „Bohemia“ aus Prag in Dresden. Es gehörte dem Schiffseigner u. Kapitän *J. Rusten.* Mit dem zweiten hölzernen Dampfschiff, „Germania“, es war 1845 in Obristwy (Obristvi) an der „Kleinen Elbe“ oberhalb von Melník gebaut worden, war plötzlich ein echter Konkurrent für die sächsische Reederei vorhanden.

Stahlstich von 1841:
Mit dem Erscheinen des ersten böhmischen Dampfbootes „Bohemia“ erwuchs der Königlich Privilegierten Sächsischen Dampfschiffahrts-Gesellschaft in Dresden zunächst ein ernsthafter Konkurrent; Zwischenaufenthalt in Leitmeritz (Litomerice), als das Schiff am 26.Mai 1841 seine erste Fahrt von Prag nach Dresden unternahm.

Ein weiteres Dampfschiffahrtsunternehmen wurde am 28. November 1845 in Dresden gegründet und von der Regierung durch Konzessionserteilung bestätigt. Damit war das Unternehmen berechtigt, den Personen- und Güterverkehr auf der Elbe von Dresden nach Hamburg und von Dresden nach Prag durchzuführen, jedoch nicht innerhalb des sächsischen Landes. Das von dieser Reederei in Einsatz gebrachte Schiff „Saxonia“ war von hoher technischer Bedeutung, waren doch an ihm erstmalig alle von *Schubert* geforderten Hinweise bedacht und realisiert worden, es war also auch mit einer Hochdruck-Dampfmaschine versehen.

Mit Rückgabe der Konzession durch den Reeder der „Saxonia“ 1848 erwarb *Ruston* dieses Schiff und nannte es in „Constitution“ um.

Die Königlich-privilegierte Sächsische Dampfschiffahrts-Gesellschaft übernahm indes 1845 die in Magdeburg in Auftrag gegebenen Dampfschiffe „Prinz Albert II“ und „Friedrich August“, die 1846 in Dienst gestellt wurden. Damit verfügte die Reederei zu Beginn des Jahres 1847, nachdem ein weiteres Schiff aus Buckau, „Maria“ (II), eingesetzt werden konnte, über drei Schiffe, die den Elbstrom zwischen Dresden und Leitmeritz (Litomerice) in Böhmen befuhren. Diese Strecke entsprach annähernd 14 sächsichen Meilen (127 km). Regelmäßige Zwischenstationen waren in Pillnitz, Pirna, Rathen, Königstein, Schandau, Tetschen, Aussig und Lobositz (Lovosice). Niedergrund (Dolni Zleb) wurde ohnehin als Grenzzollstation angelaufen.

In den Sommermonaten 1848 bis 1861 wurde in den Streckenbereich auch das Gebiet unterhalb von Dresden einbezogen, wozu von der Vereinigten Hamburg-Magdeburger Dampfschiffahrts-Compagnie das Dampfschiff „Telegraph“ durch den Elbschiffahrts-Prokurator *C. Nitzschner* aus Dresden angemietet wurde. Für die Verkehrsberechtigung hatte er der Königlich-privilegierten Sächsischen Dampfschiffahrts-Gesellschaft eine wöchentliche Entschädigung von 10 Thlr. zu zahlen.

Die Konkurrenzbestrebungen zwischen *Ruston* und der Königlich-privilegierten Sächsischen Dampfschiffahrts-Gesellschaft wurden indes so hart geführt, daß es unausbleiblich zur Schädigung beider Partner führen mußte. Dazu kam noch die Konkurrenz der inzwischen eröffneten Eisenbahnlinie von Dresden nach Pirna, die weitere Passagiere von der Elbe abzog.

Ruston erkannte die Aussichtslosigkeit seiner Position und verkaufte seine drei Dampfschiffe samt sonstigem Anlagevermögen inklusive des bis 1855 laufenden österreichischen Privilegs für einen Preis von 25 000 Thlr. an die sächsische Gesellschaft. Letztere wurde somit zur alleinigen Beherrscherin des sächsisch-böhmischen Stromgebietes auf dem Gebiet der Fahrgastschiffahrt.

Der Erwerb der Rustonschen Schiffe und damit verbunden die Ausschaltung der Konkurrenz war ein großer Erfolg in der nunmehr über 150jährigen Geschichte dieser Gesellschaft.

Ruston hat später in Prag eine Maschinenbaufabrik gegründet und rüstete viele Elbdampfschiffe mit seinen Maschinen aus.

1852 wurde durch die Königlich-privilegierte Dampfschiffahrts-Gesellschaft bei Krippen ein Schiffbauplatz erworben, auf dem zwei Schiffe, „Friedrich August“ (II) und „König Johann“, gebaut wurden. Durch Erwerb eines Schiffbauplatzes in Dresden, ganz in der Nähe des später entstandenen „Blauen Wunders“ bei Blasewitz, machte sich dieses Unternehmen bei Reparatur- und Neubaumaßnahmen völlig unabhängig. Die ersten beiden Blasewitzer Schiffe, „Stadt Meissen“ und „Germania“, wurden noch in Einzelteilen aus dem Ausland geliefert und auf dem neuen Schiffbauplatz zusammengefügt. Mit dem „Kronprinz“ folgte der erste eigenständige Bau der 17 Mitarbeiter zählenden Schiffbauanstalt.

In das Jahr 1858 fällt die Vollendung des vierten Dampfers, „Aussig“, des ersten Schiffes auf der Elbe, welches mit beweglichen Schaufeln ausgerüstet war. Ein gewaltiger Fortschritt im Kampf um eine höhere Effektivität der Schiffe.

Dieses Schiff hat besonders um die Jahrhundertwende im Mittelelbebereich als „Admiral" in vielerlei Hinsicht Bedeutung erlangt.

Zum vergrößerten Schiffs- und Ausrüstungspark gehörte nun auch ein vortrefflicher Winterhafen, der beliebig erweiterungsfähig 1865 unterhalb von Loschwitz entstand. Versuche, den Aktionsradius der Flotte bis tief nach Böhmen hinein oder elbabwärts nach Torgau auszudehnen, scheiterten am man-

Handzettel von 1865: Vielfältige Sonderfahrten gehörten zum Angebot der Dresdener Personenschiffahrts-Flotte; mit dem Handzettel wurde für Fahrten zum Jahrmarkt in Torgau geworben.

Sächs.-Böhm. Dampfschiffahrt.

Extrafahrten wegen des Jahrmarktes in Torgau.

Sonnabend den 16. September

von **Dresden** Vorm. **10** Uhr nach allen Stationen bis **Torgau.**

Sonntag den 17. September

von **Torgau Früh 8 Uhr** nach **Belgern, Mühlberg, Strehla, Riesa, Meißen** und **Dresden;**

von **Dresden Früh 6½ Uhr** nach allen Stationen bis **Strehla, Mühlberg, Belgern, Torgau;**

von **Torgau Nachm. 3 Uhr** nach **Belgern** und **Mühlberg.**

Montag den 18. und Dienstag den 19. September

von **Mühlberg Früh 8,** von Belgern **8¾ Uhr** nach **Torgau;**

von **Torgau Nachm. 4 Uhr** nach **Belgern** und **Mühlberg.**

Mittwoch den 20. September

von **Mühlberg Früh 6,** von **Belgern 6¾,** von **Torgau 8** und **Nachm. 5 Uhr** nach **Dommitzsch** (Fährhaus);

von **Dommitzsch Vorm. 9 Uhr** und **Nachm. 6 Uhr** nach **Torgau;**

von **Torgau Nachm. 5 Uhr** nach **Dommitzsch.**

Donnerstag den 21. September

von **Torgau Mittags 12 Uhr** nach allen Stationen bis **Riesa, Meißen, Dresden.**

Güter werden prompt befördert.

Bei obigen Extrafahrten sind die einfachen Billets zwischen Torgau und Mühlberg hin und zurück giltig.

	1. Platz	2. Platz	Kinder
Fahrpreis von Torgau nach Belgern und zurück	7½ Sgr.	5 Sgr.	3 Sgr.
" " " Mühlberg "	12 "	9 "	5 "
" " Belgern " Mühlberg "	6 "	4 "	2 "
" " Dommitzsch nach Torgau "	7½ "	5 "	3 "

Dresden, den 6. September 1865.

Die Direction.

C. Tragmann's Druckerei in Torgau.

gelnden Zuspruch der Bevölkerung oder an den immer noch sehr mangelhaften Stromverhältnissen.
Dennoch sah sich die Verwaltung der Gesellschaft veranlaßt, den größeren Schiffsbestand in der verkehrsungünstigen Zeit besser auszulasten und griff mit sechs Schiffen vorübergehend in das Schleppschiffahrtsgeschäft ein. Regelmäßig verkehrten dabei die Schiffe zwischen Dresden und Hamburg.

Im März 1867 erfolgte eine erneute Namensänderung der Gesellschaft in Sächsisch-Böhmische Dampfschiffahrts-Gesellschaft (SBDG)[7].

Diese entwickelte sich stetig weiter. Der Schiffsbestand stieg zeitweilig bis auf 24 Einheiten an, womit nicht weniger als 69 Uferstationen das sächsisch-böhmischen Elbgebietes bedient wurden, was in der Beförderungsleistung belegt ist.

Nach einer Zeitungsannonce im „Akener Wochenblatt“ vom 26. Juli 1869 verfügte die SBDG über „23 Dampfschiffe mit zusammen 1 092 Pferdekräften, eine Dampffähre mit 16 Pferdekräften, 2 Schraubendampfer mit je 5 und 8 Pferdekräften, 20 eiserne und 61 hölzerne Landungsbrücken, 3 Kohlenschleppkähne, 11 Kohlenpontons, 1 Fährprahm, 1 Kesselkranschiff und ein Handbagger. Sodann besitzt die Gesellschaft einen Schiffsbauplatz in Blasewitz und einen Winterhafen in Loschwitz. Die Gesellschaft vermittelt den Personenverkehr von Strehla über Dresden nach Leitmeritz.“

Neben den Fahrgästen wurden 1888 insgesamt 16 634 t Frachtgüter befördert.

Als 1875 die neugegründete Parrausche Schraubendampfschiffahrts-Gesellschaft den Versuch unternahm, mit mehreren kleinen schraubengetriebenen

Das Salondampfschiff „Blasewitz“ erfüllte wie sein Schwesterschiff „Loschwitz“
die Erwartungen der Dresdner Schiffahrtsgesellschaft nicht;
beide Schiffe wurden bereits nach elf Betriebsjahren außer Dienst gestellt.

Schiffen den Lokalverkehr zwischen der Dresdner Altstadt und Pillnitz an sich zu ziehen, antwortete die SBDG mit dem Bau der beiden Salonschiffe „Blasewitz“ und „Loschwitz“ und konnte sich durch Preisunterbietung von dieser Konkurrenz befreien. Außerdem versagten die Parrauschen Schraubendampfer besonders im Sommer wegen ihres größeren Tiefganges. Aus dieser „Sächsisch-Böhmischen Dampfschiffahrts-Gesellschaft“ ist über die Bildung einer Aktiengesellschaft 1923, der Sächsisch-Böhmischen Dampfschiffahrts-Aktien-Gesellschaft (SBDA), die noch heute bestehende Weiße Flotte Dresden GmbH, Dresden, hervorgegangen, die inzwischen auf eine über 150jährige Tradition zurückblicken kann.

Der bisherige Höhepunkt der Weissen Flotte Dresden war die Flottenparade anläßlich ihres 150jährigen Gründungsjubiläums am 28. Juni 1986.
Angeführt vom 100jährigen Repräsentationsschiff „Weltfrieden“ (ex „Königin Carola“) passierte der Schiffskonvoi den Kurort Rathen am Fuße der Bastei.

Fast zeitgleich mit der Aufnahme der regelmäßigen Personenbeförderung auf der Oberelbe entwickelte sich auch die Personenschiffahrt zwischen Magdeburg und Hamburg.

1837 hatte die Hamburger Dampfschiffahrts-Compagnie mit ihrem Dampfschiff „Friedrich Wilhelm III., König von Preußen“ den regelmäßigen Verkehr zwischen Hamburg und Magdeburg begonnen. Befördert wurden Fahrgäste und Stückgüter. Das Schiff hatte, da es den Hamburger Fahrwasserbedingungen angepaßt war, für den Mittelelbebereich einen viel zu großen Tiefgang. Demzufolge hatte es oft Grundberührungen, was zu vielen Verspätungen an den Zielorten führte.

Diese Erfahrungen machten sich die Magdeburger Unternehmer zunutze, die sich 1836 in der Elbestadt zu einer „Aktien-Gesellschaft zur Herstellung einer Dampfschiffahrt zwischen hier und Hamburg“ zusammengeschlossen hatten. Es waren führende Männer des damaligen Magdeburger Wirtschaftslebens, wie die Kaufleute *Andreae*, *Holtzapfel* und *Zuckschwerdt*. Ihr Plan war insofern weitreichend, als die Gesellschaft nicht nur Dampfschiffahrt auf der Elbe betreiben, sondern auch die Schiffe selbst bauen wollte. Bei der endgültigen Festsetzung der Firmenbezeichnung wurde dies klar herausgestellt. Es wurde unter der Bezeichnung „Magdeburger Dampfschiffahrts-Compagnie, Maschinenbau und Kesselfabrik, auch Eisengießerei“ firmiert. So entstand zugleich mit der Dampfschiffahrtsabteilung die „Maschinenfabrik Buckau“, im Volksmund als „Alte Bude“ bekannt.

Das erste Schiff dieser Gesellschaft wurde im Frühjahr 1837 auf Kiel gelegt, im August des gleichen Jahres zu Wasser gelassen und auf den Namen „Kronprinz von Preußen“ getauft.

Das Schiff entstand unter der Obhut des Ingenieurs *Tischbein* und nach den von ihm selbst gefertigten Konstruktionsunterlagen.

Es war aus Tannenholz gezimmert und mit einer 40 PS starken, aus Rotterdam in Holland bezogenen Antriebseinrichtung versehen. Es kostete mehr als 30 000 Thlr. Trotz seiner plumpen Form war es leicht gebaut und konnte ohne große Mühe die Elbe auch bei niedrigem Wasserstand befahren. Es war damals schneller als die Eilpost. Die Einrichtungen für die Fahrgäste waren im Vergleich zur Postkutsche sogar sehr bequem.

Am 3. April 1838 trat der „Kronprinz von Preußen“ seine Jungfernfahrt von Magdeburg nach Hamburg an. Sie verlief zur vollen Zufriedenheit. Damit begann der regelmäßige Dienst auf dieser Elbstrecke.

Freilich war das Schiff auch noch mit vielen Unzulänglichkeiten behaftet. Die aus Rotterdam bezogene technische Ausrüstung erwies sich den Anforderungen auf Dauer nicht gewachsen. Die Kessel- und Maschinenanlage nahm mehr als die Hälfte des Innenraumes des Schiffes ein.

Solange der Gesellschaft nur dieses eine Dampfschiff zur Verfügung stand, wurde wöchentlich eine Fahrt unternommen. Jeden Sontag früh 5 Uhr fuhr

Als die ersten Personendampfschiffe auf der Elbe verkehrten, wurde fast täglich mit werbewirksamen Anzeigen in der Tageszeitung der Elbstädte um die Gunst der Passagiere geworben:

- Vom 10. August 1840: Inserat aus der Magdeburger Zeitung.
- Vom 10. Juli 1852: Bekanntmachung aus dem Wittenberger Kreisblatt.

Das Dampfschiff der Magdeburger Compagnie

Paul Friedrich

fährt Sonntag, den 16ten August, Morgens 5 Uhr, mit Passagieren und Gütern nach Hamburg. Näheres Holzhof Nr. 8.

Das an Räumlichkeit, Pracht und Bequemlichkeit für Reisende alle bis jetzt auf der Elbe existirende Dampfschiffe übertreffende, vorzüglich schnelle neue eiserne, in England erbauete Hamburger Dampfschiff,

der Englische Courier,

mit ausgezeichnet schönen Niederdruck-Maschinen von 70 Pferdekraft, wird, wie bereits angezeigt, zuerst

Morgen, Sonntag, Früh 5 Uhr,

mit Passagieren von hier nach Hamburg abgehen.

Von künftiger Woche an werden dann die 3 Hamburger Dampfschiffe,

„Leipzig," „Hamburg" und „der Englische Courier,"

regelmäßig abgehen

jeden Mittwoch, Sonnabend und Sonntag von Magdeburg,

" Dienstag, Mittwoch und Sonnabend von Hamburg.

Anmeldungen hier im Comptoire des Herrn **Aug. Kühne,** Neue Fischerufer Nr. 1.

Zur Lust-Dampf-Schifffahrt von Dessau nach Hamburg und zurück.

Abfahrt: **Sonnabend den 24. Juli** Nachmittag 1 Uhr von der Elbbrücke bei Dessau, Roßlauer Ufer, 3½ Tag Aufenthalt in Hamburg, Rückkunft in Dessau, Freitag den 30. Juli, sind Fahrbillete für die Hin- und Zurückfahrt: 1ste Kajüte pro Person 4 Thaler. 2te Kajüte pro Person 3 Thlr. bei **C. Kleinau** in Dessau, Franzstraße No. 228 zu erhalten, jedoch wird gebeten, dieselben bald, jedenfalls aber vor dem 16. Juli in Empfang zu nehmen, indem der Bequemlichkeit wegen nur circa 120 Personen mitgenommen werden können, überhaupt schon die Hälfte der Billete verkauft ist.

Näheres besagen die in den Gasthäusern vertheilten Placate.

das Schiff vom Neuen Fischerufer in Magdeburg, in der Nähe des Alten Packhofes ab. Hier war auch der Geschäftssitz der Gesellschaft. Waren die Leinen gekappt, donnerte ein Schiffsgeschütz. Bei Begegnung mit einem anderen Dampfschiff, ein damals noch sehr seltenes Ereignis, begrüßten sich beide mit Kanonendonner. In Lauenburg wurde die Nacht verbracht, da die Nachtfahrt noch viel zu gefährlich war. Tags darauf wurde Hamburg erreicht. Die Rückfahrt verteilte sich auf Mittwoch und Donnerstag, die Übernachtung war in Wittenberge vorgesehen. Wer an Bord übernachten wollte, konnte ein bequemes Bett für 15 bis 20 Sgr. mieten. Die reine Fahrzeit für die 48 Meilen lange Elbstrecke betrug zu Tal in der Regel 24 Stunden, flußaufwärts 40 Stunden. Eine Fahrt kostete in der ersten Klasse 10, in der zweiten Klasse 7 Thlr. Soldaten, Handwerksburschen und Schiffsleute fuhren als „Drittklassige" für 2 Thlr. Rückfahrscheine mit längerer Gültigkeitsdauer waren um 25 % ermäßigt. Reisegepäck bis 60 Pfd. wurde kostenlos befördert. Reisende, die den Wasserweg zwischen Magdeburg und Hamburg benutzten, waren Geschäfts- und Vergnügungsreisende. Auch Auswanderer nutzten diese Verbindung bis Hamburg.

Mit besonderer Vorsicht mußte gefahren werden, wenn der Dampfer einem flußaufwärts fahrenden, von Bomätschern gezogenen Frachtkahn begegnete. Über einen dabei vorgekommenen Zwischenfall berichtete ein Magdeburger, der sich mit dem Dampfer „Kronprinz von Preußen" am 24. Juni 1838 auf der Fahrt nach Hamburg befand[8]:

> „Die Landschaften fesselten unsere Aufmerksamkeit, als wir einige Schiffe vor uns sahen, die von Schiffsknechten gezogen wurden, und zwar so, daß sich die Zieh- und Treckleinen mitten über der Elbe kreuzten und zu beiden Ufern hinüberzogen. Unter der ersten dieser Leinen waren wir eben angekommen, als die Bomätscher mit Ziehen nachließen, die Leine senkte sich, unser Mast fuhr dagegen und brach entzwei. Glücklicherweise blieb die Spitze an dem Tau hängen,

Der Raddampfer „Adler" (hier ein Modell) gehörte 1853 und 1854 zum Schiffspark der Vereinigten Hamburg-Magdeburger Dampfschiffahrts-Compagnie und kam zwischen Hamburg und Magdeburg zum Einsatz.

ohne weiteren Schaden anzurichten. Doch nun senkte sich die Leine gegen den Schornstein des Dampfschiffes. Da dieses aber in vollem Gange war, so riß es das Elbschiff samt Leine mit. Letztere wurde zwar abgeschnitten, allein die Schiffsknechte, welche gezogen haben, sollen ins Wasser geschleudert worden sein, sich aber bald daraus gerettet haben."

Schon 1839 erschien ein Reiseführer: „Der kleine Begleiter auf der Elbefahrt von Magdeburg nach Hamburg und Helgoland" mit einer Karte des Elbverlaufs und sonstigen Mitteilungen, Fahrpreisen und Informationen über die am Fluß liegenden Ortschaften. Es war weiterhin darin ersichtlich, daß für alle Passagiere in Hamburg die Möglichkeit bestand, zu den Nordseebädern weiter zu reisen. Die Hamburger Dampfer „Elbe" und „Patriot" fuhren in zwei Tagen über Helgoland nach Norderney. Es bestand schon zu dieser Zeit ein regelrechter Seebäderdienst.

Durch die Indienststellung von zwei weiteren Dampfern konnte 1839 der Verkehr zwischen Magdeburg und Hamburg auf zwei bis drei Fahrten in der Woche verdichtet werden. Im selben Jahr stellte die Magdeburger Dampfschiffahrts-Compagnie das erste Schiff in Dienst, das vollkommen, einschließlich der Antriebsanlagen, in Magdeburg von ihr selbst gebaut war. Es handelte sich um den 125 Fuß langen und 16 Fuß breiten Raddampfer „Stadt Magdeburg" mit einer Leistung von 75 PS.

Die Hamburger-Dampfschiffahrts-Compagnie nannte sich ab 1838 Hamburg-Leipziger Dampfschiffahrts-Compagnie und fusionierte 1841 mit der Magdeburger Dampfschiffahrts-Compagnie. Seit ihrem Gründungstag am 1. Januar 1841 nannte sich die neugegründete Gesellschaft Vereinigte Hamburg-Magdeburger Dampfschiffahrts-Compagnie (V. H. M. D. C.).

Im ersten Jahr ihres Bestehens wurden bei 229 Doppelreisen zwischen Magdeburg und Hamburg 17 714 Fahrgäste und 122 828 Zentner Stückgut befördert. Die Haupteinnahmequelle war zu dieser Zeit noch die Personenbeförderung.

Die V.H.M.D.C. setzte u. a. so bemerkenswerte Dampfschiffe wie den „Englischen Courier" ein. Dies war ein 1839 gebautes Schiff, das als erstes mit einem oszillierenden Zylinder ausgerüstet war. Gemeinsam mit dem hölzernen

Historische Darstellung von 1839:
Der „Englische Courrier" wurde für die Hamburger Flußdampfschiffahrts-Compagnie in England gebaut und kam lange im Magdeburger Elbbereich zum Einsatz.

Dampfschiff „Leipzig“ sorgte es für einen sprunghaften Anstieg in der Personenbeförderung.

Wie schnell sich das Verhältnis dann verschob, ergibt sich aus dem Ergebnis des Jahres 1844, wo bei 289 Doppelreisen 23 942 Personen und 233 713 Zentner Stückgut befördert wurden, Der Personenverkehr hatte sich in drei Jahren lediglich um 33 %, der Güterverkehr dagegen um 91 % gesteigert.

Bei der Gründung der V.H.M.D.C. standen sechs Dampfschiffe zur Verfügung. Täglich wurden Schiffe in beiden Richtungen zwischen Hamburg und Magdeburg in Fahrt gebracht.

Der erste Versuch, die Elbe bis Dessau für eine Ausflugsfahrt zu erschließen, datiert vom 20. April 1840[9]:

> „Es handelte sich um eine reine ‚Lustreise'. Der Dampfer ‚Stadt Magdeburg' fuhr an diesem zweiten Osterfeiertag mit 150 Gästen an Bord früh von Magdeburg ab. Den meisten, die sich an Bord befanden, tat sich hinter Schönebeck eine vollkommen neue Welt auf. So weit waren erst wenige von ihnen gekommen. Das von den Schaufelrädern aufgepeitschte Wasser brandete bis an den Saum großer, im ersten Frühlingsgrün stehender Eichenwälder. Bald schimmerte links im Sonnenschein das Kupferdach des Schlosses Dornburg zu den Passagieren herüber, und dann erfreuten sich die Fahrgäste auf der anderen Seite an dem schönen Einblick zur Stadt Barby. Auf hohem Ufer lagen einsame Dörfer. Überall liefen die Menschen, die den schönen Feiertag in Ruhe genossen, an das Ufer, staunten den Dampfer an und erwiderten die Winkgrüße und Zurufe der Fahrgäste. Nachmittags 3 Uhr legte der Dampfer nach normaler Fahrt am Elbhaus bei Dessau an, dem Ziel dieser Osterreise. Tausende von Dessauern hatten sich am Elbufer versammelt und begrüßten das erste Personendampfschiff, das nach Dessau kam, mit entsprechendem Jubel.
>
> Auch die herzogliche Familie fuhr hinaus, besichtigte das Schiff und fuhr mit ihm ein Stück der Elbe entlang bis Roßlau. Eine Durchfahrt durch die Elbbrücke verbot sich durch die Takelage und den hohen Schornstein. Unterdessen begaben sich die Fahrgäste in Fuhrwerken zur Stadt, besichtigten sie und nahmen einen Imbiß. Die Rückkehr trat der Dampfer abends gegen 6 Uhr an und kam wohlbehalten in Magdeburg an.“

Kurze Zeit später wurde die Fahrstrecke der Magdeburger Personenschiffahrt weiter ausgebaut. Man bot direkte Ausflugsfahrten an und organisierte den Aufenthalt am jeweiligen Zielort.

Freilich waren mit den Schiffsreisen noch mancherlei Fährnisse verbunden. Havarien und Unglücksfälle häuften sich mit zunehmender Verkehrsdichte und Anzahl der Dampfschiffe auf der Elbe.

Im März 1839 geschah es, daß ein Ehepaar, das eine Schiffskabine gemietet hatte, durch Kohlengase aus dem zu früh geschlossenen Ofen erstickte. Vier Wochen später verbrannte der Hamburger Dampfer „König Friedrich Wilhelm III., König von Preußen“, von Hamburg kommend, eine Fahrstunde von Magdeburg entfernt. Fahrgäste kamen dabei nicht zu Schaden. Auch ein Teil der Ladung konnte gerettet werden. Das aus Holz gebaute Schiff aber wurde völlig zerstört.

1844 ereilte es den „Kronprinz von Preußen“. Nach einer Explosion am Dampfkessel entstand in der Nähe von Tangermünde Feuer im Schiff. Es wurde ebenfalls vernichtet. Auf der „Elisabeth, Königin von Preußen“ forderte ein platzendes Siederohr Todesopfer. Auch „Stadt Dresden“ explodierte nach gleichem Schaden.

Diese Periode der Dampfschiffahrt auf der Mittelelbe währte nur eine relativ kurze Zeit. Sie profitierte vorrangig vom Personenverkehr.

Durch die stürmische Entwicklung der Eisenbahn in der Mitte des vorigen Jahrhunderts wanderte der größte Teil der Passagiere zum schnelleren Schienenverkehr ab. Der fahrplanmäßige Personenverkehr zwischen Hamburg und Magdeburg kam völlig zum Erliegen. Die V.H.M.D.C. widmete sich überwiegend dem Frachtverkehr auf der Elbe.

Für die kleine romantische Stadt Lauenburg, Knotenpunkt am Wasserweg Elbe zwischen Hamburg und Sachsen und der alten Salzstraße zwischen Lüneburg und Lübeck spielte das Jahr 1861 eine bedeutungsvolle Rolle.

Am 30. Juli dieses Jahres setzten die Brüder *J.* und *N. Burmester* den in Hamburg neuerbauten Personendampfer „Lauenburg" in Fahrt, der nicht allein der Personenbeförderung zwischen Lauenburg und Hamburg dienen sollte, sondern auch dem Fracht- und Stückgutverkehr.

An jedem Werktag machte das Schiff früh von Lauenburg seine Reise nach Hamburg, um am späten Nachmittag nach Lauenburg zurückzukehren. Sonntägliche Ausflugsfahrten waren zu dieser Zeit noch nicht die Regel.

Die neu eingerichtete Dampferlinie fand schnell regen Zuspruch, zumal es noch keinerlei andere, bessere Verkehrsmittel auf dieser Strecke gab.

Auch durch die am 15. Dezember 1846 eröffnete Eisenbahnlinie zwischen Berlin und Hamburg über Boizenburg erlitten diese Elbfahrten keinen Abbruch, zumal diese 15 km nördlich an Lauenburg vorbeiführte.

Der erste Dampfer „Lauenburg" erwies sich schon nach kürzester Betriebszeit als zu klein und zwangsläufig mußten weitere, größere Neubauten folgen. Bis zur Jahrhundertwende war die Reederei der Gebrüder *Burmester* in ständigem Aufschwung begriffen.

Am 30. November 1899 wurde dann der aus sieben Personendampfschiffen bestehende Schiffspark an die 1888 gegründete Hafen-Dampfschiffahrt-AG in Hamburg (HDAG) verkauft. Seit diesem Zeitpunkt widmete sich die Reederei, die längst den Söhnen der einstigen Begründer gehörte, dem Stückgut- und Eilgutverkehr auf dem Elbe-Trave-Kanal nach dessen Fertigstellung 1900.

Am 1. Januar 1906 stieß die HDAG aus geschäftlichen Gründen ihre „Oberelbeschiffahrt" wieder ab, es kam zur Gründung der Reederei Burmester & Basedow in Lauenburg. Mit sechs Dampfschiffen, „Lauenburg IV", „Concordia", „Germania", „Patriot", „Courier" und „Kaiser Wilhelm II", fuhr sie unter schwarz-gelber Flagge einer neuen Blütezeit entgegen.

Weniger bekannt als die Lauenburger Reederei ist die frühere Winsener Dampfschiffahrts-Gesellschaft, die in Hoopte ihren Heimathafen hatte. Hoopte war seit alten Zeiten ein wichtiger Elbübergang für den Personen- und Warenverkehr. Nur 3 km von diesem kleinen Elbort liegt die weitaus bekanntere Stadt Winsen. Hoopte wurde von den Winsener Bürgern wie ihr Elbhafen betrachtet. Besonders Fahrgäste aus den Vierlanden oder aus Bardowiek wollten in Hoopte ihre landwirtschaftlichen Erzeugnisse mit dem Schiff nach Hamburg zu Markte bringen.

Den Verkehr vermittelten bisweilen Ewerschiffe, ein Schiffstyp, der einen Übergangstyp zwischen den unter- und oberelbischen Schiffen darstellte. Sie waren offene, flachbodige und einmastige Segelfahrzeuge. Täglich fuhr die Privilegierte Schiffergilde zu Winsen mit einem sogenannten Post-Ewer, der auch Reisende aufnahm, bis Hamburg und zurück.

Die Winsener, längst über andere Dampfschiffahrtsprojekte auf der Elbe informiert, stellten 1839 den Antrag zur Konzessionserteilung für die Einführung der Schleppschiffahrt zwischen Artlenburg und Hamburg an die zuständige Lüneburger Landdrostei. Sie verwiesen auch auf das frühere Lauenburger Dampfschiffahrtsprojekt von 1829:

> „Schon die Lage des hiesigen Ortes spricht für die Konzessionserteilung, in dem die Elbe zwar ohnfern Winsen, aber nicht ohnfern Lüneburg vorbeifließt"[10].

Mit entsprechendem Aktienkapital ausgerüstet konstituierte sich am 16. Januar 1840 die Winsener Dampfschiffahrts-Gesellschaft. Ihr erstes Schiff wurde bei der Eisengießerei und Maschinenfabrik Bennett & Meyn in Hamburg bestellt. Es war das erste eiserne Schiff auf der Unterelbe. Die Bauwerft konnte jedoch nicht termingerecht liefern. Daraufhin wurde der Hersteller des Schiffes gezwungen, ein Ersatzschiff anzumieten und kostenlos der Winsener Gesellschaft zur Nutzung zu überlassen. Die Wahl fiel auf den Raddampfer „Primus“. Seit dem 1. Juli 1840 verkehrte dieser Raddampfer deshalb zwischen Hoopte und Hamburg.

Der Fahrdienst für das bestellte Schiff „Delphin“ begann am 23. März 1841. Es war ein Glattdeckschiff und besaß zwei Kajüten; die der ersten Klasse bot 50 Fahrgästen Platz. 500 Personen konnten insgesamt befördert werden. Am Heck des Schiffes befand sich eine komfortable Damenkajüte. Zwei Laderäume hatten ein Fassungsvermögen für 60 t Frachtgut.

Das Geschäft ließ sich anfangs sehr gut an, an Wochenenden pendelte das Schiff manchmal sogar bis dreimal zwischen seinen Bestimmungsorten. Bei günstiger Witterungslage wurde der Verkehrsradius bei „Lustfahrten“ auch gelegentlich bis Blankenese ausgedehnt.

Bald mußte man sich mehrerer Konkurrenzunternehmen erwehren. Die Schiffe der V.H.M.D.C. legten auf Ihren Fahrten zwischen Hamburg und Magdeburg auch am hannoverschen Ufer bei Schnackenburg, Hitzacker, Bleckede und Hoopte an. Ab 16. Juni 1841 verkehrte zusätzlich der große Passagierdampfer „Alexandrine“ zwischen Boizenburg und Hamburg. Als dieses Schiff

Gemälde um 1840:
Der Raddampfer „Neptun“ wurde 1856 in Magdeburg-Buckau gebaut und war nach einem Umbau als „Hasselbach“ lange auf der Mittelelbe im Einsatz (von L. Petersen).

Historische Darstellung: Der Raddampfer „Phönix“ wurde 1840/1841 als „Alexandrine“ gebaut und kam bis 1843 zwischen Hamburg und Boizenburg zum Einsatz.

Eine Anzeige vom 23. Juli 1845 aus dem Boizenburger Wochenblatt belegt die hohe Frequenz der Personendampfer auf der Unterelbe.

Das Dampfschiff

Friedrich Franz

fährt täglich,

ausgenommen Sonntags, von **Boizenburg** Morgens **6** Uhr, von **Hamburg** Nachmittags 2½ Uhr.

In genauer Verbindung mit diesem Dampfschiffe stehen Omnibusse zwischen Boizenburg, Schwerin, Wismar, Güstrow und Rostock. — Artlenburg, Lüneburg, Uelzen, Celle und Hannover.

1842 im Fährdienst zwischen Harburg und Hamburg zum Einsatz kam, trat der 1842 in Magdeburg-Buckau aus Holz gebaute Personendampfer „Großherzog Friedrich Franz“ an dessen Stelle. Bis 1849 bediente er für die Boizenburger Dampfschiffahrts-Compagnie ebenfalls die hannoverschen Elbstationen.

Die Geschäfte der Winsener Dampfschiffahrts-Gesellschaft entwickelten sich bei dieser Konkurrenz ab 1846 negativ, wie am Fahrgastzuspruch des Personenraddampfers „Delphin“ zwischen Hoopte und Hamburg zu sehen ist:

Jahr	1844	1845	1846	1847
Personen	2 531	19 875	28 511	17 166

Die Eisenbahnlinie Berlin-Hamburg tat das ihre bei diesem Prozeß. Den Rückgang der Fahrgäste um 40% in nur einer Saison konnte die Gesellschaft 1847 wirtschaftlich nicht ausgleichen. Der „Delphin“ wurde einem Schiffsmakler angeboten, die Gesellschaft löste sich auf.

Ausschließlich das Ziel, den geregelten Frachtverkehr von Hamburg elbaufwärts zu betreiben, verfolgte die am 31. Januar 1856 gegründete Norddeutsche Flußdampfschiffahrts-Gesellschaft Harburg. Mit acht bis zehn Schleppdampfern und einem ansehnlichen Aktienkapital wollte man mit 30 bis 40 Frachtkähnen die Fahrtstrecken Harburg-Hamburg-Dresden, Magdeburg-Dresden und Harburg-Hamburg-Berlin aufnehmen. Je nach Geschäftslage plante man eine Ausdehnung der Routen bis zur Oder. Aufgrund der gewählten Stromgebiete folgte ein erbitterter Wettbewerb um den Transport der Frachten mit der V.H.M.D.C.

Nach dem Konkurs der Norddeutschen Flußdampfschiffahrts-Gesellschaft Harburg 1863 ging ihr Kapital 1866 in die Neue Norddeutsche Flußdampfschiffahrts-Gesellschaft Hamburg (NNFDG), über.

8.3. Die Zeit der Kettenschiffahrt

8.3.1. Zur Situation der Schleppschiffahrt in der Mitte des 19. Jahrhunderts

Bis zur Mitte des vorigen Jahrhunderts wurde die Frachtschiffahrt nur mit Segelschiffen betrieben. Deshalb war man bei widrigen Windbedingungen immer noch auf den Menschen als Antriebskraft angewiesen. Nur selten kamen Zugtiere zum Einsatz. Obwohl Dampfschiffe schon seit 1816 auf der Elbe fuhren, gelang ihnen der Durchbruch erst Jahrzehnte später.

Jedoch waren sie vorerst nicht für die Schleppschiffahrt ausgelegt. Sie wurden auch sehr unwirtschaftlich betrieben, was zum einen durch den schlechten Wirkungsgrad der Kraftübertragung an den feststehenden Holzschaufeln, zum anderen an den mäßigen Zugkräften der Maschinenausrüstung lag.

Als der Raddampfer in den achtziger und neunziger Jahren des vorigen Jahrhunderts seinen technischen Höchststand erreicht hatte, wogen die Antriebsanlagen bei gleicher Leistungsabgabe nur noch ein Viertel derjenigen, die um 1850 zur Anwendung gelangten.

Die in den fünfziger und sechziger Jahren des 19. Jahrhunderts verfügbaren Raddampfer waren leistungsschwache, kohlefressende und tiefgehende Schiffe. Etwa 30 dieser Fahrzeuge, die den verschiedensten Reedereien gehörten, waren auf der Elbe im Einsatz. Um aber das stetig steigende Güteraufkommen bewältigen zu können, wäre mindestens die Verdoppelung der Schleppkapazität notwendig gewesen. Zu dieser Zeit standen jedoch weder die technische Vervollkommnung der Radschleppdampfer noch eine kurzfristige Verbesserung des Fahrwassers in Aussicht, so daß die damaligen Anforderungen an die Elbschiffahrt nur durch ein völlig neues Antriebssystem erfüllt werden konnten. Die Anzahl der die sächsisch-böhmische Grenze passierenden Schiffe steigerte sich um nahezu das Dreifache, die von ihnen talwärts geführte Gütermenge erweiterte sich um das Sechsfache. Die sich etablierende Kettenschleppschiffahrt auf der Elbe hatte an dieser Entwicklung maßgeblichen Anteile.

8.3.2. Erste Versuche mit dem Kettendampfer und die Verlegung der Sohleppkette

Daß in Frankreich schon mit Beginn der zwanziger Jahre des 19. Jahrhunderts Versuche unternommen wurden, ein Schiff an einer Kette oder einem Seil gegen den Strom zu bewegen, blieb den Pionieren der Elbdampfschiffahrt natürlich nicht verborgen. So verwundert es nicht, daß immer wieder die auf den Flüssen Seine, Rhône und Saône gemachten Erfahrungen von deutschen Industriellen und Technikern begutachtet wurden.

Besonderes Interesse fand das Prinzip, daß zwischen Rouen und Paris *E. de Rigny* 1825 eingeführt hatte. Zwischen diesen beiden Städten war eine Kette in die Seine ausgelegt worden, die über den eigens für dieses Projekt gebauten Dampfer führte. Auf dem Deck des Schiffes waren seitlich zwei Windentrommeln in gewisser Entfernung voneinander aufgestellt, worüber man die Kette mehrfach legte. Durch eine Rotationsdampfmaschine mit einer Leistung von 30 PS in Bewegung gesetzt, zog sich das Kettenschiff mittels dieser Windentrommeln an der Kette stromaufwärts.

Noch war aber dieses Verfahren technisch nicht vollständig ausgereift und erst ein reichliches Jahrzehnt später wurde innerhalb des Stadtgebietes von Paris ein Kettendampfer sowohl technisch als auch kommerziell erfolgreich und regelmäßig betrieben.

Der Vorteil der Kettenschiffahrt gegenüber den Rad- oder Schraubenschiffen zeigte sich bei sehr geringen Wassertiefen und beim Durchfahren von Stromschnellen, wie es im Stadtgebiet von Magdeburg der Fall war. Ihr Kohleverbrauch war relativ gering. Durch den geschlossenen Kraftfluß und abgesehen von geringen Reibungsverlusten wirkte die Maschinenleistung vollständig auf die Fortbewegung des Schiffes und seiner Anhänge, so daß nur ein Viertel der Maschinenleistung im Vergleich zu den Radschiffen bei gleicher Effektivität benötigt wurde.

Der Schiffer, der sich zur Fortbewegung seines Schiffes für den Kettenschlepper entschied, konnte viele Vorteile für sich verbuchen, wie die Reduzierung der Besatzungsstärke, Verringerung der Anschaffungs- und Unterhaltungskosten des Segelgeschirrs, Erhöhung der Nutzlast, Verkürzung der Zwangsaufenthalte zum Senken und Heben des Mastes an Brücken und damit verbunden schnellere Reisezeiten seines Schiffes.

Letztendlich ergab sich aus diesen Faktoren eine wesentliche Verringerung der Unkosten des Schiffsherrn und damit eine Steigerung seiner Nettoeinnahmen.

Auf der Suche nach technischen Verbesserungen in der Schleppschiffahrt auf der Elbe interessierte sich besonders die V.H.M.D.C. für dieses neue System und schickte 1863 eigens deshalb ihren Direktor *M. Graff* nach Frankreich. Nach seiner Rückkehr – er war von den Vorzügen dieser neuen Dampfschiffahrt hinreichend überzeugt – stellte die Gesellschaft einen Antrag an den preußischen Handelsminister zur Einführung der Kettenschiffahrt auf der Elbe.

Nach längeren Auseinandersetzungen und Zusatzforderungen der Regierung wurde am 18. Oktober 1865 die Konzession für die als sehr schwierig eingestufte

Elbstrecke zwischen Buckau und Magdeburg-Neustadt erteilt. Schwierig war diese Versuchsstrecke, weil sie mehrfach gekrümmt war, die Brücke der Eisenbahnlinie Magdeburg-Potsdam schräg den Fluß überspannte und ihre beweglichen Durchfahrtsöffnungen nur eine Spannweite von 12 m hatten. Als natürliches Hindernis im Elbstrom zwang der Magdeburger Domfelsen zu besonderer Vorsicht, und nicht zuletzt versperrten die noch vorhandenen Schiffmühlen den strömungstechnisch günstigsten Bereich der Fahrrinne.

Die Kette wurde sodann termingemäß aus England eingeführt und im April 1866 in die besagte Stromstrecke eingebracht. Die Fertigstellung des ersten Kettenschleppers verzögerte sich zunächst um einige Wochen. Er wurde auf eigener Werft bei Buckau gebaut. Am 15. August 1866 konnte schließlich die erste Probefahrt eines Kettenschiffes auf der Elbe durchgeführt werden.

Die Probefahrten bestätigten die Vorzüge dieser technischen Neuerung, wenn es auch zu Kollisionen mit den Schiffmühlen kam. Letztere wurden dann auch kurzfristig gegen eine angemessene Entschädigung zugunsten der Schiffmüller abgelöst. Bereits im Frühjahr 1867 war diese Elbstrecke frei von hinderlichen Schiffmühlen.

Schon nach viermonatiger Betriebszeit konnte die Direktion der Magdeburger Gesellschaft auf sehr gute Ergebnisse zurückblicken. Es wurden 491 Kähne mit fast 25 000 t Ladung und 243 leere Kähne geschleppt. Zu den vorausgesagten Vorteilen zählte der niedrige Kohleverbrauch, was sich durch die Versuche

Der Kettendampfer „Saale N° 6“ der V.E.G. in Magdeburg.
Diese Schiffe hoben sich durch ihre Bug- und Heckform deutlich von den übrigen Elbschiffstypen ab.

auch bestätigte. Ein Kettendampfer verschlang täglich 4 t Kohle; das war ein Zwölftel der Menge, die ein Raddampfer mit gleichem Anhang benötigt hätte.

Trotz des in diesen vier Monaten herrschenden Niedrigwassers fuhr die V.H.M.D.C. einen Überschuß von mehr als 1 000 Thlr. ein. Es verwundert bei diesem positiven Ergebnis keineswegs, daß die Gesellschaft sogleich die Erweiterung der Konzession auf weitere Elbstrecken beantragte. Zunächst wollte man die Kette elbabwärts bis Niegripp und zu gegebener Zeit bis Hamburg erweitern. Die Konzession für den erstgenannten Abschnitt erhielt man am 4. August 1867, das Auslegen der Kette dauerte aus unterschiedlichen Gründen bis zum März 1869.

Der zweite (N° II) und dritte (N° III) Kettendampfer war inzwischen fertiggestellt und beide verkehrten auf der Strecke zwischen Ferchland und der Magdeburger Neustadt. Der Kettendampfer N° I war ausschließlich zwischen Bukkau und Magdeburg-Neustadt im Einsatz.

Als ab Mai 1872 die Kette bis Wittenberge lag, organisierte man sozusagen einen Zubringerdienst von Hamburg nach Wittenberge mit den Raddampfern „Courier", „Neptun", „Telegraph" und „Vulkan". Bis 1874 war der Anschluß Hamburgs an die Elbkette vollzogen, was einer Gesamtlänge von 287 km entsprach.

Im sächsischen Elbegebiet hatte man natürlich diese extensive Erweiterung und die Erfolge der V.H.M.D.C. mit Aufmerksamkeit verfolgt. Es ist daher nur

Abbildung um 1880: Lebhafter Schiffsverkehr auf der Elbe oberhalb der Loschwitzer Schlösser (auch Albrechtsschlösser genannt) bei Dresden.

allzu verständlich, daß die Vertreter aus Wirtschaftskreisen nach Behebung der Auswirkungen des preußisch-österreichischen Krieges 1866 auch in Sachsen an der Erteilung einer Kettenschiffahrtskonzession interessiert waren. Hier traten gleich mehrere Interessenten auf, die jedoch ungleiche Ziele verfolgten. Während der Baumeister *Fiedler* aus Dresden lediglich den Brückenbugsierdienst in Dresden und Meißen beabsichtigte, trat der Ingnieur *Bellingrath* für eine durchgehende Kettenschleppschiffahrt von der sächsisch-böhmischen Grenze bis nach Magdeburg ein.

Die Probleme bei ihrem Gesuch zur Konzessionserteilung waren für die Antragsteller anderer Art als die der Magdeburger Gesellschaft, die immer mit nur einer Regierung zu verhandeln hatte. Für sie war neben der Haltung ihrer eigenen noch die der preußischen und anhaltischen Regierung maßgeblich. Eile war dennoch geboten, denn im böhmischen Teil der Elbe befand sich die Prager Dampf- und Segelschiffahrts-Gesellschaft ebenfalls inmitten der Vorbereitungen zur Aufnahme der Kettenschiffahrt innerhalb ihres Elbabschnitts.

Ein nicht zu unterschätzender Widerpart gegen die Kettenschiffahrt waren die Fährbesitzer. Allein in Sachsen hatten sie an nicht weniger als 18 Fährstellen die Privilegien zur Überfahrt mittels Seil- oder Kettenfähren. Diese Fähren wurden durch ein quer zum Fluß liegendes Drahtseil oder eine Kette geführt.

Abhilfe brachte erst der Umbau dieser Fähren in sogenannte Fliegende Fähren (Gierfähren). Bei ihnen liegt oberhalb der Fährstelle ein verankertes Führungsseil im Elbgrund. In der Ruhelage der Fähre ist die Fahrrinne frei. Die Umrüstung dieser Fähren, die auch im preußischen und anhaltischen Bereich der Elbe erfolgte, ging generell zu Lasten des Antragstellers. Die stattliche Summe von 42 192 Thlr. mußte dafür aufgewendet werden.

Im Frühjahr 1869 wurde mit den Vorbereitungen zur Gründung einer Gesellschaft begonnen und mit einem Prospekt, in dem man nochmals die ganz besondere Rentabilität dieses Kettenschiffahrtsprojektes beteuerte, wollte man die Regierung endgültig überzeugen.

Seit dem 5. Mai 1869 firmierte die gegründete Gesellschaft unter der Bezeichnung Ketten-Schleppschiffahrt der Ober-Elbe (KSO). Dem Finanzministerium mußte zuvor eine Kaution entrichtet und das Gesellschaftsstatut vorgelegt werden.

Nachdem alle Genehmigungen eingeholt waren, konnte die erste Teilstrecke zwischen Merschwitz (Elb-km 98) und Dresden-Loschwitz (Elb-km 50) am 1. November 1869 eröffnet werden.

Bereits im Juli 1870 wurde die Kette auf der letzten sächsischen Teilstrecke zwischen Schandau und Schmilka ausgelegt.

Auf der 117 km langen Strecke kamen zunächst fünf Kettendampfer zum Einsatz, die bei der Schiffbauanstalt *O. Schlick* in Dresden-Neustadt (N° I), in Magdeburg-Buckau auf der Werft der V.H.M.D.C. (N° II bis IV) und auf der Schiffswerft der Gebrüder *Sachsenberg* in Roßlau (N° V) gebaut worden waren.
Nachdem auch die preußische und anhaltische Konzession vorlag, wurde die Kette elbabwärts geführt, um am 16. September 1871 diese Lücke zu schließen. Den Bestand an Kettendampfern hatte man um weitere vier Stück erhöhen müssen.

Auch die Saale bezog man mit in die Überlegungen ein, und im November 1873 wurde der Kettenschiffahrtsbetrieb bis Calbe (21 km) und ab Oktober 1884 bis Halle erweitert. Die Kette überlappte 500 m mit der Elbkette, so daß ein Überwechseln von einem zum anderen Flußbereich keine Probleme bereitete.

Die Prager Dampf- und Segelschiffahrts-Gesellschaft war ihrerseits nicht untätig und verlegte das erste Teilstück zwischen Schmilka und Aussig im Februar 1872. Die beiden notwendigen Kettendampfer waren bei der Schiffswerft *Sachsenberg* in Roßlau und bei der Schiffbauanstalt *O. Schlick* in Dresden-Neustadt in Auftrag gegeben worden. Die offizielle Eröffnungsfahrt fand am 5. Mai 1872 statt, sie fiel mit den Feierlichkeiten des 50jährigen Bestehens der Prager Dampf- und Segelschiffahrts-Gesellschaft zusammen.

1879 wurde ein dritter Kettendampfer in Dienst gestellt und 1883 die Kette bis Leitmeritz verlängert. Mit der Verlegung der Kette von Leitmeritz bis Melník 1883 lag sie nun durchgängig von Melník bis Hamburg, was einer Strecke von etwa 725 km entsprach. Damit war sie die längste durchgängige Kettenschiffahrtsstrecke Europas.

Die Kette selbst wog über 8 Mill. kg, jedes Glied der 22 bis 25 mm dicken Kette kostete ungefähr 0,35 Reichsmark. Ihr Gesamtwert betrug etwa 4 Mill.Mark. Sie wurde von unterschiedlichen Lieferanten aus England oder Frankreich bezogen.

Die Kettenschiffahrt hatte in den letzten beiden Jahrzehnten des 19. Jahrhunderts ihre Blütezeit erreicht.

8.3.3. Bau und Betrieb der Kettenschiffe

Die Kettendampfschiffe für die Elbe wurden von fünf Herstellern geliefert:

1. Maschinenfabrik und Schiffswerft der V.H.M.D.C. zu Buckau bei Magdeburg (17 Stück),
2. *O. Schlick* Maschinen & Schiffbauanstalt, Dresden-Neustadt später Maschinen-Bauanstalt/Dresden-Neustadt (11 Stück),
3. Gebrüder *Sachsenberg*, Eisengießerei, Maschinenbauanstalt & Schiffswerft in Roßlau (Anhalt) (7 Stück),
4. Prager Maschinenbau-Aktien-Gesellschaft, vormals Ruston & Company (2 Stück) und
5. KETTE Deutsche Elbschiffahrts-Gesellschaft, Werft Uebigau-Dresden (5 Stück).

Die Schiffsrümpfe waren in der Regel zwischen 34 und 48 m lang und 5,0 bis 7,5 m breit. Wegen der Fahrwasserverhältnisse sollte ein ausgerüsteter Kettendampfer nicht mehr als 0,5 m in das Wasser eintauchen. Der Schiffsrumpf war fast völlig aus Eisen gebaut, aus Gründen der Gewichtsersparnis erhielt das Deck einen Holzbelag. Flacher Boden, runder Kimmgang und eine nach vorn und hinten abfallende Schiffsform hoben die Kettendampfer von anderen Schiffstypen ab. Ein weiteres Merkmal waren die beiden Ausleger, die vorschiffs oder achtern die Kette aufnahmen. In der Mitte des Schiffes befand sich die Antriebsanlage, allerdings seitlich der Mittelachse. Diese Anordnung war notwendig, da die Kette den beiden vierrilligen Windentrommeln in der Mittelachse des Schiffes zugeführt werden mußte. Die Kette legte sich somit auf sechs halbe Trommelumfänge fest auf, und die damit einhergehende Reibung genügte, das von der Maschine entwickelte Drehmoment ohne Schlupf in Zugkraft umzuwandeln.

Die Kette wurde über den vorderen Ausleger aus dem Wasser durch eine Kettenrinne der vorderen Trommel zugeführt und nach dem Übertragen der Antriebskraft ohne Belastung von der hinteren Trommel in einen Kettenkasten abgelegt. Aus diesem Kettenkasten wurde das freie, nicht belastete Kettenende über die Kettenrinne und den hinteren Ausleger ins Wasser geführt.

Zur Dampferzeugung diente ein liegender Flammrohrkessel mit durchgehenden Rauchrohren. Diese Kessel bestanden aus einer Vielzahl zusammengenieteter Blechplatten. Um den erforderlichen Überdruck von 4,0 kg/cm^2 erzeugen zu können, hatten die Kessel bei 4,0 m Länge und 2,0 m Durchmesser eine Heizfläche von 84 m^2.

Da die Schiffsmaschinen umsteuerbar waren, wurden Kettendampfer vorwärts wie rückwärts gleichermaßen betrieben. Ein Wenden am Zielort der Reise entfiel demzufolge.

Grundsätzlich hatten die Kettendampfer jeweils am Bug und am Heck ein Steuerruder. Bei ersten Konstruktionen konnten diese nur in gegenseitiger Abhängigkeit über ein gemeinsames Steuerrad betätigt werden. Bei späteren Bauten ging man von diesem Prinzip ab und verließ diese Kopplung. Jedes Ruder konnte nun gesondert betätigt werden, was besonders beim Verrücken der Kette von Vorteil war. Die im Durchmesser fast 2 m messenden Steuerräder befanden sich in unmittelbarer Nähe der Kettentrommeln. Die Rudergänger hatten dadurch den ordnungsgemäßen Betriebsablauf stets im Auge, waren aber den Belastungen der rasselnden Kette direkt ausgesetzt.

Die Kopplung zwischen den Kettenschleppschiffen und den im Anhang befindlichen Kähnen erfolgte nicht wie bei der normalen Schleppschiffahrt über ein Tau, sondern es wurde „kurz und über kreuz" gehangen (ein Tau vom hinteren Backbordpoller des Schleppfahrzeuges zum vorderen Steuerbordpoller des ersten Anhangs und analog vom Steuerbordpoller des Dampfers zum Backbordpoller des Kahnes).

Gefahren wurde grundsätzlich nur an einer Kette. Begegneten sich zwei Kettendampfer, dann mußte zwangsläufig die Kette getrennt werden. Dieser Vorgang dauerte bis zu zwei Stunden, manchmal sogar noch länger. Außerdem waren diese Begegnungen sehr arbeitsaufwendig und verlangten von der Mannschaft viel Geschicklichkeit.

Um diese zwangsläufigen Verzögerungen der Fahrt zu vermeiden, wurden spätere Kettendampferneubauten neben dem Windenantrieb mit Doppelschrauben (nach 1872) bzw. Turbinenpropellern (nach 1894) ausgerüstet. Die Leistung dieser Zusatzausrüstung war nur für die kettenlose Talfahrt ausgelegt.

8.3.4. Höhepunkt und Ende der Kettenschleppschiffahrt

Innerhalb kürzester Zeit hatte die Kettenschiffahrt die jahrhundertelangen Betriebsweisen auf der Elbe völlig umgewälzt. Die effektivere Umformung der Dampfkraft in Zugkraft vermochte die Segelschiffahrt und die Schiffstreidelei völlig abzulösen. Mit den günstigen Betriebsparametern der Kettenschiffahrt gingen deutliche und anhaltende Senkungen der Schlepptarife für die Schiffseigner einher. Die Elbschiffahrt war gegenüber der Eisenbahn wieder konkurrenzfähig.

Dies wirkte sich nicht nur auf den Transport von Massengütern aus, sondern auch im Stückgutverkehr konnte die Position merklich verbessert werden. Dank der Kettenschiffahrt vervielfachte sich der Frachtverkehr auf der Elbe, und verbunden war damit eine Expansion in der Größe der Frachtschiffe. Betrug die Tragfähigkeit dieser Schiffe um 1850 weniger als 150 t, so erhöhte sich diese parallel mit der Stabilisierung der Kettenschiffahrt. Um 1870 waren Schiffe mit einer Tragfähigkeit von 700 t durchaus keine Seltenheit auf der Elbe.

Ein unerbittlicher Konkurrenzkampf der beiden Gesellschaften, die sich zunächst auf unterschiedlichen Elbstrecken bei der Einführung der Kettenschleppschiffahrt auf der Elbe Verdienste erworben hatten, führte letztendlich zur Fusion der V.H.M.D.C. mit der KSO. Ab 13. September 1881 führte man die Bezeichnung KETTE Deutsche Elbschiffahrts-Gesellschaft, Dresden, mit dem Hauptsitz in Dresden.

Das Kapital der beiden kleineren Reedereien von *A. W. Richter* aus Stadt Wehlen und von der Lustdampfschiffahrts-Gesellschaft zu Magdeburg floß kurze Zeit später in das Anlagenvermögen dieser neugegründeten Gesellschaft ein.

Ursache dieser Vereinigung war die Gründung der Österreichischen Nordwest-Dampfschiffahrts-Gesellsohaft die bereits einige Monate vor der KETTE aus der Prager Dampf- und Segelschiffahrts-Gesellschaft und dem Ankauf des kleinen Dresdner Unternehmens Nitzschner & Sohn hervorging. Noch im Gründungsjahr der Ö.N.W.D.G. wurde die Elb-Schleppschiffahrts-Gesellschaft, Dresden, mit ihren fünf teils in Fahrt, teils in Bau befindlichen großen Raddampfern und 30 großen, fast ausschließlich aus Eisen gebauten Kähnen angekauft.

Besondere Verdienste bei der Entwicklung von beweglichen Schaufeln sind dem Oberingenieur *E.W. Dietze* der Roßlauer Schiffswerft der Gebrüder *Sachsenberg* zuzusprechen. Durch den neuartigen senkrechten Eingriff der Schaufeln in das Wasser entwickelten Schiffe mit diesen Patenträdern bei gleicher Maschinenleistung und bei gleicher Geschwindigkeit eine Zugkraft, die um 30 % höher lag als bei früheren Konstruktionen.

Ab Mitte der achtziger Jahre erwiesen sich diese neueren Radschleppdampfer durchaus dem Kettenschleppverkehr zwischen Hamburg und Böhmen als gewachsen. Besonders unterhalb von Magdeburg wurden ab 1891 die Kettendampfer seltener eingesetzt, schließlich kam es 1898 zur Einstellung der Kettenschleppschiffahrt zwischen Niegripp und Hamburg. Die Verlängerung der Konzession zum weiteren Betreiben der Kettenschiffahrt auf dieser Elbstrecke wurde von der Gesellschaft nicht mehr beantragt, Die verbliebene Kette auf dem deutschen Elbegebiet war nur noch 349 km lang. Der Verschleiß der Kette war auch die Ursache, daß die Zahl der Kettenbrüche mehr und mehr zunahm. Um die Kette zu schonen, ließ die Gesellschaft ihre Kettendampfer nur noch mit verringertem Anhang verkehren.

Hoffnungen, mit verbesserten Kettenschleppschiffen eine Renaissance dieses Systems zu erreichen, brachten nicht den erwarteten Erfolg. Die beiden großen Kettendampfer „Gustav Zeuner“ und „Baensch“ (Baujahr 1894 und 1895) konnten trotz neuartigem kettenschonenden Greifrad und den für die Talwärtsfahrt vorgesehenen Turbinenpropellern niemals mit dem auf seiner höchsten Entwicklungsstufe stehenden Radschleppdampfer konkurrieren.

Versuche, die Kettendampfer auf kurzen Strecken zum Einsatz zu bringen, scheiterten.

Die fortschreitenden Stromregulierungen und der Einsatz von Radschleppdampfern, deren Weiterentwicklung zwischen 1880 und 1890 sprunghafte Fortschritte machte, ließen erkennen, daß die Kettenschiffahrt perspektivisch nicht konkurrenzfähig sein konnte. Die Maschinenleistungen der großen Radschleppdampfer stiegen um 300 %; auch die Antriebsanlagen waren so weit verbessert worden, daß die Energieverluste am Schaufelrad in Kauf genommen werden konnten. Das „Akener Wochenblatt“ Nr. 96 vom 17, August 1896 berichtete darüber:

> „In der Mitte voriger Woche ist die hiesige Dampferstation der Elbschiffahrtsgesellschaft ‚KETTE' wieder aufgehoben worden. Die Strecken Magdeburg-Aken und Aken-Wittenberg erwiesen sich als zu kurz. Jetzt ist Roßlau Dampferstation. Die Kettendampfer verkehren nun teils zwischen Magdeburg-Roßlau, teils zwischen Roßlau und Torgau.“

Es war nicht zu verhindern, daß die Kettenschiffahrt mehr und mehr an Einfluß auf der Elbe verlor. 1904 standen den 37 Kettendampfern auf Elbe und Saale 58 Seitenradschlepper, 3 Heckradschlepper, 30 größere und kleinere Bugsierdampfer und 19 Eilfrachtdampfer gegenüber.

Der Bestand der Kettendampfer reduzierte sich in den folgenden Jahren stetig, auf weiteren Teilstrecken der Elbe entfernte man die Kette aus dem Flußbett. Der Niedergang der Kettenschleppschiffahrt war nicht aufzuhalten. Seit dem Herbst 1921 ist sie auf der Saale gänzlich eingestellt worden, ebenso auf weiteren Strecken der Elbe.

In Magdeburg verblieb nur ein kleines Teilstück von 8 km zwischen Magdeburg-Buckau und Magdeburg-Rothensee für den Bugsierverkehr mit den zwei Kettendampfern „NNVE 5“ und „NNVE 9“, bis sie am 16. Januar 1945 bei einem schweren Luftangriff auf die Domstadt ebenfalls zerstört wurden.

Dort, wo 1866 die Kettenschleppschiffahrt ihren Siegeszug antrat, nahm sie auch fast 80 Jahre später ihren Abschied. Nach einer Havarie des letzten Kettenschleppschiffes „CIS 1“ (vorher „NNVE 1“) auf der tschechoslowakischen Elbstrecke 1948 wurde der Betrieb auch hier eingestellt. Die Epoche der Kettenschiffahrt auf der Elbe ist seitdem unwiderruflich Geschichte.

9. Die Situation der Elbschiffahrt vor und nach dem Ersten Weltkrieg

9.1. Blütezeit der Seitenradschleppdampfer

Die Dampfschiffahrt auf der Elbe im vergangenen Jahrhundert läßt sich leicht in drei eindeutig definierbare Abschnitte einteilen. Zuerst sollte das Dampfschiff in der Hauptsache dem kombinierten Personen- und Güterverkehr dienen. Danach folgte die Trennung zwischen dem ziehenden (Schleppdampfschiff) und dem gezogenen Schiff (Frachtkahn). Die Kettendampfer traten in dieser Phase besonders in den Vordergrund. In der dritten Periode, als die Entwicklung der Raddampfer in den achtziger und neunziger Jahren den Höhepunkt erreicht hatte, dominierten sie ob ihrer Leistungsfähigkeit.

Die Erfindung und Einführung der Verbundmaschine bildete die Grundlage für diesen Effektivitätszuwachs der Schleppschiffe. Dazu kam die Möglichkeit, im Dampfkesselbau durch Verwendung von hochwertigem Siemens-Martin-Stahl Dampfdrücke bis 16 kp/cm^2 zu erreichen. Auch die Wirkungsgrade der Schaufelräder und der Schiffsschrauben zeigten sich verbessert.

Mit der zunehmenden Leistungsfähigkeit der Schleppschiffe lief ein erbittert geführter Konkurrenzkampf einher. Während eine Gesellschaft durch gezielte Unterbietung der Frachttarife arbeitsfähig, am Ende aber nicht rentabel blieb, konnten andere Unternehmen ihre Betriebsmittel nicht genügend auslasten.

Indes organisierten sich 18 oberelbische Schiffseigner zum Verband Oberelbischer Schiffahrt, um sich vor dieser Entwicklung und gegenüber den zahlreichen in Hamburg tätigen Frachtvermittlern zu schützen. Sie wollten auch die Konkurrenz bei der Ladungsbeschaffung vermeiden.

1876 trat diesem Verband auch die KSO bei und gewann recht schnell Einfluß auf dem Frachtmarkt. Als selbständiger Befrachter trat sie jetzt ihren Konkurrenten gegenüber und sicherte den Kleinschiffern auch die Schleppkraft für die Bergwärtsfahrt.

Dieses geschickte Vorgehen der Gesellschaft unter Nutzung des Kleinschiffahrtgewerbes sicherte gleichzeitig die Auslastung ihrer Dampfschiffe. Gegenüber den anderen Schiffahrtsbetrieben verschaffte sie sich so einen unübersehbaren Vorteil.

Durch die Mitgliedschaft im Verband waren die Kleinschiffer gehindert, die für sie am günstigsten erscheinenden Gelegenheiten zur Frachtbeschaffung in Anspruch zu nehmen. Gerade dieser freie Wettbewerb bei der Ladungsvermittlung war einmal ihr Ziel, das sie bei der Verbandsgründung verfolgt hatten. Zudem trugen die Schiffseigner das Risiko für Fahrzeug, Ladung und Besatzung selbst.

Mit der 1872 in Dresden gegründeten Frachtschiffahrts-Gesellschaft bildete die KSO zunächst eine Betriebsgemeinschaft. Mit Übernahme des gesamten Betriebskapitals der Frachtschiffahrts-Gesellschaft 1878 stieg die KSO auch mit 26 Kähnen in das Frachtgeschäft ein. Der ehemalige bescheidene Schiffbauplatz der Frachtschiffahrts-Gesellschaft in Uebigau wurde durch die KETTE, in der die KS0 1881 aufging, weiterhin genutzt und großzügig als Schiffswerft und Maschinenfabrik ausgebaut.

Außer der KETTE und der Ö.N.W.D.G. bestand als Aktiengesellschaft auf der Elbe nur noch die NNFDG in Hamburg, die aber fast ausschließlich die Strecke zwischen Hamburg und Berlin befuhr. Als echter Konkurrent für die beiden rivalisierenden Elbschiffahrtsgesellschaften kam sie nicht in Frage.

Obwohl die KETTE und die Ö.N.W.D.G. in den ersten Monaten ihres Bestehens ein gesichertes Nebeneinander beteuerten, kam es sehr bald zum Bruch zwischen ihnen. Erst die Einschaltung des Reichskanzlers, der sich massiv gegen die Tarifpolitik der Ö.N.W.D.G. wandte, zwang diese zu neuen Kartellvereinbarungen.

Um dem Schleppmonopol dieser beiden konkurrierenden Gesellschaften zu entrinnen, gründeten wohlhabende Schiffseigner in Dresden am 5. Mai 1883 mit einem Aktienkapital von 300 000 Mark die Dampfschleppschiffahrts-Gesellschaft vereinigter Schiffer. Jetzt ging die Aktivität von der KETTE aus, indem sie Kampfmaßnahmen gegen den vermeintlichen neuen Konkurrenten ergriff.

Die Mitglieder der Dampfschleppschiffahrts-Gesellschaft vereinigter Schiffer konnten jedoch dem Druck der KETTE standhalten und gingen ihrerseits in die Offensive. Dabei beriefen sie sich auf den Inhalt der Konzession zur Aufnahme der Kettenschiffahrt, die nur für den Kettenschleppschiffahrtsbetrieb erteilt worden war.

Aufnahme von 1909:
Um in strengen Wintern die Uferbauwerke, Brücken und Dämme vor der Zerstörung durch gewaltige Eismassen zu schützen, brachten die Wasserstraßenbehörden ihre Eisbrecher in geschlossener Formation zum Einsatz.

Während die KETTE den Kampf gegen die neue Gesellschaft fortsetzte, brach ihr Kartell mit der Ö.N.W.D.G. 1883/84 auseinander.

Die Dampfschleppschiffahrts-Gesellschaft entwickelte sich trotz der ständigen Angriffe durch die KETTE stetig weiter und hatte bis 1890 zwölf leistungsstarke Schleppdampfer in Fahrt. Bei den privaten Schiffahrtsunternehmen fand diese Einrichtung regen Zuspruch. So wurde sie ein ernstzunehmender Widerpart für die KETTE und die Ö.N.W.D.G. Die geschäftlichen Erfolge gestalteten sich recht günstig, die Dividenden der Aktionäre bewegten sich in den ersten zehn Jahren des Bestehens der Gesellschaft zwischen 10 und 20 %. Nur einmal (1891) sanken sie auf 5 %.

Die KETTE reagierte mit einer zielstrebigen Modernisierung der Flotte und bezog auch die Kettenschiffahrt in diesen Prozeß mit ein. Die Schiffswerft in Uebigau wurde extensiv erweitert. Hier entstanden moderne Raddampfer, die nicht nur auf der Elbe zum Einsatz kamen.

Zu Beginn der neunziger Jahre des vorigen Jahrhunderts gingen durch Ankauf weitere Betriebsmittel dreier Schiffahrtsgesellschaften in das Kapital der Dampfschleppschiffahrts-Gesellschaft vereinigter Schiffer ein. Mit der Verschmelzung der Elbe- und Saale-Dampfschiffahrts-Gesellschaft, die ihren Sitz in Alsleben an der Saale hatte, mit der Dampfschleppschiffahrts-Gesellschaft vereinigter Schiffer ging eine erneute Umbenennung einher. Ab Februar 1894 firmierte sie unter der Bezeichnung Dampfschleppschiffahrts-Gesellschaft Vereinigter Elbe- und Saale-Schiffer (V.E. & S.S.). Der Geschäftssitz war in Dresden und ihr Betriebskapital betrug über eine Million Mark, somit waren die „Vereinigten“, wie die Gesellschaft kurz genannt wurde, in kaum zehn Jahren ihres Bestehens zur größten Schiffahrtsgesellschaft auf der Elbe geworden. Besonders bemerkenswert ist, daß diese nur aus Kleinschifferkreisen hervorgegangen ist. Diese beachtliche Entwicklung ist ein Beweis für die auf der Elbe von jeher eigenartige Kräfteverteilung, die es selbst kapitalkräftigen Gesellschaften nie ermöglichte, eine erfolgreiche Schiffahrtspolitik ohne das verständnisvolle Zusammenwirken mit den Schiffseignern bzw. Kleinschiffern durchzuführen.

Der immer noch anhaltende Konkurrenzkampf zwischen den drei Gesellschaften führte auch zu einer expansiven Neubaupolitik. Dies traf sowohl auf die Schleppkraft als auch auf den Kahnraum zu. Durch die Einführung langfristig garantierter Mindestfrachten waren die Privatschiffer angeregt, neue und größere Schiffe zu bauen. Mit dem Ausbau der Fahrbahn der Elbe, der Anlegung von modernen Häfen und Umschlagplätzen sowie durch zunehmende Mechanisierung der Be- und Entladung erhöhte sich zwangsläufig der Umlauf des Kahnparks in den letzten 20 Jahren des vorigen Jahrhunderte. Das Leistungsangebot der Elbschiffahrt stieg schneller als das Güteraufkommen der Wirtschaft.

Unter diesen verschärften Bedingungen kam es mehrfach zu Verständigungsversuchen zwischen den drei großen Gesellschaften. Kurzzeitig führten Verhandlungen zur Bildung einer Elbe-Schleppschiffahrts-Vereinigung, der alle Schleppschiffahrt betreibenden Unternehmen angehörten.

Als einige Frachtvermittler und Speditionsunternehmen 1895 in Dresden eine neue Schiffahrtsgesellschaft ins Leben riefen, löste sich die Elbe-Schleppschiffahrts-Vereinigung 1896 wieder auf. Mit der neuen Gesellschaft entflammte der Konkurrenzkampf um den Transport der anstehenden Frachten auf der Elbe erneut.

Mit sieben leistungsfähigen Radschleppdampfern und neun Frachtkähnen begann der Einstieg der Deutsch-Österreichischen Dampfschiffahrt, (D.Ö.D.), Dresden, in das Schleppschiffahrtsgeschäft auf der Elbe.

Zu dieser Zeit waren sowohl die KETTE als auch die Ö.N.W.D.G. stark angeschlagen, die Dividende sank bei der KETTE 1896 bis auf 1 %. Waren es bei ihr die zu hohen Betriebskosten, so setzen bei der Ö.N.W.D.G. Spekulationsgeschäfte des Vorstandes, die mit hohen Schadenersatzforderungen durch die Gläubiger endeten, den einst wirtschaftlich so starken Gesellschaften bald ein Ende.

1898 verständigten sich die großen Reedereien erneut und vereinbarten, keine Leistungen unter dem Selbstkostenpreis auszuführen. Ältere, unrentabel arbeitende Dampfschiffe wurden stillgelegt, der nicht benötigte Kahnraum ausgesondert. Die letztere Maßnahme brachte jedoch nicht den gewünschten Erfolg, denn der Kahnraum der Gesellschaften verringerte sich zwar, aber da diese Kähne meist von Privatschiffern erworben wurden, war in dieser Weise dem Überangebot an Transportraum nicht beizukommen. In der Praxis kam es nicht selten vor, daß die Kähne ohne Ladung von Hamburg nach Sachsen oder Böhmen geschleppt wurden. Die Partikuläre nahmen den Verdienstausfall in Kauf, wenn sie nur die Gewißheit hatten, in Aussig eine Ladung Kohlen oder in Dresden bzw. Riesa eine Ladung bayrisches Bier für die Talfahrt in Richtung Hamburg zu bekommen.

Die 1898 erzielten Kartellabsprachen wurden 1902 auf Betreiben der V.E. & S.S. aufgelöst, weil sich die Gesamtwirtschaftslage verschlechtert hatte und kleinere Schleppbetriebe diese Vereinbarungen unterliefen.

Ziel der V.E. & S.S. war es, die angeschlagenen Gesellschaften KETTE und Ö.N.W.D.G. zu vernichten und sich ihr Betriebskapital einzuverleiben. Nach langwierigen Verhandlungen flossen zwei Drittel des Aktienkapitals der KETTE

1907 wurde der Seitenraddampfer „König Friedrich August" (950 PS) der D.Ö.D auf der Schiffswerft der Gebrüder *Sachsenberg* in Roßlau gebaut. Umbenannt in „Praha" diente der stärkste Raddampfer der CSPL noch bis 1960 zur Bewäligung der Transportaufgaben.

an die V.E. & S.S.; damit hörte sie nach 34 Betriebsjahren auf zu bestehen. Bei der Fusion mit der Ö.N.W.D.G. mußten österreichische Steuergesetze beachtet werden, weshalb das Aktienkapital fast vollständig an die V.E. & S.S. überging, nach außen hin die Gesellschaft aber formal weiter bestand.

Die V.E. & S.S. änderte ihre Firmenbezeichnung seit dem 12. Dezember 1903 in Vereinigte Elbschiffahrts-Gesellschaften (V.E.G.), Dresden.

Mit einem Gesamtkapital in Höhe von 11 Mill. Mark war sie zu dieser Zeit die größte deutsche Binnenschiffahrtsflotte. Zum Fahrzeugbestand gehörten 58 Radschleppdampfer, 3 Heckraddampfer, 19 Eilgutdampfer, 35 Kettendampfer und 300 Frachtkähne. Außerdem betrieb sie umfangreiche Hafenflottilen und nannte Hafenausrüstungen wie Speicheranlagen ihr eigen.

Aus dem ursprünglichen Zusammenschluß der Privatschiffer 1883 war damit ein gewaltiger Großbetrieb mit eigenem Kahnraum entstanden. Wenn auch die guten Grundsätze, die zum Aufblühen der „Vereinigten" geführt hatten, aufrecht erhalten werden sollten, so war das in der Folgezeit nicht immer möglich. Der riesige Schiffspark forderte eine stetige Beschäftigung und feste Abmachungen, während die schwankende Schiffahrtkonjunktur den Ertrag nicht immer gewährleisten konnte.

Um die Interessen der Kleinschiffer wieder gegen die existenzbedrohende Abhängigkeit von der V.E.G. zu schützen, verbanden sich 1904 in Schönebeck nahezu sämtliche Privatschiffer der Elbe zur Privatschiffer-Transport-Genossenschaft (P.T.G.). Sogleich nach der Gründung standen 874 Frachtkähne mit einer Tragfähigkeit von 522 902 t zur Verfügung.

Um sich die nötige Schleppkraft zu sichern, gelang es, ein Sonderabkommen mit der „Elbe"-Dampfschiffahrts-AG abzuschließen und einen großen Aktienposten der D.Ö.D. zu erwerben. Die P.T.G. setzte sich für reale Frachttarife ein und sorgte 1904, einem Jahr mit extremem Niedrigwasser, dafür, daß vielen Schiffseignern die Existenzgrundlage nicht genommen wurde. Darüber hinaus schloß die P.T.G. 1904 mit der „Elbe"-DAG einen Vertrag zur Nutzung ihrer acht Schleppdampfer, um sich nicht zu sehr in Abhängigkeit von der V.E.G. zu begeben.

Die V. E. G. rüstete 1907 und 1908 speziell zum Transport von Bier und Fleisch insgesamt 14 Eilkähne mit zusätzlichen Kühlanlagen aus; als „Bierkähne" gingen sie in die Elbgeschichte ein.

Die V.E.G. begann 1906 ihrerseits zielstrebig Einfluß auf mittelständische Unternehmen auszuüben. Der Kahnpark, der zwischenzeitlich abgebaut worden war, wurde durch Kapitalanleihe erweitert und ausgebaut. Als sich bei der Ö.N.W.D.G. ähnliche Bestrebungen andeuteten, begann für die Schiffseigner und ihre Genossenschaft eine bedrohliche Situation. Die P.T.G. sah zur Abwendung dieser Lage nur eine Verständigung, und so wurden im März 1907 wieder Verhandlungen zur Normalisierung des Frachtgeschäftes auf der Elbe mit der V.E.G. unter Teilnahme der D.Ö.D. und der „Elbe“-DAG geführt. Diese Verhandlungen mündeten im Mai bzw. Juni 1907 in Pachtverträgen, die zunächst für zehn Jahre abgeschlossen wurden. Alle drei Gesellschaften unterwarfen sich nunmehr den Bedingungen der V.E.G., die Ende 1907 über den größten Schiffsbestand aller deutschen Binnenschiffahrtsreedereien verfügte.

Durch die Vergabe von Aktien an Schiffseigner regulierten die Dampfschiffahrtsgesellschften ihr Betriebskapital und räumten den Aktionären Rechte, aber auch Pflichten ein.

„Elbe“
Dampfschifffahrts-Actien-Gesellschaft
in Hamburg.

ACTIE

№ 0860
über
Fünfhundert Mark
M. Mark 500.

Lt. Beschluß der außerordentl. Generalversammlung v. 28.12.1932 nur noch gültig zum Betrage von 200 Reichsmark.
Der Vorstand.

hat an die „Elbe“ Dampfschifffahrts-Actien-Gesellschaft in Hamburg
Mark Fünfhundert
bezahlt. Derselbe ist durch die Annahme dieser Actie an die zur Zeit gültigen und später ordnungsmässig gegebenen Satzungen des Gesellschaftsvertrages vom 27. Februar 1899 gebunden und nimmt verhältnissmässig Theil an dem gesammten Eigenthum, an den Rechten und Pflichten der Gesellschaft.

Hamburg, den 1. März 1899.

Der Aufsichtsrath: Der Vorstand:

Eingetragen Actienbuch Fol. 172

Außerdem besaß dieser Schiffahrtsgigant das notwendige feste Anlagenvermögen an fast allen Umschlagstellen entlang der Elbe.

Die Unterordnung der D.Ö.D. rief besonderen Verdruß bei einigen Vorstandsmitgliedern hervor, die alsbald ihre Ämter zur Verfügung stellten und mit weiteren Interessenten die Gründung einer neuen Schleppschiffahrtsgesellschaft vorbereiteten. Neue Deutsch-Böhmische Elbeschiffahrt (N.D.B.E.), Dresden nannte sich diese Reederei, als sie am 26. September 1907 ihre Gründung vollzog. Ihre Gründer und Hauptaktionäre waren vorrangig Speditionsfirmen und Getreidegroßhandlungen der mittleren und größeren Elbestädte, das benötigte Anfangskapital stellte eine Magdeburger Bank zur Verfügung.

Zielstrebig wurden Neubauaufträge für Dampfschiffe und Kähne vergeben, der Schiffspark der N.D.B.E. wuchs schnell an. Einige ihrer Schleppdampfer zählten zu den größten, schönsten und zugleich modernsten Dampfschiffen, die die Elbe befahren haben. Die Schiffsnamen kennzeichneten diese Reederei, waren doch alle auf deutsche Länder- oder Städtenamen getauft, z.B. „Sachsen", „Württemberg", „Holstein", „Erfurt" usw.

Wieder war ein Konkurrent für die V.E.G. entstanden, die aber immer noch durch die großflächige Verkehrsorganisation im Vorteil war.

Eine erneute Krise in der Elbschiffahrt zeichnete sich zwischen 1908 und 1913 ab, die auf verschiedene Ursachen zurückzuführen ist. Das Überangebot an Frachtraum brachte eine fast katastrophale Lage, und die amerikanische Wirtschaftskrise zwischen 1907 und 1909 hatte erhebliche Auswirkungen auf den transatlantischen Verkehr und besonders auf den Umschlag im Hamburger Hafen. Dieser Rückgang im deutschen Seehandel mußte zwangsläufig auf den Elbhandel zurückwirken, Hamburg erlebte eine bedeutende wirtschaftliche Krise.

Das Jahr 1911 brachte nach 1904 und teilweise 1909 wieder eine Niedrigwasserperiode mit sich, die die von 1904 bei weitem übertraf. Überdies waren die Arbeitsbedingungen für die Schiffer nicht befriedigend, so daß sie nach 1906 im Jahre 1913 ein zweites Mal in den Streik traten. 13 Wochen dauerte ihr Kampf um Besserung der sozialen Verhältnisse; eines der Hauptziele der Aktionen war auch der Wunsch nach einer gesicherten Nachtruhe von sechs Stunden. Letztendlich wurde der Streik ergebnislos abgebrochen.

Das Seitenradschiff „Deutschland" (1 220 PS) der N. D. B. E. im Flaggenschmuck in Magdeburg. Es kam nach dem Zweiten Weltkrieg auf dem Rhein zum Einsatz und wurde 1965 abgewrackt.

Die Dividenden der Gesellschaften waren in dieser Zeit weniger erfreulich. Um überhaupt kostendeckend zu arbeiten, waren die N.D.B.E. und die V.E.G. sogar verständigungsbereit. In der Kartellierung sämtlicher Elbschiffahrtsgesellschaften sah man einen Weg zur Besserung der Geschäftslage. Die eingeleiteten Verhandlungen schlugen fehl, womit die N.D.B.E. in Anbetracht ihrer Geschäftslage gezwungen war, ihr Grundkapital durch Verkäufe zu regulieren. Nur durch Rückgriff auf Reserven konnte die V.E.G. die aufgetretenen Verluste ausgleichen.

9.2. Auswirkungen des Ersten Weltkrieges auf die Elbschiffahrt

Der Erste Weltkrieg wirkte sich zwangsläufig negativ auf den Elbhandel aus. Das Tor des überseeischen Handels, die Freie und Hansestadt Hamburg, fiel für den Elbhandel nahezu völlig aus. Auch die Grenze nach Österreich war vorübergehend versperrt, die deutsche Elbschiffahrt erlitt dadurch erheblichen Rückgang.

1915 waren nur noch 40 % der Transporte gegenüber dem Vorkriegsjahr 1913 zu befördern, und die Tendenz war weiter fallend. Durch die Einschränkung der Transportstrecken wurde das Mißverhältnis zwischen dem vorhandenen Kahnraum und der Schleppkraft noch ungünstiger. An dieser Diskrepanz änderte sich auch nach vielen Lippenbekenntnissen des Transportministeriums des Deutschen Reiches während der ersten Kriegsjahre nichts, obwohl man die Bemannungsvorschriften lockerte und einzelne Schiffer einstweilig vom Wehrdienst freistellte.

Als 1916 der Chef des Feldeisenbahnwesens auch für die Koordinierung der Transportkapazitäten der Binnenschiffahrt verantwortlich zeichnete, kam es zu einer vereinten Frachtabwicklung aller Binnenschiffahrtsbetriebe. Es konstituierte sich die „Elbeschiffahrtsvereinigung von 1916“, der sämtliche Schlepp- und Frachtschiffahrtsbetriebe angeschlossen waren. Sie war für die Heeres- und Kriegsorganisation in der Wirtschaft verantwortlich. Während

Um die Geschwindigkeit des Schleppverbandes zu erhöhen, setzten die Schiffseigner auch bei der Fahrt gegen den Strom gelegentlich die Segel. Hier der Dampfer „Württemberg“ mit drei segelnden Kähnen im Anhang.

dieses Prozesses liquidierte sich die P.T.G., die einzelnen Schiffer hatten somit ihre Dachorganisation verloren.

Die Beendigung des Ersten Weltkrieges wurde am 22.6.1919 durch die Unterzeichnung des Versailler Vertrages besiegelt. Der dadurch entstandenen Tschechoslowakischen Republik mußte im Rahmen der vereinbarten Reparationsleistungen das gesamte Anlagenvermögen der Ö.N.W.D.G. abgetreten werden. Es bestand aus 18 Seitenraddampfern, 7 Kettendampfern, 12 Hafenschleppern, 11 Eilfrachtschiffen, 246 Frachtkähnen und sonstigen technischen Geräten. Es war zugleich das Gründungskapital der Tschechoslowakischen Elbschiffahrts-Aktiengesellschaft (CPSL), deren Rechtsnachfolger, die Reederei Ceskoslovenska plavba labsko (CSPL – Tschechoslowakische Elbe Schiffahrts AG)) noch heute auf der Elbe besteht.

In den Nachkriegsjahren änderte sich auch die Art des beförderten Gutes. So war der Transport von Braunkohle aus den böhmischen Revieren rückläufig, während bergwärts Getreideladungen zunahmen. Düngemittel, die vor dem Ersten Weltkrieg nicht befördert wurden, standen jetzt auf den Ladelisten. Ausschlaggebend dafür war nicht zuletzt die Errichtung des Stickstoffwerkes in Piesteritz am Elb-km 220 direkt am Fluß. Nicht nur der Versand der Fertigprodukte spielte im Konzept bei der Standortwahl für dieses Werk eine Rolle, sondern auch der kostengünstige Antransport des Rohstoffes Phosphat von der Halbinsel Kola über den Seehafen Hamburg.

Nach Beendigung des Ersten Weltkrieges waren alle Elbschiffahrtsreedereien

940 PS entwickelte die Dampfmaschine des Raddampfers „Brno“ der CSPL. 10 bis 12 Schleppkähne im Anhang großer Schleppdampfer waren im Mittelelbebereich keine Seltenheit. Dieses Foto entstand 1964 in Coswig/Anhalt.

stark angeschlagen. Die V.E.G. stellte den Kettenschiffahrtsbetrieb auf der Saale 1921 ein, die Aktienmajorität der gesellschaftseigenen Schiffswerft in Dresden-Uebigau ging an einen anderen Betrieb über. Der N.D.B.E. erging es wirtschaftlich ähnlich. Durch eine Fusion mit der D.Ö.D. verhinderte sie das Schlimmste. Dabei war die N.D.B.E. bekanntlich 1907 durch losgesagte Mitglieder der D.Ö.D. ins Leben gerufen worden.

Ein weiteres Schiffahrtsunternehmen, das sich während der Kriegsjahre aus der Zusammenlegung von zwei Speditions- und Schiffahrtsfirmen entwickelte, war die Firma Julius Krümmling in Magdeburg. Trotz anfänglich positiver Entwicklung folgte 1925 durch Spekulationen der geschäftliche Ruin des Betriebes.

Nach Überwindung der Inflation und nachfolgender Stabilisierung der Währung bestanden mehrere Gesellschaften gleichberechtigt neben den Privatschiffern auf der Elbe. Es waren u.a. die V.E.G., N.D.B.E., NNFDG, CPSL, „Elbe"-DAG, Firma Behncke & Mewes und Schlesische Dampfer-Compagnie/Berliner Lloyd AG (SDC-BL). Letztere bot als eigentliche Reederei des Odergebietes mit ihren Schiffen auch den Verkehr bis zu den Orten an der Elbe an und beteiligte sich direkt am Elbeverkehr. Aus diesem Grunde betrieb sie auch ein Lagerhaus in Magdeburg (Werder).

Daneben bestanden noch einige kleinere Reedereien, wie Fr. Andreae GmbH, Magdeburg; G. Albrecht, Hamburg; Reederei der Saale-Schiffer-AG und Oscar Wanckel, Schönebeck.

Die Jahreswende 1927/28 war wieder von einem allgemeinen Konjunktur-

Auch Heckraddampfschiffe behaupteten sich auf der Elbe. Hier der Dampfer „Zukunft" (650 PS) bergwärts am Magdeburger Packhof.

rückgang in der Wirtschaft begleitet. Wegen Niedrigwassers während des Sommers ruhte die Schiffahrt und der folgende Winter zeigte sich außergewöhnlich streng. Bei dieser Lage wendeten die V.E.G. und die NNFDG durch eine Verschmelzung den beiderseitigen Ruin ab.

Seit dem 1. April 1927 firmierten dann beide Reedereien unter der gemeinsamen Bezeichnung Neue Norddeutsche und Vereinigte Elbeschiffahrt (NNVE) AG, Hamburg.

Im Volksmund wurde diese Abkürzung scherzhaft als „**n**ur **n**och **v**errostetes **E**isen“ gedeutet.

Die NNVE und die N.D.B.E. blieben bis nach Beendigung des Zweiten Weltkrieges auf der Elbe neben der CPSL und der SDG-BL die bestimmenden Reedereien.

Sachzeugen der Elbschiffahrt vergangener Zeiten werden in vorbildlicher Weise im Heimatmuseum der traditionsreichen Schifferstadt Aken gesammelt.

10. Nutzung des Elbstroms durch Handwerk und Gewerbe, für Quertransporte und zur Erholung

10.1. Schiffmühlen, eine Flotte, die fast immer vor Anker lag

Bis zum Ende des vorigen Jahrhunderte gehörten Schiffmühlen, meist zum Unwillen der aufstrebenden Schiffahrt, zum Landschaftsbild der Flüsse Europas. Ihre Erfindung wird dem oströmischen Feldherrn germanischer Herkunft, *Belisar*, zugeschrieben. Da die Goten 536 die Wasserversorgung für den Antrieb der römischen Mühlen unterbrochen hatten und es auch an Zugvieh für die mit Tierkraft betriebenen Mühlen fehlte, ließ *Belisar* die Mühlwerke auf großen, im Tiber verankerten Kähnen stationieren. Angetrieben wurden die Mahlgänge durch breite, unterschlächtige Wasserräder.

Im Mittelalter finden sich Schiffmühlen in fast allen Städten Italiens, in denen ausreichend fließendes Wasser zur Verfügung stand, und ebenso auf den Flüssen Spaniens, Frankreichs, Deutschlands, Österreichs und der Balkanländer. Auch auf der Wolga und in Armenien sollen Schiffmühlen gestanden haben. Ebenfalls für China und Japan sind sie bezeugt.

Für die Elbe werden Schiffmühlen erstmalig in einer Urkunde aus dem Jahr 1227 erwähnt; der Bischof *Withego von Meißen* verkaufte die Geldzinsen von sechs Schiffmühlen unterhalb der Meißner Elbbrücke an den Domherrn *Conrad von Borus.*

Auch in der Magdeburger Schöppenchronik von 1428 wird von „mühlenn unter zwen Pfeilern“ berichtet, womit es seine eigene Bewandtnis hatte: Im Auftrag des Magdeburger Magistrats war vom Baumeister *Peter aus Preußen* in unmittelbarer Nähe der hölzernen Strombrücke die erste Schiffmühle installiert worden, die infolge eines veränderten Flußlaufes die Brücke gefährdete und diese am 3. März 1428 um ein Haar zum Einsturz gebracht hätte.

Schiffmühlen bestanden fast immer aus vier Hauptbaugruppen, dem Hausschiff mit der Mahleinrichtung und dem Wellschiff als Auflager der Mühlradwelle. Die Länge einer Schiffmühle betrug 10 bis 15 m, die Breite des Hausschiffes 6 bis 8 m. Ihr Eigengewicht muß mit 80 bis 100 t angenommen werden, konnte aber bei großen Mühlen (auf der Elbe unterhalb von Aken) auch 50 t mehr betragen. Dies ist um so beachtlicher, wenn man bedenkt, daß immer die besten Strömungsbedingungen für den Mühlenbetrieb gesucht und dafür die Mühlenstandorte oft gewechselt werden mußten. Erst ab Mitte des 19. Jahrhunderts wurde eine zielstrebige Regulierung der Flüsse und Ströme betrieben, bis dahin waren sie noch stark verwildert und änderten ständig und ganz unberechenbar ihren Lauf.

Das Mühlenhaus selbst war ein Fachwerkbau mit Spitzdach, manchmal auch mit Walm- oder Pultdach. Zur Gewichtseinsparung wurde die Dacheindeckung oft mit Holzschindeln ausgeführt. Die Ausbildung der weiteren Details, wie Balkone, Erker, Fenster und Türen, lag meist im Ermessen des Schiffmüllers.

Der Antrieb des Mahlwerkes einer Schiffmühle erfolgte über eine Mühlradwelle, die sich auf dem stromseitigen Wellschiff abstützte. Haus- und Wellschiff waren vorn und achtern durch Spannbäume fest verbunden. Sie gewährleisteten den für die Lagerung der Mühlradwelle sehr wichtigen genauen parallelen Abstand. Diese Spannbäume dienten zugleich als Laufsteg zwischen beiden Schiffen. Zum Ausfluchten der Welle in der Horizontalen wurde der Tiefgang des Wellschiffes mit großen Steinen reguliert. Beide Schiffe wurden aus 3 Zoll dicken Eichenbohlen gebaut, die mit hölzernen Nägeln an den Spanten befestigt wurden. Haus- und Wellschiff waren pontonartig gefertigt, mit senkrechtem Spiegel, während der Bug zur Minderung des Wasserwiderstandes angeschrägt war. Abgedichtet wurden die Schiffskörper, indem man Moos in die Fugen trieb. Darauf erfolgte ein Teeranstrich.

Das Mühlrad hatte einen Durchmesser von 5 bis 6 m, die grob bearbeitete Mühlradwelle mit einem Durchmesser bis zu 0,5 m war bei großen Mühlen bis zu 10 m lang. An dieser Welle waren die 5 bis 6 m langen Schaufeln mit sogenannten Speichenstangen befestigt. Abhängig von den Strömungsverhältnissen trug das Wellrad acht, zehn oder zwölf Schaufeln, die an ihren Außenkanten untereinander durch eiserne Distanzstücke verbunden waren.

Große Aufmerksamkeit erforderte die richtige Ausbildung und ständige Wartung der Lagerstellen der Mühlradwelle. Nicht selten sind infolge mangelhafter Schmierung der Lagerstellen Schiffmühlen vollständig ausgebrannt, so z. B. die Schiffmühle von Boritz 1867, und auch aus Mühlberg sind Totalschäden durch Lagerbrände in den Jahren 1827, 1844 und 1861 überliefert. Gelegentlich wird den Schiffmüllern auch nachgesagt, sie haben ihre Mühle „warm" abgebrochen. Dies geschah vor allem zu jener Zeit, als der Staat um die Ablösung der Mühlen bei Zahlung einer gebührenden Entschädigung bemüht war und andererseits die Schiffmüller mit den soeben gegründeten Versicherungsgesellschaften einschlägige Verträge eingegangen waren.

Über den Innenausbau der Mühlen ist relativ wenig bekannt. Bei den Elbschiffmühlen auf preußischem Gebiet befanden sich oft in Obergeschoß die Wohnräume für die Müllerfamilie und deren Mahlknappen. Nicht selten gehörte zur Mühle auch ein landfestes Mühlenhaus. Dies war meistens in Sachsen, an der Mulde und an der Oder der Fall, wo die Mühlen kleiner als am Mittellauf der Elbe waren.

Die eigentliche Mahlvorrichtung ähnelte der der Windmühlen, das heißt, das Mahlwerk bestand wie bei der „alten deutschen Mühle" aus Mühlspindel und dem Mahlgang mit einem horizontal liegenden und feststehenden runden Bodenstein und dem darauf rotierenden ebenfalls runden Läufer oder Oberläufer. Durch einen Trichter und ein Loch in der Mitte des Oberläufers gelangte das Mahlgut in die Mahlbahn und wurde hier in den Furchen der Mühlsteine zerrieben. In einem Beutelwerk erfolgte anschließend die Trennung von Mehl und Kleie.

Die Mahlleistung hing natürlich entscheidend von der täglichen Arbeitszeit des Schiffmüllers ab, sie betrug stündlich bis 6 Sack Getreide.

Nicht unbeachtet darf die äußerst schwere körperliche Arbeit der Schiffmüller bleiben. Die schweren Säcke mußten meist mit dem Handkahn zur Mühle gebracht und dann die schmale und steile Treppe hinaufbefördert werden. Hebezeuge und Seilzüge wie bei Windmühlen gab es bei Schiffmühlen nicht. Gleiches wiederholte sich beim Abtransport des Mahlgutes in entgegengesetzter Richtung.

Gelegentlich wurde auch Malz zum Bierbrauen geschrotet und einige Müller hatten deshalb das Schankrecht auf ihren Schiffmühlen verliehen bekommen.

Da sich das Mühlrad nur langsam drehte, wurde die Drehzahl durch ein Vorgelege erhöht. Schon recht früh haben zahlreiche Mühlenspezialisten umfangreiche Berechnungen zur Verbesserung des Wirkungsgrades von Schiffmühlen durchgeführt.

Sollte die Mühle gestoppt werden, wurde vor dem Wasserrad ein hölzernes Brett vom Spannbaum heruntergelassen, das den Wasserdurchfluß hemmte. Der Reibungswiderstand brachte daraufhin die Mühle zum Stillstand.

Zur Verankerung der Mühle im Fluß benutzte man stromauf einen etwa 150 kg schweren Stromanker und stromab zwei kleinere Windanker. Strengstens verboten war auf den schiffbaren Flüssen das Anlegen von Wasserleiteinrichtungen (sogenannte Streichbretter) zur Verbesserung der Strömungsverhältnisse. Nur selten war eine Verbindung zwischen Hausschiff und dem Ufer gestattet. Deshalb gehörte zu jeder Mühle ein hölzerner Handkahn, mit dem auch das Mahlgut transportiert wurde.

Sehr wichtig war ein günstiger Standort, der möglichst Schutz vor Hochwasser, Eisgang und Treibgut bieten mußte. Besonders begehrt waren Plätze in der Nähe von Einmündungen, Häfen, Buhnen oder anderen schützenden Anlagen. Häufig wurden Schiffmühlen bei Eisgang oder Hochwasser losgerissen und richteten vielfach riesige Schäden an, meist nahmen sie den Schaden aber selbst. Über eine Katastrophe, die eine Schiffmühle bei Magdeburg anrichtete, gibt eine Schilderung von 1777 Kunde:

> „Am 13. Januar riß die kaum zugefrorene Elbe auf. Das Eis nahm die Westerhüser Mühle mit, trieb diese durch die Magdeburger Strombrücke, die ihr das Dach abriß, aber dadurch ihren Schadensweg nicht aufzuhalten vermochte. Sie riß die nächste Mühle mit sich fort und trieb gemeinsam mit dieser gegen die am Packhof überwinternden Schiffe. Dabei vernichtete sie 47 große Elbkähne, 53 Zoll- und Müllerkähne sowie weitere 8 Schiffmühlen ... der Schaden betrug 60 000 bis 100 000 Thlr.“

Stadtansicht von 1850:
Vier Schiffmühlen, mehrere Katzbuckelkähne und ein Personendampfschiff liegen unterhalb der Magdeburger Strombrücke.

1862 wurde auch die Wehlener Schiffmühle bei schwerem Eisgang aus der Verankerung gerissen und bis kurz vor Dresden abgetrieben. Sie wurde stark beschädigt und mußte auf einer Werft repariert werden.

1850 kostete eine Schiffmühle etwa 2 300 Thlr. und weitere 200 Thlr. das Ankergeschirr. Nach maximal 30 Jahren mußte eine Schiffmühle in all ihren Bestandteilen erneuert werden. Besonders anfällig für Fäulnis und Verrottung war jener Bereich der Bordwand, der je nach Tiefgang mal im, mal über dem Wasser lag.

Mußte eine Mühle durch eine gänzlich neue ersetzt werden, dann blieb das erteilte Privileg auch für diese bestehen. Zugleich mit der Standortgenehmigung wurden die festen Abgaben vereinbart, die der Schiffmüller an den Staat oder sonstige Verfügungsberechtigte über den betreffenden Stromabschnitt zu entrichten hatte, und zwar teils in Geld, teils in Naturalien.

Da Schiffmühlen in früheren Jahrhunderten alltäglich waren, fanden sie bei den Chronisten wenig Beachtung. Von vielen wissen wir heute nur aus Gerichtsprozessen oder aus Havarieberichten. Nach einer Generaltabelle aller in Sachsen befindlicher Wind-, Schiff- und Wassermühlen von 1721 gab es zu dieser Zeit 84 Schiffmühlen. Zu fast jedem Elbort gehörte wenigstens eine Schiffmühle. In Meißen, Torgau, Aken und Schönebeck waren über Jahrhunderte je sechs oder gar mehr Strommühlen in Betrieb. Auf der für die Schiffahrt ohnehin sehr schwierigen und stark befahrenen Elbstrecke bei Magdeburg haben in der Regel 10 bis 15, teilweise auch mehr als 20 Schiffmühlen gelegen.

Historische Lithographie:
Vor dem Magdeburger Dom eine Schiffmühle in einmaliger Bauform; sie bestand aus zwei Hausschiffen, zwei Wellenrädern und einem Wellschiff; ein gewaltiger Spannbaum überragte die gesamte Konstruktion.

Der Wiener Kongreß und die im Nachgang unterzeichnete Elbschiffahrtsakte des Jahres 1821 minderte die freie Gewerbeausführung der Schiffmüller.

1837 kam es dann durch „Amtsblatt-Mitteilungen" entlang der Elbe zu Einschränkungen der Rechte der Schiffmüller, denen am 11. März 1850 ein einschlägiges Gesetz folgte.

Seit diesem Zeitpunkt mußte jede Schiffmühle mit einer Polizeinummer kenntlich gemacht werden. Sie durften ihren Standort nicht verändern, und die Anlegung neuer Schiffmühlen war gänzlich untersagt.

Die zielstrebige Ablösung der Mühlen mit ihren Privilegien durch den Staat geschah ab 1865. Die zuständigen Strommeister bekamen den Auftrag, eine Rangfolgeverzeichnung über die Behinderung der Schiffahrt durch die Schiffmühlen zu erarbeiten und vorzulegen. Je nach Finanzlage der sächsischen oder preußischen Staatskasse wurde die Ablösung der Mühlen gegen entsprechende Entschädigungszahlungen an den Müller vorangetrieben.

1888 stellte dann die letzte Schiffmühle Sachsens in Niedermuschütz ihren Betrieb ein. Auf der preußischen Elbstrecke drehte sich 1901 das Wellrad der Rogätzer Schiffmühle mit der Polizeinummer 21 letztmalig.

Die letzte Schiffmühle auf der Elbe bei Lobositz mußte 1910 der Elbstromregulierung weichen.

Eine den Elbschiffmühlen sehr ähnlich gestaltete Bauart einer Schiffmühle ist im Burggarten des Landschaftsmuseums der Dübener Heide in Bad Düben erhalten. Sie ist die einzige Schiffmühle Deutschlands, die annähernd im originalgetreuen Zustand noch vorhanden ist.

Aufnahme von 1883:
Reperatur der Schiffmühle Nr. 1 des Akener Müllers
L. Trübe auf der Schiffswerft in Aken; die Nutzungsfähigkeit
dieses Mühlentyps betrug etwa 30 Jahre.

10.2. Flößerei, die einfachste und billigste Art, Holz zu transportieren

„Unter Flösserei ist der Schiffahrtsbetrieb zu verstehen, welcher sich einer Art platter Fahrzeuge bedient, bestehend aus einer Zahl nebeneinander liegender und durch Pflöcke, Querhölzer und dergleichen verbundener Holzstämme, die zugleich das thalwärts zu transportierende wichtigste Frachtgut bilden. Diese Flösse von Stammholz und Langholz, Bau- und Zimmereiholz, hatten zumeist Ruder und Steuerruder, Deckhütten etc. und wurden häufig unter der Aufsicht des Eigenthümers (Flossherrn) von Flössern und Flossknechten geführt“[1].

Die ersten Mitteilungen über die Flößerei in Deutschland stammen aus dem Mittelalter. Danach wurde bereits im 13. Jahrhundert auf der Saale, der Elbe, dem Rhein mit seinen Nebenflüssen und den Alpenflüssen Holz geflößt.

Auf der oberen Elbe werden gemäß einer Pirnaer Zollrolle von 1 325 Flöße zum Transport von Steinen genannt. Die Saline in Lüneburg verbrauchte im 14. und 15. Jahrhundert durchschnittlich etwa 150 000 m^3 Holz. Daher mußte schon zu dieser Zeit auf der Elbe und ihren Nebenflüssen Ilmenau, Neetze und Jeetzel Holz nach Lüneburg transportiert werden. Als dann das Holz der Umgebung Lüneburgs verbraucht war, wurden mit großen Anstrengungen und Kosten in jahrzehntelanger Arbeit die aus Mecklenburg in die Elbe fließenden Sude und Schaale floß- und schiffbar gemacht. 1561 erwarb die Stadt Lüneburg das Privileg, auf der Schaale Schleusen für die Holzflößerei bauen zu dürfen. Besonders stark war auch der Holzbedarf Hamburgs, wo drei Jahrhunderte lang bis in das 19. Jahrhundert hinein für den Segelschiffbau immense Holzmengen benötigt wurden[2].

Diese Flöße hatten meist zwei Aufgaben, sie waren Ladung und Ladungsträger zugleich. Die auf den Flößen beförderten Transportgüter nannte man „Oblast“. Das Ladegut bestand in erster Linie aus Werkhölzern für handwerkliche Betriebe, Steinen und Eisen.

Eine weitere Aufgabe fiel den Flößen auch im Fährverkehr zu. So wird in einer Urkunde der Fährbetrieb mittels Handkahn und Floß Anfang des 16. Jahrhunderts bei Bleddin (Elb-km 194) und Iserbegka (Elb-km 203) erwähnt[3].

Zeugnisse oder Fundobjekte dieser früheren Flößerei sind nur selten überliefert. Die Ursache liegt darin begründet, daß Flöße den Vorteil hatten, nicht unter die Wasseroberfläche und somit unter Luftabschluß zu geraten. Nur wo Flöße am Rande von Mooren in Vergessenheit gerieten und vom Torf überwachsen wurden, waren überhaupt Bedingungen für die Erhaltung gegeben. Im allgemeinen waren Flöße nur sehr kurzlebige Wasserfahrzeuge.

Daß die Flößerei auf der Elbe in früheren Jahrhunderten eine große Bedeutung hatte, wird durch eine Holzordnung für Preußen von 1622 belegt. Um den Raubbau an den Waldbeständen einzuschränken, verbot dieser Erlaß generell die Verflößung von Holz in fremde Länder.

Meist wurde nur spezifisch leichtes Holz (Tannen, Fichten und Kiefern) geflößt. Das schwere Eichenholz gab man bestenfalls in geringen Mengen als Zusatzladung den Flößen bei.

Schon nahe der Elbquelle begann die Elbflößerei mit losem Holz. Ab Königgrätz (Hradec Králové) vereinigte man die einzelnen Stämme zu Prahmen oder Tafeln. Schicht um Schicht legte man die Stämme übereinander, so daß sie noch eine Ladung von geschnittenem Holz zu tragen vermochten. Die Flöße glichen so einem schwimmenden Holzlager.

Ab Melník mußte die Elbe noch zusätzlich die durch die Moldau herbeigeführten Böhmerwaldflöße tragen, die von Prager Holzhändlern in Niedergrund

(Dolni Zleb) an preußische Händler verkauft wurden. Die Moldauflöße hatten meist schon den langen Weg von Budweis hinter sich gebracht. Niedergrund galt früher als größte Holzniederlage am Elbstrom. Oft hingen bis zu 300 Prahme an beiden Elbufern. Ganze Wälder schaukelten förmlich auf den Wellen der Elbe. Dampfschiffe mit ihren langen Zügen von Fahrzeugen und talwärts schwimmende Elbkähne mußten sich mühsam durch die ungeheuren Holzmassen hindurchwinden. Das Ufergelände der Floßholzsammelplätze war durch die großen Holzindustriellen Böhmens und Sachsens gepachtet.

Die großen Holzgeschäfte wurden in Herrnskretschen (Hrensko) getätigt. Die Bezahlung erfolgte meist in Gold- oder Silberwährung. Ein richtiger Floßhändler oder Floßbesitzer war ohne Goldkatze oder Goldwaage eigentlich undenkbar.

Seit dem Abschluß der Additionalakte 1844 wurden auch gesetzliche Bedingungen an die Elbflößer gestellt. So durfte die Breite eines Floßes in der Regel 20 preußische Fuß (6,27 m) nicht überschreiten. Den einzelnen Uferstaaten blieb es jedoch vorbehalten, innerhalb ihrer zuständigen Elbstrecke Sonderregelungen zu erlassen. Für den österreichischen Bereich der Elbe wurde zwischen Melník und Niedergrund durch einen Erlaß der Statthalterei vom 30. Oktober 1880 die Breite der Flöße auf 6,32 m und ihre Länge auf höchstens 133 m festgelegt.

Auf der sächsischen Elbstrecke durften nach einer Verordnung von 1864 die Flöße eine Gesamtlänge von 113 m und eine Breite von 11,3 m erhalten. Länger galten bereits Vorschriften für den preußischen Elbbereich bis Hamburg, denn seit 1845 waren unterhalb Magdeburgs bis nach Hamburg Flöße mit einer Breite von 40 Fuß (12,55 m) erlaubt. Das Passieren des Magdeburger Stadtgebietes durch Flöße war allerdings nur mit einer Sondergenehmigung des Hafenmeisters gestattet. Die besondere Gefährlichkeit der Elbstrecke am Domfelsen, die vielen Schiffmühlen vor der Strombrücke und diese Brücke selbst gaben für diese Verkehrseinschränkung den Ausschlag.

Die Durchgangszahlen von Flößen in diesem Elbbereich liegen deshalb sehr niedrig. Erst unterhalb der Haveleinmündung in die Elbe wurde die Flößerei wieder lebhafter, schließlich mußte der 41,6 ha große Holzhafen Hamburgs versorgt werden.

Die Holzflößerei war die billigste und auch die zuverlässigste Transportart für Stammholz. Um die Jahrhundertwende wurden auf der Elbe fast 0,5 Mill. m^3 Holz transportiert. Die Empfänger des Holzes waren Sägewerke in der Umgebung von Dresden, Riesa, Magdeburg und weiteren Elbstädten[4].

Die zu einer Tafel zusammengebundenen Stämme hatten die stattlichen Abmessungen von 6 bis 8 m bei einem Durchmesser von 40 cm. Als Verbindungsmaterial benutzte man junge zusammengedrehte Fichtenäste, die sogenannten Wieden. Die Hersteller dieser Wieden waren die „Wiedendreher".

Bauklammern, Stahlseile oder Ketten kamen aus Preissgründen und wegen der Rückführung zum Abgangsort der Flöße nicht in Betracht. Die äußeren Stämme eines Floßes wurden als Streichbäume bezeichnet. Sie waren jeweils die längsten Hölzer und mußten beim fertigen Floß über die angeschlossene Tafel reichen. Ihre Bezeichnung verdanken sie dem Umstand, daß sie oft mit Hindernissen, wie Schiffmühlen, Brücken oder Fähren, in ungewollte Berührung kamen. Zur Verbesserung der Querstabilität einer solchen Tafel dienten die Klisten. Diese Querhölzer waren mit jedem einzelnen Stamm verbunden.

Mehrere Tafeln hintereinander gereiht und verbunden ergaben dann das in sich bewegliche Floß. Die Beweglichkeit war Grundvoraussetzung, um die Flußkrümmungen ausfahren und anderen Hindernissen ausweichen zu können.

Zur technischen Ausrüstung gehörten noch die Pätschen am vorderen und hinteren Ende des Gefährts. Ihre Anzahl richtete sich nach der Größe des Floßes. Mit diesen Pätschen, die man gelegentlich auch Scherbel nannte, wurde das Floß in der Fahrrinne gehalten. Als Schricke bezeichnete man die Bremseinrichtungen der Flöße. Sie waren zwischen 4 und 6 m lang und durch einen Hebelmechanismus in mindestens zwei Tafeln eingebaut. Kam das Kommando „Schricke fallen", bohrten sich die Spitzen dieser Holzstämme in den Flußgrund und setzten der Fahrt des Floßes ein Ende.

Letztendlich mußte noch für die Unterbringung der Floßbesatzung gesorgt werden. Meist wurde auf der mittleren Tafel die Unterkunft der Flößer aus Brettern gebaut, es war dies die „Floßbude". Ihr Dach war nach hinten abfallend und entgegen der Fahrtrichtung war eine Seite offen. Bei allen Flößen, die mehr als ein Tag unterwegs waren, war diese Übernachtungsmöglichkeit vorgeschrieben. Sie diente auch als Schutz vor Witterungsunbilden und war mit einer Strohlage ausgestattet.

Vorschrift war, daß jedes Floß an beiden Seiten der Floßbude mit roten Buchstaben Namen und Geschäftssitz des Floßeigentümers trug. Auch der verantwortliche Floßführer mußte auf dieser Schrifttafel namentlich benannt sein, jedoch mit schwarzer Schrift und mit mindestens 15 cm großen Buchstaben.

Die Flößerei war der übrigen Schiffahrt gleichgestellt. Es galten die gleichen schiffahrtspolizeilichen Vorschriften. Bei einem Bestand von mehr als 150 m^3 Holz mußten sogar drei floßfahrkundige Männer, alles Patentinhaber, zur Besatzung gehören. Insgesamt wurden durchschnittlich 8 Männer für eine Reise benötigt.

Das Kommando auf dem Floß hatte grundsätzlich der Floßführer. Er war verantwortlich für die fachgerechte Herstellung des Fahrzeugs, für die Ausstattung und für die ordnungsgemäße Mitführung der Urkunden (Frachtbriefe, Lieferscheine). Daß er auch im Besitz eines Elbschiffahrtspatentes sein mußte, versteht sich von selbst.

Jeder Flößer hatte sich allein zu verpflegen. Gekocht wurde auf offenem Feuer, wozu in unmittelbarer Nähe der Floßenden die Feuerstellen auf einer Lage Lehm eingerichtet waren. Gleichzeitig hatten diese Feuerstellen noch eine weitere Funktion zu erfüllen, nämlich die Beleuchtung des Floßes während der Nacht. Nur selten wurde ein kleiner Ofen mitgeführt. Das Bier, das in Fässern auf keinem Floß fehlen durfte, ging immer auf Rechnung des Floßeigentümers. Diese waren meist Holzhändler oder Sägewerksbesitzer, die die Floßmannschaften für ihre Dienste angeheuert hatten.

Die Flöße wurden an den Landesgrenzen auch Zollkontrollen unterzogen. Eine dieser markantesten Zollstationen war an der Hirschmühle, schräg gegen-

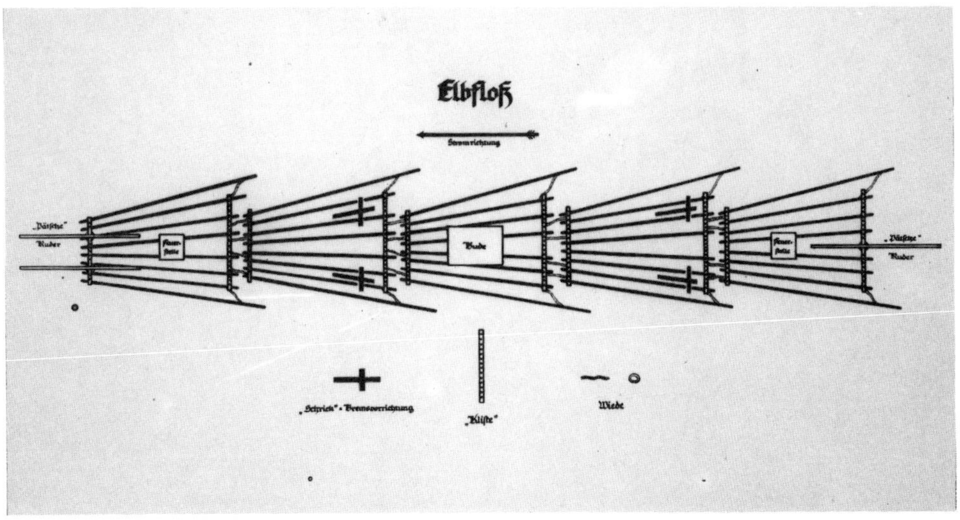

Zeichnung der Zusammenstellung eines Floßes. Eine Tafel bestand aus 30 bis 60 Stämmen, die bis zu 10 m lang sein konnten.

über von Schmilka gelegen. Hier wurde für einen Festmeter die Gebühr von 1,20 bis 4,80 Mark erhoben, je nach Veredlungsgrad des beförderten Holzes.

Die Flößerei war eine sehr schwere Arbeit, geschah sie doch bei jeder Witterung. Das Wetter und der Wasserstand waren es auch, die die Zeitdauer einer Floßfahrt auf der Elbe bestimmten. War reichliches Fahrwasser vorhanden und schwamm das Floß ohne Störungen über alle Sandbänke, Heger und Furten glatt hinweg, konnte eine Fahrt von Herrnskretschen bis Magdeburg in vier Tagen beendet sein. Es gab aber auch Reisen, die bei gleicher Fahrtstrecke bis vier Wochen dauerten. Dies war besonders im Spätherbst mit den kurzen Tagen der Fall, Feinde der Flößer waren auch die Herbstnebel und plötzlich eintretende Kältewellen.

Fuhr sich ein Floß an einer Sandbank fest, dann mußte man es entgegen der Strömungsrichtung loswuchten. Diesen Vorgang nannte man „gieken". Ähnlich der Warpschiffahrt wurde das Floß mittels einer Erd- oder Schinderwinde elbaufwärts gewunden. An einigen gefährlichen Stromstellen verstärkten die Bomätscher die reguläre Floßmannschaft.

In beständigem Zank und Streit lebten die Flößer mit den Fährleuten und den Schiffmüllern. Nicht selten kam es zu Kollisionen mit den Mühlen oder Fähren. Oftmals brachen auch Teile der Flöße auseinander und die Stämme schwammen herrenlos und gefahrbringend den Strom hinab.

Erreichte das Floß unbeschadet den Zielort, wurde es aufgelöst, es wurde „ausgewaschen". Die Wieden wurden mit einem Beil zerhackt und die Stämme aus der Elbe gehoben bzw. auf der Schleppbahn zum Holzplatz gezogen.

Zwischen Flößen und Frachtschiffen ging es oft sehr eng zu. Bisweilen behinderte die Flößerei die durchgängige Schiffahrt erheblich (historische Darstellung).

Das Holz der abgetragenen Floßbude wurde mitverkauft und das Strohlager dem Strom übergeben.

Mit ihren Habseligkeiten kehrten die Flößer wieder heim, um wieder eine neue Fahrt zu beginnen. Des Leben der Flößer war ein immerwährendes „stromab-landauf".

Die aufstrebende Schiffahrt ab Mitte des vorigen Jahrhunderts stand der Flößerei nie wohlgesonnen gegenüber. So ist in einer Zeitungsnotiz aus dem „Akener Wochenblatt" vom 22. Oktober 1889 zu entnehmen:

> „Die Ö.N.W.D.G., die SBDG und die Gesellschaft Vereinigter Schiffer haben sich bei der böhmischen Statthalterei beschwert, daß die Flößerei auf der Elbe zu sehr überhand nehme ..."

Im 20. Jahrhundert brachte dann der Lastwagentransport von Holz die Flößerei endgültig zum Erliegen. Die holzverarbeitende Industrie siedelte sich vorrangig in den Waldgebieten an. Die Flößerei wurde so überflüssig. Die letzten Flöße auf der Elbe waren Ende der vierziger Jahre unseres Jahrhunderts zu sehen.

Eine originelle Sonderform der Flößerei auf der Elbe soll nicht unerwähnt bleiben, die „Karpfenflößerei". Jährlich und besonders im Herbst wurden große Mengen lebender Karpfen elbabwärts transportiert. So berichtet die „Akener Wochenzeitung" Nr. 84 von 1883 unter der Überschrift Karpfenschiffe:

> „Auf der Elbe sieht man jetzt eine besondere Art von Fahrzeugen schwimmen: es sind dies die sogenannten Karpfenschiffe. Sie befördern aus dem inneren Böhmen, sogar von Budweis aus, eine Unmasse von Karpfen und anderen Fischen, hauptsächlich noch Weißfische, und zwar auf eine ganz eigentümliche Art. Diese Fahrzeuge sind Flöße, welche nur einen Rahmen bilden, innerhalb dieses Rahmens ist aus starken Pfosten und Brettern ein großer Kasten gebildet, in welchem die Fische aufbewahrt werden und so, immerwährend mit frischem Wasser versehen, auf die leichteste und bequemste Weise bis an die entferntesten Stationen befördert worden können. Die meisten dieser Sendungen gehen nach Hamburg.
>
> Freilich ist die Beförderung für die Schiffer eine besonders anstrengende und der fortwährenden Feuchtigkeit wegen sehr aufreibende Tätigkeit, die aber auch dementsprechend besser bezahlt wird."

Der Wert einer solchen Fischsendung betrug oft bis zu 60 000 Mark. Auffallend war bei diesen Spezialflößen die stärkere Bemannung, da sie kompakter gebaut waren. Die unter Wasser befindlichen Fischkästen durften nirgends anstoßen oder beschädigt werden. Durch einen Unfall hätte dann das mit großer Mühe eingefangene Ladungsgut, die Karpfen, plötzlich die Freiheit wiedererlangt.

Jedes Karpfenfloß wurde deshalb immer durch einen Haupter geführt, um möglichst sicher den Bestimmungsort zu erreichen,

10.3. Elbfischerei, ein Jahrhunderte altes Gewerbe für die Versorgung der Menschen

„Überhaupt ist dieser Elbstrom ein sonderbar gesegnetes und nutzbares Wasser, in Betrachtung seiner vielen und mancherley Gattungen überaus köstlicher und gesunder Fische, welche von den An- und Bewohnern nach Nothdurft, durchs ganze Jahr hindurch, häufig, daraus gefangen werden," stellt der Landschaftschronist *Dielhelm* in seinem „Antiquarius des Elbstroms" 1741 fest. Welch Wunder, war doch das Wasser der Elbe bis 1910 noch genießbar und ein Trinkwasserbehälter für die Schiffer und Flößer bis zu dieser Zeit unbekannt.

Der Ursprung der Fischerei auf der Elbe liegt in einer Zeit, aus der schriftliche

Überlieferungen nicht vorliegen. Als nach Ende der Völkerwanderung slawische Fischer die beiderseitigen Ufer des Elbstromgebietes besiedelten, war wohl der reichhaltige Fischbestand der Elbe eine der Ursachen für ihre Standortwahl.

Früheste Zeugnisse über die Fischerei sind aus dem Mittelalter erhalten, als sich die ersten Handwerkerinnungen und -gilden bildeten. Die Fischerei wird dem Handwerk zugeordnet, weil die Gerätschaften für den Fischfang (Netze, Reusen usw.) durch die Fischer selbst hergestellt werden mußten. Die Gründungen dieser Innungen waren meist mit bestimmten Privilegien bedacht, aber auch an eine Vielzahl von Pflichten gebunden.

Zu den ältesten Innungsurkunden zählt das den Havelberger Fischern erteilte „Privilegium zur Ausübung der Fischerei" vom 21.6.1371. Es war durch den brandenburgischen Markgrafen *Otto von Wittelsbach* erteilt und galt für die Elbe und die Havel zugleich. Wer in diese Havelberger Fischergilde aufgenommen werden wollte, mußte mindestens ein Haus in der Stadt eigentümlich besitzen und als dessen Eigentümer auch in das Hypothekenbuch eingetragen sein.

In Magdeburg ist eine Fischerbrüderschaft schon 1400 belegt, ebenso in Torgau. Ab 1479 ist hier durch den Rat der Stadt eine Regelung zum Verkauf der Fische in Torgau vorabschiedet worden. Zu den ersten Innungen in Wittenberg zählte auch eine Fischerinnung, die 1452 ihre Statuten erhielt. In Pretzsch waren die Fischer die älteste Handwerkervereinigung überhaupt. Ihre Gründung datiert aus dem Jahr 1444.

Weitere Fischerhochburgen waren Dresden, Meißen, Riesa, Aken und Schönebeck. Bisweilen lebten in diesen Städten bis zu 50 Meister und konnten vom Fischfang ihre Familien ernähren.

Die Privilegien waren vom jeweiligen Landesherrn an die Innungen erteilt worden. Ihr wesentlichster Inhalt war die Festlegung der genauen Fangreviere. Nebenflüsse und Nebenarme der Elbe durften nur befischt werden, wenn sie in direkter Verbindung mit dem Strom standen und mit dem Handkahn erreichbar waren. Da es dennoch zu Streitigkeiten unter den Fischern der angrenzenden Elborte um die Fangreviere kam, befahl 1557 Kurfürst *August von Sachsen*, eine Fischerei-Ordnung auszuarbeiten. Damit wollte er gleichzeitig die Ausrottung einzelner Fischarten verhindern.

Zur Beratung dieser Ordnung trafen sich am 16. Januar 1559 in Dessau die Vertreter der zwischen Wittenberg und Magdeburg liegenden Elbuferstaaten. Die Ergebnisse der 1560 in Kraft gesetzten Regelung trafen nicht auf Gegenliebe bei den Fischern, und trotz einer Protestwelle, der sich auch der Rektor der Wittenberger Universität anschloß, waren die Festlegungen des Kurfürsten unwiderruflich. Folglich waren Mindestmaße für die einzelnen Fischarten festgelegt und die Maschenweiten der verwendeten Netze und die Fangweisen vorgeschrieben. Nur zum Fang von Gründlingen wurde ein enges Garn zugelassen. Für das Zug- oder Eisgarn mußte die Maschengröße mindestens 27 cm^2 betragen.

Über die Fischarten in der Elbe gibt eine Beschreibung des Amtes Dömitz Auskunft. Sie wurde 1566 durch *Tilemann-Stella* aufgestellt und führt folgende Fische auf: „Stöhr, Lachs, Wils, Quappen, Neunaugen, Hecht, Langarde, Braßen, Karpen, Schürgel, Barben, Aland, Ahle, Plötze, Ragen, Rothaugen, Karutschen, Döbel, Stint, Wittich, Neßen, Serbz, Güstern, Barse, Kuhlbarse, Sandaten, Gründling, Krebs, Bütten, Schmorlen und Schleijen".

Als 1782 eine Abhandlung über „Die ökonomische Naturgeschichte der Fische" entstehen sollte, zählten die Magdeburger Fischer 35 Fischarten in ihren Fanggebieten auf. Die wichtigste Fischart war zu jener Zeit zweifellos der Lachs. Die Lachse waren wie die Aale Wanderfische, deren Lebenswege entgegengesetzte Richtungen und Ziele haben. Während die Vermehrung der Aale im Atlantischen Ozean geschieht, entwickelten sich die Lachse in den böhmischen Gebirgsbächen und ihren Zuflüssen. Nach zwei oder drei Wintern verließen sie den Elbfluß, um die Nordsee als „Mastanstalt“ zu nutzen. Bei voller Entwicklung, das waren bis zu 1,3 m Länge und fast 40 kg Gewicht, kamen sie zur Elbe zurück und strebten ihren Laichrevieren in den Quellagen der Elbe zu. Die Mühlenwehre, Wasserfälle und Stromschnellen überwanden sie durch ihre Gewandtheit. Hochsprünge von 2 bis 3 m und Weitsprünge bis zu 6 m waren keine Seltenheit. Die Menschen haben ihnen sogar Hilfe durch Anlegung von sogenannten Lachsleitern oder Lachstreppen geleistet.

Ihr wohlschmeckendes rosarotes Fleisch war sehr begehrt. Das beweist eine Fangstatistik der Magdeburger Fischerbrüderschaft. Es wurden gefangen[5]:

1749	436	Stück	im	Gewicht	von	5 583	Pfund
1752	529	“	“	“	“	7 107	“
1747	1 364	“	“	“	“	21 558	“
1753	1 610	“	“	“	“	23 718	“
1754	2 535	“	“	“	“	41 636	“

Wöchentlich war durch die Brüderschaft an die königliche Küche ein zehnpfündiger Elblachs zu liefern.

Das Innungsleben hatte besonderen Stellenwert bei den Fischern. Wie in allen Vereinigungen hatten auch Innungen einen Vorstand. Bei den Fischern nannte man ihn Altmeister. Er wurde nach offener Abstimmung benannt. Dieses erteilte Vertrauen galt in der Regel auf Lebenszeit. Ein Altmeister hatte die alljährlichen Hauptversammlungen (Hauptquartale) zu leiten, die immer zur jeweiligen Sonnenwende stattfanden. Sie wurden auch „Morgensprache“ genannt.

Bei diesen Versammlungen wurden die Innungsstatuten verlesen, Lehrlinge freigesprochen und die Meister ernannt. Die Zusammenkünfte fanden im traditionellen Innungslokal statt. Hier war das gesamte Vermögen der Innung verwahrt, wie die Fahne, das Siegel, sowie die Lade mit allen Dokumenten und wichtigen Akten. Auch die sonstigen innungseigenen Habseligkeiten bewahrte man dort auf.

War die Lade geöffnet, mußte „jede Ungebühr, jeder Streit schweigen, Hüte und Mützen abgesetzt werden“.

Wurde ein Lehrling eingeschrieben, mußte dieser vor den Anwesenden das Gelöbnis leisten: „Ich habe Lust, das Fischerhandwerk zu erlernen und hoffe, ihr werdet mich nicht verstoßen.“ Das Lehrgeld betrug ein Faß Bier. Nach dreijähriger Lehrzeit, jeweils am 21. Juni, dem Tag der Sommersonnenwende, wurden die Lehrlinge zu Gesellen geschlagen. Zuvor mußten sie ein Gesellenstück fertigen, es war meist ein „gestrickter“ Garnsack für den Aalfang.

Das Meisterwerden kostete 10 Silbergulden, eine Mahlzeit und Bier für die Innungsmitglieder. Der Meisteraspirant mußte aber in jedem Fall fachbezogene Wanderjahre nachweisen.

Aus Existenzgründen war die Anzahl der Fischmeister seit dem 16. Jahrhundert begrenzt. Die Fangreviere innerhalb der Innung wechselten jährlich, da die Fischgründe in unterschiedlicher Entfernung vom Wohnsitz der Fischer lagen und auch unterschiedlichen Fischbestand aufwiesen. Fischte man gemeinsam in einem entfernten Revier, wurden die Anteile unterschiedlich aufgeteilt. Ein Meister erhielt 2,5 Anteile, ein Geselle 1 Anteil. Dem Lehrling blieben 0,5 Anteile. Jeder Fischer erhielt zusätzlich, aber abhängig von den zu versorgenden Familienangehörigen, seinen Naturalanteil. Dieser Anteil wurde mit „Küchenfischerei“ bezeichnet. Er war nicht selten auslösender Faktor großer Streitigkeiten der Meister untereinander, gab es doch keine Richtschnur für die Bemessung der Familiengröße und dafür, wer alles zur Familie zu rechnen war[6].

Die Fische wurden an den Markttagen durch die Frauen der Fischer zum Verkauf angeboten. Markttage waren immer mittwochs und samstags. Die Sonntage sowie alle Festtage waren heilig, es durfte weder gefischt noch verkauft werden.

War in der Woche kein Markttag, dann fuhren die Fischerfrauen (im Volksmund wurden sie „Fischweiber" genannt) mit ihren Handkarren über Land und boten ihre Fische feil.

Der Hauptmarkt für Elbfische war in Havelberg. Von hier aus wurden sowohl der Hamburger Fischmarkt als auch die Märkte in Berlin versorgt. Zu den Hauptabnehmern der Havelberger Fischer zählte die Stadt Lüneburg oder deren Händler. Zum Teil holten die Berliner Händler die Fische in bis zu 30 Ztr. fassenden Kähnen selbst ab, obwohl die Reise nach Havelberg für sie 3 bis 6 Tage dauerte.

Zur Jahrhundertwende nahmen die Berliner die Fische in Havelberg in Empfang und transportierten sie mit dem Nachtzug in die Hauptstadt. So konnten die Elbfische schon des morgens auf dem Berliner Fischmarkt angeboten werden.

Den Privilegien der Fischer standen auch viele Pflichten gegenüber. Zuerst mußte für die Landesherren ein bestimmtes Quantum an Fischen regelmäßig und kostenlos bereitgestellt werden. Bei Hochwasser waren die Brücken und Dämme zu bewachen, gleiches traf bei Eisgang bzw. Eisstillstand zu. Die unbefugte Fischerei, die Räuberei durch Bürger, Bauern und Soldaten mußten sie innerhalb ihres Fangrevieres unterbinden.

Außerdem hatten sie einen regelmäßigen Pachtzins für ihre Fanggründe an das zuständige Amt abzuführen.

Streitigkeiten um Fischrechte traten meist dort auf, wo sich viele Altarme der Elbe befanden und diese bei normalem Wasserstand der Elbe nicht zugänglich waren. Bisweilen arteten diese Vorfälle in kriegerische Handlungen aus, da die Fischer auf ihr alleiniges Recht zur Nutzung ihrer Fanggründe nicht verzichten wollten. Die Gegenparteien der Fischer beriefen sich ihrerseits auf vorhandene Lücken in der Abfassung der Innungsprivilegien.

Gegner der Fischer waren meist die bodenständigen Bauern, die heimlich die Fischerei in verbotenen Gewässern versuchten. Mehrfach mußten Armee und Justiz schlichten.

Mitte des vergangenen Jahrhunderts (11.3.1850) wurden für die Fischerei in der Elbe und ihren Nebenarmen Polizei-Verordnungen erlassen, die für alle Elbuferstaaten galten. Sie regelten u. a. wichtige Fragen wie

- Berechtigung zur Ausübung der Fischerei,
- Pflege der Fischereigewässer,
- Benutzung der zugelassenen Gerätschaften,
- Festlegung der Laich- und Schonzeit für die betreffenden Fischgattungen und
- Mindestlängen der Fische (z. B. Aale – 13 preußische Zoll, Karpfen – 9 preußische Zoll, Lachse – 18 preußische Zoll, Forellen – 6 preußische Zoll und Krebse – 4 preußische Zoll).

Die Fangmethoden waren sehr unterschiedlich. Hatte ein Nebenarm eine freie Verbindung zur Elbe, so wurde diese mit dem Grundnetz abgeriegelt und mit dem Treibnetz das Gewässer abgefischt. Damit das Grundnetz auf dem Grund des Gewässers lag, befanden sich am unteren Saum Bleikugeln. Die Korken an der oberen Leine hielten das Netz an der Wasseroberfläche.

In der offenen Fahrrinne des Stromes fischte man ganz selten, hier hielten sich die Fische nicht auf. Sie bevorzugten das ruhigere Wasser hinter den Buhnenköpfen. Hatten die Fischer ein solch erfolgsträchtiges Buhnenfeld ausgemacht, dann wurde angefüttert. Mit dieser Methode kamen noch weitere Fische in dieses Fangrevier. Es gab zwei Fangarten, eine mit einem engmaschigen Grundnetz, wobei das Buhnenfeld abgeriegelt war. Mit den anderen Netzen fing man die eingesperrten Fische. Bei der zweiten Methode spannte man das Stellnetz zwischen den beiden Buhnenköpfen. Je nach der angestrebten Fischart richtete sich bei diesen Netzen die Maschenweiten. Hatten die Fischer alle Vorbereitungen zum Fang abgeschlossen, dann wurden die Fische durch Schlagen mit der Pätsche oder durch Steinwürfe aufgeschreckt. Auf der Suche nach tiefem Wasser schwammen sie gegen das Netz. Während die untermaßigen Exemplare durch die Maschen schlüpfen konnten, verfingen sich die großen Beutetiere mit ihren Kiemen in den Netzen. Nachdem die Netze eingezogen waren, mußten die Fische regelrecht abgelesen werden.

Reusen waren runde Netze, deren Öffnung gegen die Stromrichtung zeigte und die seitliche Leitnetze hatten. Mit ihnen wurden Zu- und Abflüsse von Nebenarmen verriegelt. Wollten die Fische ihr Hegegebiet verlassen, schwammen sie nichtsahnend gegen die Leitnetze und wurden zu den Öffnungen der Reusen geleitet.

Ein Zurück gab es nun nicht mehr, denn in den Reusen waren mehrere Schikanen angebracht. Nach dem gleichen Prinzip funktionierten die Aalsäcke, sie waren im Durchmesser kleiner und in einigen Elbgegenden nicht aus Garn, sondern aus Weiden geflochten. Diese Aalsäcke wurden bevorzugt bei steigendem Wasserstand benutzt, wenn sich die Aale ihre Beute auf Wiesen und Niederungen suchen wollten. Hatten die Fischer das Hochwasser nicht richtig eingeordnet, konnte es schnell zum Verlust dieser Fanggeräte kommen. Aalsäcke und Aalreusen waren die wichtigsten Fanggeräte der Fischer. Aber auch mit Nachtschnüren oder Aalpuppen ging man den Aalen zu Leibe.

Mit dem Beginn der Regulierungsarbeiten an der Elbe nahm der Niedergang der Fischerei im Strom seinen Anfang. Durch den Ausbau der Uferstrecken, Begradigungen des Flusses und Beseitigung der Hindernisse wurden wichtige Hege- und Laichgebiete der Fische beseitigt. Auch fehlte mit den Schiffmühlen, die nach und nach abgelöst wurden, eine bedeutende Futtergrundlage der Fische. Die Anzahl der Beschäftigten in der Elbfischerei verringerte sich kontinuierlich.

Viel Aufsehen erregten bis zum Anfang unseres Jahrhunderts Störe, die sich gelegentlich in die Elbe verirrten. So war am 7. Juni 1907 ein Pretzscher Fischermeister mit seinem Sohn zum Fischfang in Richtung Dommitzsch unterwegs. In der Nähe von Polbitz (Elb-km 169) entdeckten sie gegen Abend im flachen Wasser eines Buhnenfeldes ein auffällig langes dunkles Ungeheuer, das dort regungslos lag. Der Meister erkannte sofort, daß es sich um einen Stör handeln mußte. Beide wateten vorsichtig dem Tier entgegen, das zu einem Drittel aus dem Wasser ragte. Sie fesselten es nach heftigem Kampf mit einem Seil hinter den Kiemen und den Brustflossen. Trotz starker Gegenwehr und des stattlichen Gewichts von 3 Zentnern konnte der Stör gebändigt werden. Der Fisch war 2,85 m lang und hatte einen Brustumfang von 1 m.

Über derartige Störfänge ist öfters berichtet worden. Da Störe meist zu zweit unterwegs waren, geschah es mehrfach, daß auch das etwas kleinere Weibchen den Fischern in die Maschen gegangen ist.

Mit zunehmender Industrialisierung verringerte sich der Fischbestand, außerdem wurden die in der Elbe verbliebenen Fische bzw. Fischgattungen mehr und mehr ungenießbar. Die Edelfische starben gänzlich aus, weil sie der Verölung des Wassers nicht standhalten konnten. Fischkrankheiten, besonders die Fleckenseuche bei Brassen, häuften sich. Durch den abnormen Frostwinter 1928/29, der eine langanhaltende Eisdecke brachte, wurde ein bemerkbarer Rückgang des Fischbestandes in der Elbe eingeleitet. Drei ungewöhnliche Trockenjahre, verbunden mit großem Wassermangel , wirkten sich auch schädlich auf weitere norddeutsche Stromgebiete aus. So wurde die natürliche Wiederbestockung stark beeinträchtigt, die sonst wohl erfolgt wäre.

Zusätzlich trat eine Wollhandkrabbenplage mit schlimmen Folgen für das Fischereigewerbe auf. Zuerst wurde angenommen, daß diese Tiere an den Außenwänden der Ostasiendampfer hingen und so ihren Weg von China nach Europa finden. In Wirklichkeit gelangten sie mit dem Ballastwasser der Seeschiffe zur Elbmündung. Sie fraßen Fische und Fischlaich, zernagten die Netze der Fischer, ja selbst Badende gingen nur noch mit Widerwillen in das nasse Element. Die Angler mußten ihren Sport einschränken und so mancher Angelhaken fiel den scharfen Scheren dieser Krabben zum Opfer. Die Fischer mußten sogar auf die „stille Fischerei" (Garnsäcke, Nachtschnüre und Aalpuppen) gänzlich verzichten. Die Vermehrung der Tiere brachte erhebliche Fangverluste, ja selbst die Existenzgrundlage der Fischer war gefährdet. Eine Schutzgenossenschaft gegen die Wollhandkrabbenseuche bestand seit 1933 an der Elbe. Sie hat in einem Jahr 1365 Zentner (etwa 6 Mill. Stück) Wollhandkrabben gefangen und vernichtet. Zwischen 1930 und 1940 waren durch die Fischer zwischen den Pfeilern der Magdeburger Strombrücke Netze gespannt, mit denen sie täglich zentnerweise Wollhandkrabben fingen.

Trotz vieler Versuche, die gefangenen Tiere einer sinnvollen Verwendung zuzuführen, wurde keine wirtschaftliche Lösung gefunden. In einer Magdeburger Zeitung erschien am 19. August 1937 ein ernstgemeintes Inserat unter der Schlagzeile: „Wollhandkrabben auf den Tisch, sie schmecken wie Krebse, sind spottbillig. Wer versucht es?"

Bis Mitte der fünfziger Jahre konnten sich die Wollhandkrabben in der Elbe behaupten, bevor sie ein Opfer, wahrscheinlich das einzige positive, der zunehmenden Schadstoffbelastung der Elbe wurden.

Das Fischereihandwerk entlang der Elbe hat für die Versorgung der Bürger heute keine direkte Bedeutung mehr. Die wenigen verbliebenen Fischer haben sich zu Produktionsgenossenschaften vereinigt und nutzen vorrangig die vom Strom abgetrennten Elbarme.

10.4. Fähren – bewegliche Elbübergänge

Flüsse und Seen zu überqueren war schon immer eine Notwendigkeit für den Menschen. Als sich die Straßen entwickelten, mußten auch Möglichkeiten geschaffen werden, diese natürlichen Wasserhindernisse zu bezwingen und den Verkehr über den Strom zu leiten.

An der Elbe war es wie anderswo. Die ersten Brücken, die den Strom überspannten, datieren aus jüngerer Zeit. Sie waren zudem noch nicht dauerhaft ausgeführt. Außergewöhnliche Eisgänge und gewaltige Wasserstände setzten ihrem Bestand oft frühzeitig ein Ende.

Mit großer Wahrscheinlichkeit wurden früher Einbäume und Flöße zur Überwindung der Elbe genutzt. Es gilt auch als sicher, daß mehrere Einbäume, zu einem Floß vereint, sogar Quertransport von Vieh ermöglichten.

Besonders bei niedrigen Wasserständen nutzte man Furten zur Überquerung der Elbe. Furten waren seichte Stromstellen, die in der damals noch unregulierten Elbe wie unter Wasser befindliche Straßen fungierten. Auch mit Pferdegespannen wurden diese Furten genutzt. Diese flachen Uferwege kannte man bis zum vorigen Jahrhundert, denn in der schon erwähnten Elbkarte für das sächsische Stromgebiet der Elbe hat sie der Kartograph *W. Lohrmann* noch 1827 vermessen und dargestellt.

Die Nutzung von Fähren auf der Elbe ist schon 983 belegt und wurde 1160 bekräftigt. Ein kurz nach der Mitte des 13. Jahrhunderts gegründetes Materni-hospital in Dresden besaß bereits 1270 eine eigene Fähre. Urkundlich ist sie 1471 erstmals erwähnt. Zumeist handelte es sich bei diesen Frühzeugnissen um kleinere Handkähne oder Flöße, die in historischem Schriftgut oder alten Urkunden festgehalten sind.

Die Fährstellen und Elbübergänge befanden sich meist in den Händen der jeweiligen Landesherren, die das Recht zur Ausübung des Fährbetriebes weiterverpachteten. Für den zu entrichtenden Pachtzins gab es zunächst keine einheitlichen Regelungen. Teils mußte Geld, teils mußten Naturalien als Pachtgebühr gezahlt werden.

Mit normalen Fahrgästen hatte der Fährmann den Preis selbst auszuhandeln. Oft dauerte dieses Geschäft länger als die eigentliche Überfahrt. Das Übersetzen war auf jeden Fall Pflicht, wenn es bei der Beschaffenheit des Fahrwassers möglich und nicht zu gefährlich war.

In Dresden galten 1864 folgende Fährpreise: eine Person zahlte für einmaliges Übersetzen 5 Pf., ein Pferd kostete 1 Gr. und 5 Pf. Wurde eine Furt in der Nähe einer Fähre benutzt, war die Hälfte des normalen Fährgeldes zu entrichten. Eine andere Einnahme des Fährmannes war der Jahreslohn, den die Anlieger in Form von Naturalien zahlten. Man gab dem Fährmann eine festgelegte Menge Brot, Kuchen, Hühner, Korn, Fährstangen o.ä. und erhielt dafür eine angemessene Fährpreisermäßigung.

Die alten Fähren waren nichts als große Prahme mit flachem Bug und Heck, um das Auffahren der Wagen zu erleichtern. Sie wurden dazu jedesmal in umständlicher Weise am Ufer verkettet. Eine zwangsläufige Führung über den Strom hatten sie nicht. Sie wurden mit Staken und Rudern bewegt und erforderten deshalb eine ziemlich starke Mannschaft von Fährknechten. Trotzdem war es bei starker Strömung oft schwer, die Fähre richtig ans andere Ufer zu bringen. Starker Abtrieb kam häufig vor. Dem Geschick des Fährmannes oblag es, das weniger bewegte Wasser in der Nähe des Ufers gut auszunutzen.

Grundsätzlich sind an der Elbe drei Arten des Fährbetriebes zu unterscheiden, und zwar mit freifahrenden Fähren, mit Ketten- und mit Gierfähren.

Seit etwa 1930 wurden die freifahrenden Kahnfähren meist mit Verbrennungsmotoren ausgerüstet, wie hier die Fähre des früheren Fischer und Schifferortes Kleinwittenberg.

Freifahrende Fähren wurden ausschließlich durch Menschenkraft bewegt, es sei denn, es blies ein günstiger Segelwind. Dann setzte der Fährmann ein kleines Sprietsegel an einen kurzen Mast. Diese Fähren bezeichnete man auch als Kahn- oder Schrickfähren, und sie waren vorrangig für den Personenverkehr geeignet. Ein Schrick (ähnlich einem Staken) ist dem heute noch bekannten Bundstaken sehr ähnlich. Er bestand aus einem Rundholz, an dessem unteren Ende ein eiserner Schuh befestigt war, um im Flußgrund guten Halt zu erreichen. Das obere Ende war mit einem abgeflachten Querholz versehen, womit der Fährmann den Druck auf sein Gefährt ausübte und so den Fluß überwand.

Kettenfähren hingen an einer quer zum Strom liegenden Kette oder einem Seil und waren über Laufrollen an diese angeschlossen. Um die freifahrende Schiffahrt nicht zu stören, lag die Kette auf der Stromsohle. Im böhmischen Elbgebiet war auch gelegentlich ein Seil hoch über dem Fluß gespannt.

Bei diesem Fährentyp nahm die Strömung des Flusses den Menschen einen Teil der schweren körperlichen Arbeit ab. Durch eine angemessene Schrägstellung der Fährgefäße wurden die Fahrzeuge zum entgegengesetzten Ufer gedrückt. Dauerte die Überfahrt bei einer Stakfähre 30 bis 40 Minuten, manchmal auch eine Stunde, so wurde nun die Fährzeit wesentlich reduziert. Wichtig war auch, daß sie zwangsläufig an einem bestimmten Uferbereich ankamen.

Gelegentlich wurden sie auch als „Heufähren" bezeichnet, weil die Dorfbewohner entlang der Elbe vielfach Flurstücke des ihnen gegenüberliegenden Ufers landwirtschaftlich nutzten. Mit ihnen brachten sie den Ertrag dieser Wiesen und Felder nach Hause.

1856 wurde einem Fährmann in Laubegast bei Dresden ein sächsisches Patent erteilt (Nr. 678), das ähnlich dem bereits beschriebenen Prinzip der Kettenfähren funktionierte. Die Neuheit des vorgestellten Prinzips bestand in der fest vorgeschriebenen Schrägstellung der Fähre durch jeweils wechselnden außermittigen Kraftschluß.

Gierfähren sind eine ältere Erfindung, obwohl sie, wie schon erwähnt, besonders bei der Einführung der Kettenschiffahrt an der Elbe in den Mittelpunkt rückten.

Die erste urkundlich erwähnte „Fliegende Fähre" finden wir bereits 1380 in Frankreich, bei der Stadt Commines. Eine weitere Quelle nennt den Holländer *H. Heuck* aus Nimwegen als Erfinder dieser Gierfähren. Er hat diese jedenfalls 1657 auch praktisch erbaut und auf dem breiten Waal mit Erfolg zum Einsatz gebracht.

An der Elbe ist bereits 1682 am Roßlauer Elbübergang vom Fürsten *Johann Georg II.* eine Gierfähre eingerichtet worden[7]. Seit dem 18. Jahrhundert sind sie in Meißen und Pillnitz ebenfalls nachgewiesen. Sie sind keineswegs erst zur Zeit der Inbetriebnahme der Kettenschiffahrt auf der Elbe erfunden worden.

Bei Gierfähren, die heute an der Elbe noch mehrfach im Einsatz sind, bilden Halte- und Führungsseil eine Einheit. Es ist stromauf an einer Uferseite fest verankert. Damit es nicht auf dem Flußgrund schleift oder beschädigt wird, wird es an Sohwimmkörpern (Bojen) und Kähnen an der Wasseroberfläche geführt. Am etwa 400 m langen Halteseil sind 30 m von der Fähre entfernt die beiden Führungsseile angeschlossen. Ihre Länge kann über getrennte Winden beliebig verändert werden. So wird der Anstellwinkel der Fähre gegenüber der Strömung verändert und sie drängt dem gewünschten Ufer zu.

Die heute üblichen Fähren sind bis 35 m lang und 7,5 m breit. Ihre Ladefähigkeit beträgt etwa 35 t.

Neben 107 freifahrenden Fähren wurden noch 1912 auf der Elbstrecke von Melnik bis Hamburg weitere 50 Gierfähren aufgeführt[8].

Zwischen Schmilka und Gohlis verkehren jetzt noch 6 von 16 Fähren nach dem Gierseilprinzip.

Mit dem Inkrafttreten von Gesetzen für die Elbschiffahrt nach der Unterzeichnung der Elbschiffahrtsakte wurden Verordnungen für den Fährbetrieb keinesfalls vergessen. Auch die technische Überprüfung der Fähren selbst wurde reglementiert. So ist dem „Wittenberger Kreisblatt" vom 9. Juni 1869 zu entnehmen:

> „Ich bringe hierdurch zur öffentlichen Kenntnis, daß die Fährgefäße des Fährbesitzers Fischer in Bleddin (Elb-km 195 – d.A.), welche derselbe bisher zum Privatgebrauch verwendete, in hohem Grade schadhaft und für eine Überfahrt geradezu gefährlich sind. Ich warne hierdurch das Publikum vor der Benutzung derselben und mache darauf aufmerksam, daß dem Fischer der fernere Gebrauch polizeilich untersagt ist.
>
> Wittenberg, 2. Juni 1869 Königl. Landrath von Jagow"

Für alle Fähren an der Elbe wurden spezielle Fährordnungen Mitte des vorigen Jahrhunderts erlassen. Sie berücksichtigten die besonderen örtlichen Begebenheiten, wie Zufahrtswege, Fährentyp, strategische Bedeutung und die Frequentierung.

Die Rechte und Pflichten des Fährmeisters einer Kahnfähre waren 1868 so geregelt[9]:

> „Ordnung für die Kahnüberfahrt zu Kreinitz bei Strehla
>
> § 1. Der Fährinhaber zu Kreinitz hat jederzeit zwei Kähne mit den erforderlichen Ausrüstungsgegenständen in Bereitschaft zu halten, um das Übersetzen von Personen, kleineren Vieh's und Getreides gegen Gewährung des in dem Fährtarife festgestellten Fährgeldes bewerkstelligen zu können.
>
> § 2. Der Fährinhaber hat sich oder einen der Schiffahrt kundigen Gehilfen, für welchen er verantwortlich ist, an der Fährstelle stets gegenwärtig zu halten.
>
> § 3. Er hat denjenigen Personen, welche die Überfahrt begehren, mit Bescheidenheit und Höflichkeit zu begegnen, deren Übersetzen ohne Aufenthalt zu bewerkstelligen, auch die am gegenseitigen Ufer anlangenden Personen auf Anruf sofort abzuholen.
>
> § 4. Behufs des sicheren und gefahrlosen Ein- und Ausschiffens sind an beiden Ufern, insoweit nötig, Stege einzulegen und in gutem Zustand zu erhalten.
>
> § 5. Das Fahrzeug darf nach Verhältnis der Witterung und des Wasserstandes jederzeit nur mässig und so beladen werden, dass hierdurch kein Unglück oder Nachteil entstehen kann.
>
> Desshalb ist an beiden Fahrzeugen nach dem Ermessen Sachverständiger ein Maass deutlich zu bezeichnen, bis zu welchem dieselben verladen werden können.
>
> Dieses Maass hat der Kahnbesitzer nach der ihn zu erteilenden /:mündlichen:/ Instruktion genau einzuhalten, ausserdem sich harter Ahndung zu gegenwärtigen.
>
> § 6. Der Kahnbesitzer hat in den Monaten Januar und Dezember von früh 7. Uhr bis Abends 7. Uhr, in den Monaten Februar und November von früh 6. Uhr bis Abends 8. Uhr, in den Monaten März und Oktober von früh 5. Uhr bis Abends 9. Uhr, und in den Monaten April bis September von früh 4. Uhr bis Abends 10. Uhr zur Überfahrt sich bereitzubalten.
>
> Zu diesen Zeiten wird das im Tarif bemerkte Fahrgeld entrichtet. Wenn aber Jemand ausser dieser Zeit übergefahren sein will, so ist zwar der Kahnbesitzer gegen Entrichtung des doppelten Fährgeldes dies zu tun verpflichtet, er hat aber mit besonderer Aufmerksamkeit darauf zu sehen, dass nur bekannte und unverdächtige Personen während solcher ungewöhnlichen Stunden übergefahren werden.
>
> § 7. Bei Eisgang ist ohne Berücksichtigung des Wasserstandes der im Tarif angegebene höchste Satz zu entrichten. Wenn aber der Strom mit Eis bedeckt ist, und die Eisdecke zum Übergang für die Passanten sicher genug ist, so hat der Kahnbesitzer die Bahn abzustecken, die Eisdecke so oft als nöthig zu untersu-

chen und dafür Sorge zu tragen, dass jede Gefahr für die Passanten beseitigt werde.

Zur Abforderung eines Fährgeldes ist dann der Fährenbesitzer nicht berechtigt.

§ 8. Das Überfahren der Schaluppen über die Elbe durch einen Anderen als den Fährpächter oder einen von diesem angenommenen kundigen und zuverlässigen Gehilfen, sowie jede Nichtbeachtung oder Zuwiderhandlung der Vorschriften der Fährverordnung wird mit 5 Taler Strafe, welche im Falle der Wiederholung verdoppelt werden kann, an dem Fährenpächter geahndet werden.

Urkundlich
ist diese Kahnüberfahrts=Ordnung abgefasst worden.
Meißen und Strehla, am 31. August 1868
Die Königliche Wasserbau=Commision im Gerichtsbezirk Strehla."

Die Fährordnung für eine Gierfähre war noch umfangreicher, so ergänzt z.B. die Fährordnung für die Überfahrt zwischen Niedermuschütz und Kleinzadel von 1893[10]:

„– die Fährrämpen und Zufahrtswege zur Fähre müssen in einem sicheren und passierbaren Zustand gehalten werden
– die Sitze müssen stets reinlich und wasserfrei gehalten werden
– die Fährgerätschaften sind fortlaufenden Revisionen zu unterziehen
– die Fährmeister und deren Hilfskräfte müssen durchaus tüchtig, schwimm- und fahrkundig sein
– wenn mehrere Fuhrwerke, Reiter, Fußgänger oder dergl. gleichzeitig übergesetzt zu werden verlangen, ohne daß dies der Zustand der Fähranstalt, oder die Witterung gestattet, so sind dieselben nach der Reihenfolge ihrer Ankunft zu befördern. Kaiserliche Posten, Extraposten, Kuriere, Staffetten, in Ausübung

Februar 1929 in Aken: Zu den Pflichten der Fährleute bei geschlossener Eisdecke der Elbe gehörte es über Jahrhunderte, für eine sichere Fahrstraße auf dem Eis zu sorgen.

ihres Berufes befindliche Ärzte, Wundärzte, Hebammen, sowie in Diensten reisende Militär- und Zivilbeamte müssen vorzugsweise befördert werden
- jedem Flosse oder Schiffe, welches in der Nähe der Überfahrtsstelle in Gefahr kommt, hat der Fährmeister mit seinen Gehilfen zu Hilfe zu eilen
- scheuen Tieren sind während der Überfahrt die Augen zu verbinden.
- Mitglieder des Königlich Sächsischen Regentenhauses und deren Gefolge von ordinairen, fahrenden, reitenden und Postboten dürfen nicht mit Fahrgeld belegt werden
- die Annahme von Trinkgeld ist bei Strafandrohnung verboten."

Fährmeisterei, Fischerei und Schiffahrt waren immer eng verbunden. Die Fährmeister entstammten daher meist dem Fischer- oder Schifferstande. Die Inhaber einer Fähranstalt (später waren es meist die Gemeinden) waren dafür verantwortlich, daß das Fährpersonal die an sie gestellten Aufgaben erfüllen konnte und mit den notwendigen Patenten ausgerüstet war. So wurde z.B. dem Kleinwittenberger Fährmann 1876 durch den Gemeindevorsteher, durch den Bezirksinspektor der KSO und durch einen Schiffseigner bestätigt, „daß er zur Zufriedenheit der Schiffer die hiesige Elbbrücke verbobert (Schiffahrtszeichen gesetzt – d.A.) hat".

Als sich die Dampfkraft in der Mitte des vorigen Jahrhunderts auf der Elbe durchzusetzen begann, kamen auch viele kleinere Seitenraddampffähren zum Einsatz. Im flachen Fahrwasser bewährten sie sich zunächst besser als die tieferliegenden Schraubenantriebe. Der Schraubenstrahl hätte den Flußgrund besonders in Ufernähe ständig aufs neue aufgewühlt. Größte Bedeutung erhielten die Raddampffähren wohl in Schandau als sogenannte Bahnhofsfähren.

Ab 1875 waren sie hier im Einsatz, um die Urlauber und Kurgäste vom Bahnhof am gegenüberliegenden Ufer zum Erholungsort zu befördern. Erst 1970 wurde die letzte von ihnen ausgesondert. Die schrägliegende Zweizylinder-Dampfmaschine aus dem ehemaligen Seitenradfährdampfer „Bad Schandau I" ist in der technikgeschichtlichen Abteilung des Elbschiffahrtsmuseums Lauenburg als Zeuge jener Zeit erhalten geblieben.

An vielen Fährstellen begannen um die Jahrhundertwende die schraubengetriebenen Dampffähren die Radfähren zu verdrängen. Ausschlag dafür gaben damals die kleineren Abmessungen und ihre geringeren Anschaffungs- und Unterhaltungskosten. Diese Fähren hatten eine Länge zwischen 11 und 20 m.

Schließlich wurden die Dampffähren durch die Motorbootfährten verdrängt. Der Übergang zur Motorbootfähre, der 1930 im Dresdner Raum mit dem Bau der Fähre „Pillnitz I" (sie ist noch am gleichen Ort im Einsatz) eingeleitet wurde, vollzog sich sehr langsam. Erst in den 60er Jahren wurde dieser Prozeß richtig sichtbar, als die Dampffähren physisch verschlissen waren. Viele von ihnen wurden umgerüstet und mit einem Dieselantrieb versehen. Durch den Einbau eines Dieselmotors in diese alten Fährkörper vergrößerte sich der Platz für die Passagiere auf der Mittelplattform, das notwendige Bedienungspersonal sank von drei auf einen Mann. Zusätzlich verbesserten sich die Arbeitsbedingungen der Fährleute.

Einer der letzten dampfgetriebenen Fährdampfer in Europa, die Dampffähre „Pötzscha-Wehlen-Bastei", ist noch heute bei besonderen Anlässen in Wehlen (Elb-km 26) im Einsatz. Als Technisches Denkmal wird sie späteren Generationen als Anschauungsmittel für frühere Antriebssysteme dienen können.

Auch die Betriebsvorschriften für die Fähren haben sich im Laufe der Zeit völlig gewandelt. Hatten die Fähren im Mittelalter grundsätzlich das Vorfahrtsrecht, so galt ab 1842 auf der Elbe die Regel, daß kleinere Schiffe den größeren auszuweichen hatten. In der Additionalakte vom 13. April 1844 kam es dann zu folgender Regelung:

„Jedes Schiff, welches im Begriff steht, eine im Gang befindliche Fähre zu passieren, muß in angemessener Entfernung beilegen, bis die Fähre aus dem Bereich des Fahrwassers und des Wellenschlages gelangt ist. Dagegen haben die Fährmeister oder Fährknechte während des Vorbeifahrens von Holzflößen den Gang der Fähre so lange einzustellen, bis die Flöße vorübergezogen sind.“

Mit dem Inkrafttreten der „Allgemeinen Strompolizeiordnung für die Schifffahrt auf der Elbe“ vom 8. Januar 1894 wurden alle Vorfahrtsrechte für die Fähren aufgehoben.

Talschiffe durften von nun ab nicht mehr durch Fähren aufgehalten werden. Sobald sich ein Schleppzug im Fährbereich befand und sich durch Signal mit der Dampfpfeife angekündigt hatte, mußte die Fähre das Fahrwasser und den Bereich der Schleppkette für Kettendampfer unverzüglich räumen. Eine Ausnahme wurde nur dann den Fährbesitzern zugestanden, wenn eine größere Anzahl von Schleppzügen hintereinander die Fährstelle passieren wollte. Dies hätte mehrere Stunden dauern können. In einem derartigen Fall mußte dem Fährmann auf sein ausdrückliches Verlangen nach dem zweiten Schleppzug eine Überfahrt ermöglicht werden.

Heute hat die Berufsschiffahrt generell Vorfahrt vor den Fähren.

Die Elbfähren werden, ob als Gierfähren oder als freifahrende Motorfähren, zur Lösung der verkehrstechnischen Probleme noch lange zum Landschaftsbild des Elbstromes gehören. Tausende Menschen nutzen sie heute tägliche um Arbeitsort oder Erholungsgebiet zu erreichen.

10.5. Badeanstalten, fast zwei Jahrhunderte Zentren für Erholung an der Elbe

Der Elbstrom bot mit seinen Nebenflüssen und Kanälen, von den Wäldern Böhmens bis hin zur Nordsee, schon immer neben einer Landschaft mit hohem Freizeitwert eine gewisse Romantik. Seit langem wird der Fluß deshalb auch zur Erholung und Entspannung genutzt, trotz seiner internationalen wirtschaftlichen Bedeutung als eine der Hauptwasserstraßen Europas.

So ist es nicht verwunderlich, daß links und rechts der Elbe, besonders in der warmen Jahreszeit, Hochbetrieb herrschte. Nicht nur die vielen Badeanstalten auf oder am Strom lockten die Bürger zum Fluß, sondern auch die vielen Ausflugslokale, deren Geschäft besonders zur Jahrhundertwende florierte. Oft bestanden Personenschiffahrtslinien, die im Ausflugsverkehr die Gäste zu diesen Elbterrassenlokalen brachten. Wann die ersten offiziellen Badeanstalten an der Elbe entstanden sind, konnte vom Verfasser nicht mit Sicherheit festgestellt werden. Unbestritten ist jedoch, daß „Auf gnädigsten Specialbefehl abgefaßt“ eine Badeordnung zur Errichtung einer Flußbadeanstalt in Dessau von 1818 vorliegt.

Diese Flußbadeanstalt war zur öffentlichen Nutzung geschaffen worden und bestand aus drei „Badezimmern“. Diese unterschieden sich durch ihre Wassertiefen, die 2 Fuß 9 Zoll (86,3 cm), 3 Fuß 2 Zoll (99,2 cm) und 3 Fuß 6 Zoll (109,7 cm) betrugen. Jedes der Badezimmer hatte einen gesonderten Klingelzug, um entweder die angestellte Badefrau oder die persönliche Bedienung bei Bedarf herbeizurufen.

Die erforderlichen Einlaßkarten für diese Badeanstalt wurden nur in der Zeit von 6 bis 8 Uhr und von 12 bis 14 Uhr ausgegeben. Dies ist ein Hinweis, daß diese Bademöglichkeiten recht häufig genutzt wurden. Eine einzelne Person hatte für die maximal zulässige Badezeit von einer Dreiviertelstunde 3 Gr., zwei Personen 4 Gr., und drei Personen 5 Gr. als Nutzungsgebühr zu entrichten. Kindern wurde der Eintrittspreis erlassen, sofern sie in Begleitung von Erwachsenen waren. Ansonsten war ihnen der Aufenthalt im Bad nicht gestattet. Das Mitbringen von Hunden und das Rauchen waren ebenfalls ausdrücklich untersagt.

Die angestellte Badefrau war angewiesen, stets Badeseife, Badeschwämme und Handtücher für die Gäste bereitzuhalten, weitere „Bade=Utensilien" wurden gegen Entrichtung einer angemessenen Vergütung bereitgestellt. Ein besonderer Hinweis ging an kranke Personen, vor allem an jene mit Hautkrankheiten. Ihnen wurde empfohlen, auf das erfrischende Elbbad zu verzichten.

Die Badeordnung machte auch auf folgende Verhaltensregeln aufmerksam:

„1. der Körper möge vor dem Bade nicht erhitzt sein
2. durch Gewitter oder Hochwasser verunreinigtes Wasser ist für die Gesundheit des Badenden nicht sehr wohltätig, bei Gewitter sollte das Baden überhaupt nicht exerciert werden
3. mit vollem Magen möge man das Baden gänzlich meiden
4. ein Körper, der durch heftige Bewegung, vielleicht gar durch Tanzen erhitzt ist, möge nicht baden
5. wer das Haar vor Nässe schütten möchte, darf nur eine aus Rindsblase angefertigte Badehaube verwenden
6. man möge das Bad verlassen, wenn man sich gerade am behaglichsten darin fühlt
7. man möge nicht ganz allein baden, da ein vom Baden ganz unabhängiger Zufall die Hilfeleistung einer anderen Person erforderlich machen könne
8. wer gern das Baden im sitzen pflegt, möge den Rücken gegen den Strom richten, womit der nachtheilige Druck gegen die Brust und den Unterleib vermieden wird
9. nach dem Verlassen des Bades möge man sich gehörig abtrocknen, besser aber abreiben lassen
10. wird ein Flußbad bei schwächlicher Gesundheit als Kur gebraucht, so möge man sich zuvor von einem Arzt eine zweckgemäße Lebensordnung vorschreiben lassen
11. schwächliche, vollblütige, schwangere, leicht reizbare, mit Kopfschmerzen behaftete und Personen, die zu Schwindel und Gicht geneigt sind, sollten nicht ohne Rat eines Arztes baden
12. wer nach dem Bade Niedergeschlagenheit, Ermüdung und Mattigkeit fühlt, sollte sich vor einem weiteren Bade hüten."

Es verstand sich von selbst, daß gesittetes Verhalten zur strengsten Pflicht erhoben war.

Es wurde grundsätzlich unterschieden zwischen den auf dem Fluß schwimmenden Badehäusern und den an den Ufern aufgestellten Badelauben. Zu den Badelauben gehörten die Badeplätze. Sie gab es in allen größeren Elbstädten. Einem Inserat vom 11. Juni 1831 aus dem „Wittenberger Kreisblatt" ist zu entnehmen:

> „Der Badeplatz in der Elbe ist an derselben Stelle, wie im vorigen Jahr angelegt, durch Pfähle begrenzt und durch eine Tafel bezeichnet worden.
> Nur hier ist das Baden im Freien erlaubte an anderen Orten in und außer der Elbe aber nicht.
> Wer die Pfähle herausreißt, oder die Tafel beschädigt, wird nachdrücklich bestraft werden.
>
> Wittenberg, den 8. Juni 1831
> Der Magistrat"

Eine Badeordnung für offene Flußbadeanstalten an der Elbe, die die Aufgaben des angestellten Bademeisters hervorhob, ist im „Patriotischen Volksblatt" aus

Calbe am 7. Juni 1856 veröffentlicht worden. Im Paragraph 3 gleicher Ordnung wurde angewiesen: „Des guten Anstandes wegen wird es gewünscht, daß die Badenden sich mit Badehosen bekleiden.“

Die gleiche Badeordnung liefert auch den ersten Beweis für die Erteilung von Schwimmunterricht, der pro Person 1 1/2 Thlr. kostete.

1856 bot der Torgauer Elbschiffmüller *Probsthayn* seine „Elbbade=Anstalten“ im „Wittenberger Kreisblatt“ vom 19. Januar zum Verkauf an:

> „Es sind deren zwei, und ist eine hiervon zum Gebrauch für Herren, die andere für Damen bestimmt. Eine jede besteht aus 4 Badezellen und einem verschließbaren Raume zum Aufbewahren der Handtücher und dergleichen. Beide sind zum Auseinandernehmen eingerichtet. Jede Bädezelle hat außer dem nöthigen Platze zum An- und Auskleiden 14 Quadrat-Fuß (ca. 1,4 m2) Wasserraum und an Utensilien 1 Tisch, 2 Rohrstühle, 1 Spiegel.
> Der unterste Boden in beiden Anstalten besteht aus 1 1/2 Zoll Brettern, die Tragebalken sind 10 bis 12 Zoll, die Spannbäume oder Verbindungsbalken 6 bis 8 Zoll stark und werden sämtlich durch starke eiserne Schrauben zusammen gehalten. Die Wassergitter bestehen größtentheils aus eisernen Stäben. Jedes Gebäude ruhet auf zwei Schiffen, zu beiden gehören 4 Schiffe...“

Alles zusammen verkörperte einen Wert von 900 Thlr.

Eines hatten alle Badeanstalten zu dieser Zeit gemeinsam, es wurde streng nach Geschlecht und Alter in den Umkleidezellen und Badekabinen getrennt. Die Badezellen waren beweglich eingerichtet, je mehr Badegäste in einer Zelle waren, je tiefer tauchten sie in das Wasser ein. Die maximale Tiefe war mit 1,60 m bis 1,70 m begrenzt.

Obwohl die Damen zur Jahrhundertwende mit ihrer Badebekleidung mehr bedeckten, als heute manche Frauen während des Sommers auf der Straße anzuziehen pflegen, geziemte es sich für die holde Weiblichkeit nicht, sich den Männern in Badekleidung zu zeigen. Deshalb waren zusätzlich unüberwindbare Schamwände zwischen den Abteilungen aufgestellt. In Dresden, wo mehrere Flußbadeanstalten gegenüber der Brühlschen Terasse schwammen, bestand ein gesondertes Damenbad. Nur Ehepaare, wenn sie entsprechend bemittelt waren, durften eine gemeinsame Badezelle mieten.

Diese Flußbadeanstalten, wie sie u.a. in Rathen, Pirna, Dresden, Wittenberg, Aken, Schönebeck und in weiteren Orten auf der Elbe schwammen, waren Freizeitzentren der Bevölkerung. Die Plattformen dienten gleichzeitig als Restaurants, sogar Tanzveranstaltungen gehörten zum Programm. Auf dem Strom war das natürlich von besonderem Reiz.

Aufgrund ihrer gewaltigen Abmessungen sind diese schwimmenden Badekolosse den Schiffmühlen sehr ähnlich gewesen. Auch sie mußten zum Vorteil der Schiffahrt um die Jahrhundertwende abgebrochen werden. Als Ersatz entstanden die landfesten Badeanstalten mit den dazugehörigen Badeständen. Ihnen waren oft Ausflugslokale und Bootshäuser angegliedert. Eine Veröffentlichung der Elbschiffahrts-Berufsgenossenschaft von 1928 führt entlang der Elbe noch folgende offene Flußbadeanstalten auf: in Hamburg fünf (an der Kleinen Veddel für Damen und Herren getrennt, am Steinwärder eine Badeanstalt und ein Badeplatz und am Billerdeich), in Harburg, Wittenberge und Tangermünde je eine, in Magdeburg fünf (Badeanstalt Stromelbe, Badeanstalt an der Hindenburgbrücke, Badeanstalt oberhalb der Fähre in Fermersleben, Vereinsbadeanstalt alte Elbe / Salzquelle und Vereinsbadeanstalt bei Fermersleben). Es folgen Schönebeck mit zwei Badeanstalten, Roßlau und Kleinwittenberg mit je einer. In Torgau befand sich eine Badeanstalt oberhalb der Hafeneinfahrt, in Riesa wurden zwei Stück angegeben. Endlich sind noch Badeanstalten in Meißen und Pirna aufgeführt.

Diese Aufstellung ist natürlich nicht vollständig, z.B. empfiehlt das Adreßbuch des Kreises Wittenberg, Jahrgang 1926, den Kurgästen der Stadt Pretzsch den „weißen Strand“ des Familienbades, unmittelbar an Fährhaus Pretzsch gelegen, mit nachfolgendem Hinweis: „Im Familienbad am Strand der Elbe tummelt sich alt und jung.“

Mit zunehmender Industrialisierung nahm auch der Verschmutzungsgrad der Elbe zu. Die Feststellungen, die für den Rückgang des Fischereigewerbes zutrafen, galten analog für den Badebetrieb am und im Fluß. Die Zahl der Strombadeanstalten reduzierte sich zusehends, bis in der Mitte der fünfziger Jahre der öffentliche Badebetrieb in der Elbe generell untersagt werden mußte.

Die Fotodokumente vieler Elbstrombäder lassen noch heute ihre einstige Betriebsamkeit erahnen. Ansichtspostkarten kursieren als nostalgische Kostbarkeiten unter der Bevölkerung und den Wassersportlern. Oft bildeten Badeanstalten und Bootshäuser entlang der Elbe eine Einheit.

11. Der schwere Wiederbeginn der Elbschiffahrt nach Beendigung des zweiten Weltkrieges

11.1. Auswirkungen des Zweiten Weltkrieges auf die Elbschiffahrt

Der Zweite Weltkrieg hinterließ sowohl am Flußlauf als auch bei der Elbflotte ein katastrophales Erbe. 28 Brücken, die den Elbstrom überquerten, waren vollständig zerstört. Nur wenige hatten kleinere Schäden oder waren einseitig (einspurig) benutzbar. Es dauerte bis 1948, bis die Trümmer restlos aus der Fahrrinne der Elbe geborgen werden konnten. Dem besonderen Mut von zwei Dresdner Bürgern ist es zu verdanken, daß die inzwischen zum technischen Denkmal ernannte Brücke zwischen Dresden-Loschwitz und Dresden-Blasewitz, das „Blaue Wunder" (Baujahr 1893), gerettet werden konnte. Das Sprengkommando der sich zurückziehenden deutschen Wehrmacht hatte schon die Vernichtung dieses einzigartigen Bauwerkes eingeleitet, als *Erich Stöckel* und *Paul Zickler* unabhängig voneinander und unter Einsatz ihres Lebens durch Zerschneiden der Zündkabel diese sinnlose Zerstörung verhinderten.

Ein trauriges Erbe hinterließ der Zweite Weltkrieg. Fast alle Brücken, die den Elbstrom überspannten, waren zerstört wie hier in Wittenberg.

Der Hamburger Hafen war durch über 40 Luftangriffe weitgehend zerstört. Dabei kann von Glück gesprochen werden, daß es Mitarbeitern von Strom- und Hafenbau gelang, Offiziere der deutschen Wehrmacht davon zu überzeugen, die noch intakten Brücken im Hafengebiet nicht zu sprengen. So konnten wenigstens weitere Zerstörungen der Hafenanlagen verhindert werden. Auch die Hamburger Elbbrücken überstanden unbeschädigt die letzten Kriegstage.

Die älteste technische Elbbrücke, die den Fluß in Magdeburg überspannt (ihre Entstehungsgeschichte reicht bis 1846 zurück), war die einzige nicht zerstörte Elbbrücke im Bereich der Mittelelbe. Ihre heutige Form erhielt sie nach dem dritten Umbau 1934.

Es liegen keine authentischen Zahlen vor, aber mindestens 690 versenkte Schiffe lagen auf dem Grund der Elbe und versperrten teilweise die Fahrbahn. An vielen Hafeneinfahrten waren Minensperren angelegt.

Auf der 26 km langen Elbstrecke zwischen Niegripp (Schleuse) und Tangermünde wurden nicht weniger als 110 beschädigte Fahrzeuge gezählt, wovon 33 als Wrack auf dem Grund lagen und 44 als schwer beschädigt eingestuft werden mußten. Es dauerte Wochen, bevor ein annähernd genauer Überblick über den Zustand des Schiffsparks vorlag. Durch die Initiative deutscher Dienststellen, Arbeitskommandos, Bürger und Schiffsbesatzungen wurde gemeinsam mit sowjetischen Pioniereinheiten die Schiffahrt in einzelnen Stromabschnitten langsam in Gang gebracht.

Am 5. November 1945 war es dann soweit, die Elbe war von Magdeburg bis Dömitz wieder für die Schiffahrt freigegeben. Einige gekennzeichnete Engstellen zwangen allerdings noch lange zur Vorsicht.

Zur Sicherung der ostdeutschen Fahrzeuge gegen eine Flucht in die westlichen Besatzungszonen hatte man den Schiffen Soldaten der Sowjetarmee beigestellt. Die ersten Fahrten erstreckten sich aber meist auf das Fahrgebiet zwischen Dresden und Stettin (Szceczin) und weiter über die Ostsee zu sowjetischen Häfen. Ihre Ladungen waren vorrangig Reparationsgüter. Viele wertvolle Fahrzeuge kamen jedoch von diesen Fahrten nicht mehr zurück. Sie versanken in der Ostsee, weil die Binnenschiffe nicht seetüchtig waren.

Auf dem Gebiet der sowjetischen Besatzungszone wurde mit Stichtag 30. November 1945 eine Schiffszählung aller auf diesem Territorium vorhandenen Fahrzeuge angewiesen. Danach kam es zur Entscheidung über das Schicksal dieser Flotte. Die nicht bereits als Reparationsleistung vorgesehenen Schiffe, das waren meist die neuesten und stärksten Elbschlepper, Güter- und Fahrgastschiffe, wurden mit Befehl Nr. 29 des SMAD (Sowjetische Militäradministration in Deutschland) an die Arbeitsgemeinschaft Binnenmarktschifffahrt übergeben. Diese Arbeitsgemeinschaft koordinierte auch den Fahrzeugeinsatz der Partikulärflotte (Schiffseigner).

Obwohl die meisten Schiffswerften im östlichen Teil Deutschlands völlig oder zumindest teilweise demontiert waren, konnten einige Schiffseinheiten, wenn auch mit großen Mühen der Besatzungsmitglieder, recht schnell instandgesetzt werden.

Die Schiffe, deren Reedereien vor Ausbruch des zweiten Weltkrieges ihren Geschäftssitz in Hamburg hatten, also außerhalb des Territoriums der sowjetischen Besatzungszone, und denen es wegen der zahlreichen Hindernisse nicht gelang, den Heimathafen zu erreichen, wurden einer Treuhandflotte zugeordnet. Diese wurde durch die Generaldirektion Wasserstraßen, Schiffahrt und Schiffbau bewirtschaftet und ihre Disposition erfolgte durch die Arbeitsgemeinschaft Binnenschiffahrt.

Vorsorglich des eventuellen Einzugs durch die rechtmäßigen Eigentümer dieser Schiffe kamen sie auch später nie mehr im grenzüberschreitenden Verkehr zur Bundesrepublik Deutschland zum Einsatz.

So verblieben der großen Reederein NNVE lediglich fünf große Radschlepper, einige Eildampfer und Gütermotorschiffe. Als Norddeutsche Schiffahrt AG befuhr sie später mit ihren Güterdampfern und Motorschiffen die westeuropäischen Wasserstraßen. Die Reederei Behncke & Mewes behielt etwa 25 % ihres alten Bestandes, darunter sieben Schleppdampfer, die auf dem Rhein zum Einsatz kamen. Die größten Verluste hatte die N.D.B.E. Von ihren 34 Schleppdampfern verblieben ihr noch zwei, weiterhin zwei Eildampfer und zwei Gütermotorschiffe. Der 1 220 PS starke Radschlepper „Deutschland", er war der Renommierdampfer der Gesellschaft, schleppte noch bis 1965 auf dem Rhein.

Ebenfalls schlimm traf es die „Elbe"-Dampfschiffahrts-AG („Elbe"-DAG). Sie verlor beinahe ihren gesamten Schiffspark. Die Schiffe dieser Reederei waren ausschließlich nach Raubvögeln benannt, was ihr im Volksmund die Bezeichnung „Raubvogelgesellschaft" einbrachte. Ihre besten und vor allem die sofort einsatzfähigen Schleppdampfer gingen auch als Reparationsleistung an die Sowjetunion; die fünf Schleppdampfer „Uhu", „Falke", „Reiher", „Weihe" und „Condor" waren noch bis Mitte der sechziger Jahre für den staatlichen Binnenschiffahrtsbetrieb der DDR im Einsatz.

Zu dieser Zeit war die Ära der bundesdeutschen Seitenradschleppdampfer auf der Elbe längst vorbei. Die Elbstrecke war zu kurz, denn für sie war der ostdeutsche und tschechische Bereich der Elbe gesperrt, und für einen Einsatz nach Westberlin waren die vorhandenen Schleusen nicht ausgelegt.

Der Seitenraddampfer „Magdeburg" (850 PS, ex „NNVE 36"). Diese Aufnahme entstand im Sommer 1949, als dieses Schiff neun Monate für die „Vereinigung Volkseigener Betriebe" des Verkehrswesens Sachsen-Anhalt, Schiffahrtsbetrieb Magdeburg" auf der Elbe in Fahrt war.

Der letzte Radschlepper der Bundesrepublik, der Dampfer „Reichstag", lag lange beschäftigungslos im Hamburger Hafen und wurde letztendlich 1967 abgewrackt.

Auf dem Gebiet der ehemaligen sowjetischen Besatzungszone wurde am 1. Februar 1947 der vorhandene Schiffspark der N.D.B.E. enteignet. Als landeseigener Betrieb ist dieses Unternehmen bis zum 31. Dezember 1948 noch unter altem Namen weitergführt worden, wurde jedoch mit Wirkung vom 1. Januar 1949 in Elbeschiffahrt Sachsen, VVB Land Sachsen umgewandelt (VVB – Vereinigung Volkseigener Betriebe). Die Magdeburger Arbeitsgemeinschaft zeichnete für den Rest der in der sowjetischen Besatzungszone verbliebenen Schiffseinheiten der NNVE und der SDC-BL verantwortlich, sie bewirtschaftete und koordinierte den Fahrzeugbestand dieser früheren großen Reedereien. Die Befrachtung der wenigen kleineren Reedereien und der Privatschiffer stand auch unter Kontrolle dieser Arbeitsgemeinschaft.

11.2. Rückblick auf 40 Jahre Binnenschiffahrt im Ostteil Deutschlands.

Am 1. Januar 1949, als die Gründung des eigenständigen Staates DDR bevorstand, wurde die Vereinigung Volkseigener Betriebe des Verkehrswesens Sachsen-Anhalt, Schiffahrtsbetrieb Magdeburg gebildet.

Am 1. Oktober 1949 ist durch die Anordnung über die Errichtung einer Anstalt des öffentlichen Rechts die Deutsche Schiffahrts- und Umschlagszentrale (DSU-Zentrale) im Ostteil Deutschlands geschaffen worden. Ihr Gründungsstatut sagte u.a. aus: „... ein volkseigenes Transport-, Umschlags- und Lagerunternehmen ..." (§ 1), ihr sind „... die gesamten volkseigenen Fahrzeuge, Schiffahrtsbetriebe, Binnenhäfen und Umschlagsanlagen als Rechtsträgerin übertragen ..." (§ 2).

Filialen der DSU-Zentrale befanden sich in Magdeburg, Berlin und Stralsund.

Mit Wirkung vom 1. Januar 1952 sind als Rechtsnachfolger der DSU-Zentrale die Deutsche Schiffahrts- und Umschlagsbetriebe (DSU) in Berlin, Magdeburg, Stralsund sowie Dresden neu formiert worden. Unter diesen Betrieben wurde nach dem Territorialprinzip das gesamte Anlage- und Umlaufvermögen der DSU-Zentrale aufgeteilt.

Diese neuen DSU-Betriebe waren zunächst selbständig planende und wirtschaftende sowie in eigener Verantwortung abrechnende Einheiten der Volkswirtschaft. Der Grundgedanke dieser Strukturveränderung bestand darin, die im Aufbau komplizierte und schwer überschaubare Organisation leichter führen zu können.

1953 wurde die SOAG-Flotte (Staatliche Oder-Schiffahrt-A.G.) der DSU angegliedert, wodurch der staatliche Anteil der Binnenschiffahrt auf dem Territorium der DDR mehr an Gewicht gewann.

Der Betrieb in Dresden war nach Ausgliederung der Schleppdampfer der früheren N.D.B.E. nur noch reiner Personenschiffahrtsbetrieb. Er führte die Tradition der 1836 gegründeten Elbschiffahrts-Gesellschaft fort.

Die den DSU-Betrieben zur Verfügung stehenden Flotten waren technisch verschlissen. Die Schleppkähne, die den überwiegenden Teil ausmachten, bestanden hauptsächlich sogar noch aus Holz. Nur 20 % waren aus Stahl hergestellt. Vorherrschend war die Kompositbauweise, wobei der Boden aus Holz, die restlichen Schiffsteile aus Eisen hergestellt waren. Nach einer Bestandsaufnehme von 1953 verfügte die gesamte Binnenschiffahrt der DDR über folgende Flotte:

- 1 789 Schleppkähne mit 71 900 t Tragfähigkeit,
- 110 Schleppkähne mit Stoßboot und 29 000 t Tragfähigkeit,
- 217 Motorschiffe, vorrangig kleinerer Bauart, mit 35 000 t Tragfähigkeit und
- 334 Schleppschiffe mit 59 000 PS Leistung (43 424 kW).

Überwiegend waren diese Schiffe vor 1920 gebaut und entsprachen nur in wenigen Fällen den zeitgemäßen Anforderungen. Auf den volkseigenen Bestand entfielen davon etwa die Hälfte aller Schleppkähne, ein Drittel der Motorschiffe und zwei Drittel der Schleppschiffe. Der verbleibenden Anteil war zu dieser Zeit immer noch Privateigentum von Schiffseignern.

Nach der Indienststellung von drei Neubauten (Motorgüterschiffe) 1952/53 folgte in der Zeit von 1955 bis 1958 der Bau von:

- 12 Groß-Finow-Maß-Kähnen mit Außenbordantrieb,
- 10 Motorschleppern,
- 7 Eisbrechern und
- 35 Stoßbooten zur Motorisierung von Schleppkähnen.

In einem weiteren Modernisierungsprogramm wurde die Umrüstung von Schleppkähnen zu Selbstfahrern beschlossen. Etwa 100 Fahrzeuge waren davon betroffen. In der Flußschiffahrt konnten sie durch spezielle Antriebe die Talwärtsfahrt ohne fremde Hilfe realisieren.

Obwohl seit 1955 überalterte Tonnage ausgesondert wurde und nicht durch Neubauten vollständig ersetzt werden konnte, ist mit dem verbleibenden Fahrzeugbestand durch sogenannte Rationalisierungsmaßnahmen die Transportleistung durch schnelleren Schiffsumlauf erhöht worden.

Die zentrale Planung und Leitung in der Binnenschiffahrt wurde wie überall in der Wirtschaft der DDR auch im Verkehrswesen weiter „vervollkommnet“, weshalb die volkseigenen Schiffahrts- und Umschlagsbetriebe ein weiteres Mal neu zu organisieren und grundsätzlich der Personenverkehr vom Güterverkehr zu trennen waren. Auch die Abteilung Schiffahrt hat sich vom Umschlag- und Lagerbetrieb auf zentralen Befehl hin abgespalten. Für den Gütertransport auf dem Wasser zeichnete ab 1. Januar 1957 allein der VEB Deutsche Binnenreederei (DBR) mit Berlin als Geschäftssitz verantwortlich. Die Beziehungen zwischen der Reederei und den Häfen wurden zwar auf vertraglicher Basis geregelt, konnten durch unterschiedliche Interessenlagen der Partner in der Praxis jedoch nicht funktionieren. Bei diesem Prinzip war das Aus vieler leistungsfähiger Häfen vorprogrammiert.

Um den Forderungen der Transportkunden nachkommen zu können, ist 1958 nach eingehenden Analysen des Zustandes der Binnenflotte ein umfangreiches Rekonstruktionsprogramm beschlossen und verwirklicht worden. Die traditionsreichen Seitenrad-, Heckrad- und Schraubenschleppdampferschiffe fielen schrittweise dem Schneidbrenner zum Opfer. Ebenso erging es vielen Schleppkähnen. Annähernd 100 000 t der Schleppkahnflotte wurden rekonstruiert und teilweise zu Schubprahmen umgerüstet. So entstanden die sogenannten Umrüster. Anstelle der ausgesonderten Schiffe traten 1960 bis 1964 insgesamt 102 für damalige Verhältnisse moderne Motorgüterschiffe.

Über die Hälfte aller transportierten Güter waren Baustoffe, als weitere Hauptgutarten werden Kohle (etwa 13 %), Erze, metallurgische Erzeugnisse (etwa 7 %) und landwirtschaftliche Produkte genannt. Auch für den Transport von Containern sowie Schwergut und Ausrüstungen bis 50 m Länge, 9 m Breite und 5 m Höhe kamen Schiffe der staatlichen Reederei zum Einsatz.

Auf der schwierigen Magdeburger Elbstrecke, wo vor über 100 Jahren die Versuchskette zur Einführung der Kettenschiffahrt ausgelegt worden war, nahm 1966 ein neues technologisches Verfahren für die Elbfrachtschiffahrt seinen Anfang, die Schubschiffahrt.

Nachdem die Erprobung positive Ergebnisse lieferte, umfaßte das erste Neubauprogramm bis 1970 den Bau von 50 Stromschubschiffen in drei Ausführungsvarianten und dazu mehr als 350 Schubprahme. Ein Schubverband (Schubschiff und eine Anzahl von den Wasserverhältnissen abhängiger Schubprahme) vereint auf vorteilhafte Weise Elemente eines Schleppzuges und eines Motorgüterschiffes. Wie beim Schleppzug ist der Laderaum vom Antrieb getrennt. So kann die Antriebseinheit während des Be- und Entladens der Ladeeinheit bereits wieder anderweitig eingesetzt werden. Während der Fahrt ist jedoch ein Schubverband mit einem Motorgüterschiff vergleichbar, da Antriebseinheit und Ladeeinheit starr miteinander verbunden sind. Selbst große Verbände haben nicht die den übrigen Verkehr behindernde Länge, wie das bei früheren Schleppzügen fast immer der Fall war.

Bei gleicher Transportleistung reduzierte sich die Besatzungsstärke eines Schubverbandes auf drei oder vier Mann gegenüber den ehemaligen Schleppzügen (bezogen auf ein Seitenraddampfschiff mit drei Frachtkähnen im Anhang) mit 19 Besatzungsmitgliedern. Das bedeutete in erster Linie eine beträchtliche Einsparung von Investitionskosten.

Für den Einsatz bei besonders niedrigen Wasserständen der Elbe wurde ein spezieller Schubschiffstyp mit einem Tiefgang von nur 80 cm entwickelt und mit ansprechenden Ergebnissen zum Einsatz gebracht. Diese Schiffe ermöglichen die Erfüllung der anstehenden Transportaufgaben bis zu minimalen Tauchtiefen von einem Meter.

Eine Wende in der Elbschiffahrt:
Mehrere weiterentwickelte Schubschiffe, die einen besonders geringen Tiefgang aufweisen und sich bestens bewährt haben, wurden von der Schiffsreperaturwerft Genthin gebaut.

Mehr als 80% aller Transporte auf den Wasserstraßen der DDR entfielen in den 80er Jahren auf die Schubschiffahrtsflotte. Für den Umschlag der Warenströme standen an den schiffbaren Wasserstraßen der DDR etwa 160 Umschlagplätze oder Häfen zur Verfügung. Gemessen an der Wirtschaftlichkeit der Wasserstraßentransporte zu wenig, zumal traditionelle Umschlagplätze an der Elbe, wie Dessau-Wallwitzhafen und Wittenberg, noch 1990 völlig marode waren und die Häfen in Dresden, Riesa, Torgau, Aken, Tangermünde und Wittenberge während der „Planwirtschaft" deutlich unter ihren Leistungsgrenzen blieben.

Die Häfen, die zum VEB Kombinat Binnenschiffahrt und Wasserstraßen gehörten, waren vier Direktionen zugeordnet:

- „Oberelbe" mit Geschäftssitz in Dresden,
- „Mittelelbe" mit Geschäftssitz in Magdeburg,
- „Oder" mit Geschäftssitz in Eisenhüttenstadt und
- „Berlin" mit Geschäftssitz in Berlin.

Etwa 15 Mill. t betrug die jährliche Umschlagsleistung in allen vier Direktionen.

Jüngste Direktion (gegründet am 1. Januar 1989) war der VEB Binnenhäfen Berlin mit dem Berliner Osthafen, dem Hafen in Königs Wusterhausen, einschließlich dem Produktionsbereich Potsdam und dem Hafen in Velten. Die Häfen Eisenhüttenstadts (Alter Hafen, Neuer Hafen und Stadthafen) sowie der Hafen von Frankfurt (Oder) gehörten dem VEB Binnenhäfen „Oder" an.

Dem VEB Binnenhäfen „Mittelelbe" waren die Häfen in Wittenberge, Brandenburg (Havel), Halle-Trotha (Saale), Aken, Roßlau, Tangermünde, Schönebeck, Magdeburg (Handelshafen, Industriehafen und Trennungsdamm) und Haldensleben mit der Umschlagstelle in Büstringen (Mittellandkanal) zugeordnet.

Die Häfen Dresden, Riesa, Torgau und der Elbkai in Meißen bildeten als Betrieb „Oberelbe" eine Einheit. Von den etwa 4 Mill. t Gütern, die jährlich hier umgeschlagen wurden, sind etwa drei Viertel Baustoffe. Dabei war der VEB Elbekies Mühlberg/Prettin der wichtigste Kooperationspartner.

Außerdem bestehen noch heute drei wichtige Werkhäfen entlang der mittleren Elbe, so der Hafen der Großgaserei in Magdeburg, die Anlage des ehemaligen Chemiegiganten in Wittenberg-Piesteritz, wo auch Flüssigdünger umgeschlagen werden kann und der schon erwähnte Kiesumschlagplatz in Mühlberg/Prettin.

Gegenüber den vielen Umschlagstellen, die um die Jahrhundertwende am Elblauf bestanden, stellen sich die jetzt vorhandenen in der Anzahl wie auch in der vorhandenen Verladetechnik sehr bescheiden dar.

Der Magdeburger Hafen war der größte Binnenhafen auf dem Gebiet der früheren DDR. Rund 2,5 Mill. t Güter wurden hier jährlich umgeschlagen, 6500 t täglich. Das entsprach etwa der Menge des Seehafens Stralsund. Im Magdeburger Hafen, bestehend aus dem Handelshafen (1893 fertiggestellt), dem Industriehafen (1911) und dem Trennungsdamm/Mittellandkanalhäfen (erste Ausbaustufe 1931), machten jährlich 5 500 Schiffe aus der CSFR, aus Polen, Belgien, Holland und weiteren Ländern fest.

Mit einer Gleislänge von 65 km und 2 Stellwerken war die Magdeburger Hafenbahn auch die größte ihrer Art in einem Binnenhafen der DDR. Sie verfügte über 10 Treibfahrzeuge unterschiedlichster Bauart. Bei einem täglichen Durchlauf von 750 bis 850 Waggons wurden 60 Nebenanschlüsse bedient.

Nach Tangermünde (1987), Riesa (1988), Aken (1989) wird der Magdeburger Handelshafen 1993 auf sein 100jähriges Bestehen zurückblicken können.

Als die wichtigsten Transportgüter, die die vorgenannten Elbhäfen umschlugen und Schiffe beförderten, rangierten die Baustoffe mit einem Anteil von mehr als 50% an erster Stelle. Danach folgten Kohle, metallurgische Produkte, Düngemittel, Futtermittel, Getreide und sonstige Stückgüter.

Wiederentdeckt, wie eine Neuheit hochgelobt, aber in Wirklichkeit fast so alt wie die Dampfschiffahrt auf der Elbe selbst, sind die im November 1982 eingeführten Stückgutlinien auf der Elbe mit Anschlußmöglichkeiten zu verschiedenen Nebengewässern einige Jahre betrieben worden. Zwei Motorschiffe verkehrten nach festem Fahrplan von Dresden nach Tangermünde oder im wöchentlichen Wechsel nach Calförde (Mittellandkanal). Unterwegs hatten sie die fünf Häfen Magdeburg, Schönebeck-Frohse, Aken, Torgau, Riesa und den Elbkai in Meißen anzulaufen. Ein drittes Schiff fuhr seit 1984 auf der Anschlußstrecke von Magdeburg nach Potsdam (Havel).

Die beträchtlichen Vorteile des Transportes auf dem Wasserwege werden auch bei einem Leistungsvergleich deutlich. So kommen auf 1 PS (0,736 kW) 4 000 kg transportierte Gütermenge, während es beim Transport auf der Straße etwa 150 kg und bei der Eisenbahn 500 kg sind. Im Energieverbrauch liegen die Schiffe weit hinter Lastkraftwagen und Güterzügen. Sie brauchen für die gleiche Transportleistung 15% weniger Kraftstoff als vergleichsweise die Eisenbahn und nur ein Viertel im Vergleich zum Lastkraftwagen.

Vorteile bringt der Wassertransport besonders bei gefährlichen festen, flüssigen und gasförmigen Gütern.

Für den Gütertransport waren auf dem früheren DDR-Territorium insgesamt 2 319 km Wasserstraßen vorhanden, davon wurden 1 675 km als Haupt- und 644 km als Nebenwasserstraßen eingestuft. Als Hauptwasserstraßen galten die Elbe und die Oder sowie ein Fluß-Kanal-System, mit dem beide Ströme miteinander verbunden sind. Die Wasserstraßen gliederten sich in 1 287 km regulierte und stauregulierte Flußstrecken, 566 km Kanalstrecken und 466 km Wechsel von Fluß-, Kanal- und Seenstrecken.

Für Bau, Rekonstruktion und Instandhaltung der Wasserstraßen sowie der hydrotechnischen Anlagen (Schleusen und Hebewerke) und der Häfen waren der VEB Wasserstraßenbau und der VEB Wasserstraßenbetrieb und Wasserstraßenunterhaltung Eberswalde und Magdeburg verantwortlich. Dafür stand insgesamt eine technische Flotte von etwa 1 000 schwimmenden Einheiten zur Verfügung, darunter Schwimmbagger, Spüler, Schuten und andere Arbeits- und Transportschiffe. Das dennoch der Zustand der Wasserstraßen nicht befriedigen konnte, resultiert aus dem ungenügenden Betreuungsaufwand, der in keiner Weise internationalen Vergleichen standhielt. Überalterung und fehlende Ersatzteile setzten der Einsatzfähigkeit der technischen Flotte ohnehin Grenzen.

Neben den Bagger- und Instandhaltungsmaßnahmen zur Sicherung der Tauchtiefen gaben diese Betriebe der fahrenden Flotte Unterstützung bei der Durchführung notwendiger Transportaufgaben unter Winterbedingungen und durch Eisaufbruch zur Abwendung von Hochwassergefahren.

Der VEB Binnenreederei Berlin verfügte bis zu seiner Umstrukturierung in die Deutsche Binnenreederei GmbH im Mai 1990 über etwa 130 Motorgüterschiffe, 170 Schubschiffe und fast 1 000 Prahme und Schubkähne. Hinzu kamen die Reparaturwerften, die mit ihren Leistungen niemals den Anforderungen gerecht werden konnten. Rigoroser Abbau der Werftkapazitäten bzw. deren ersatzlose Schließung in den sechziger Jahren wirkte sich negativ auf den Schiffsumlauf aus. Später wurde dieses Defizit durch die Vergabe von planmäßigen Revisionen, Reparaturen oder zur Behebung von Havarieschäden an westdeutsche Werften ausgeglichen.

Die Deutsche Binnenreederei GmbH Berlin hat Außenstellen in Stralsund und Magdeburg. Mit dem Internationalen Speditionsbetrieb Ihle GmbH Hamburg, mit dem in früheren Zeiten eine gute Zusammenarbeit gepflegt wurde, gründete man die REMA-Elbschiffahrts GmbH als Tochtergesellschaft.

Alle Häfen, die früher mit der Reederei eine wirtschaftliche Einheit bildeten, waren vorübergehend im Fachverband öffentliche Binnenhäfen e. V. vereint.

Ebenso haben sich die Reparaturwerften vom früheren Stammbetrieb gelöst und bilden jetzt in sich geschlossene Einheiten.

Bemerkenswert ist die Nutzung der Elbe durch die staatliche Reederei der CSFR, der Ceskoslovenská plavba labsko (CSPL), im Transitverkehr von Decin und Ustí n/L oder anderen Abgangsorten zum Seehafen Hamburg oder unter Nutzung des Mittellandkanals zu westeuropäischen Häfen.

Etwa 70% beträgt gegenwärtig der Anteil der CSPL-Flotte am Schiffsverkehr auf der Elbstrecke oberhalb von Magdeburg. 55% des Auslandsversands der CSFR auf der Elbe gehen nach Hamburg; beim Güterempfang liegt dieser Anteil mit 77% sogar noch höher (Angaben 1987). Der Güterverkehr mit anderen Binnenhäfen in Westeuropa spielt bislang nur eine geringe Rolle.

Magdeburg ist der wichtigste Binnenhafen der CSFR-Flotte. Über die Häfen Schönebeck/Frohse und zum Teil auch Aken bezog sie vor allem Steinsalz, das überwiegend in Neratovice und Nestemice gelöscht wurde. In der Gegenrichtung standen Steinkohlentransporte an erster Stelle. Sie wurden überwiegend zur Großgaserei nach Magdeburg transportiert; ein kleinerer Teil wurde in Potsdam entladen. Der Verkehr mit Polen über Elbe-Havel- und Havel-Oder-Kanal konzentrierte sich auf Stettin (Szczecin), war aber von untergeordneter Bedeutung.

Nach wie vor werden im grenzüberschreitenden Elbeverkehr der CSFR rund zwei Drittel der Güter in Hamburg umgeschlagen. Damit konnte Hamburg seine über mehr als hundert Jahre führende Position für die Binnenschifffahrt des Nachbarlandes behaupten.

Die wichtigsten Güter im Elbeverkehr mit Hamburg waren in den letzten Jahren als Exporte der CSFR Eisen und Stahl, Produkte der chemischen Industrie, vor allem Düngemittel und zunehmend auch hochwertige Güter wie elektronische Erzeugnisse und Maschinen. In die CSFR gingen hauptsächlich Ölfrüchte, Futtermittel (aus Übersee und Italien) und Phosphate (vor allem aus Marokko).

Gegründet wurde die CSPL nach Ende des Ersten Weltkrieges und Zerschlagung der Österreichischen Monarchie 1922 im Ergebnis des Versailler Vertrages. Deutsche Schiffe und Landanlagen in Hamburg, Magdeburg und Böhmen wurden neben Dampfschiffen und Kahntonnage laut Friedensvertrag an die neugegründete Tschechoslowakische Elbschiffahrts A.G. (CPSL) abgetreten. Ihr Grundkapital entstammte der früheren Ö.N.W.D.G., deren Rechtsnachfolger die CPSL eines der führenden Elbschiffahrtsunternehmen mit einem beachtlichen Schiffspark.

Neben der kommerziellen Zusammenarbeit auf dem Gebiet der Binnenschiffahrt entwickelte sich auch ein Zusammenwirken der Spezialisten aus der früheren DDR und der CSFR auf dem Gebiet von Wissenschaft und Technik. Vom gegenseitig eingeräumten Recht auf Eröffnung von eigenständigen Betriebsvertretungen an der Elbe machte bisher nur die CSFR-Seite Gebrauch, wobei die Tradition früherer Jahre fortgeführt wird. Der Sitz dieser Vertretungen befindet sich in Magdeburg und in Hamburg. Die bedeutendere von beiden ist zweifellos in Hamburg, wo die CPSL im Handelsregister eingetragen ist und mit der Peute Reederei GmbH eine Tochtergesellschaft hat.

11.3. Hoffnungsvoller Ausblick für die Elbschiffahrt

Mit der politischen Wende in Deutschland rückte auch die Elbe zwangsläufig in ein neues Blickfeld. Vergessen sind die jahrzehntelangen Grenzstreitigkeiten zwischen den Unterhändlern der Bundesrepublik Deutschland und der Deutschen Demokratischen Republik. Dem Standpunkt der Bundesrepublik Deutschland, die Grenze zwischen den ehemaligen Teilstaaten auf dem Gebiet des Ufers der früheren Deutschen Demokratischen Republik zu belassen, stand eine Forderung zur Verlegung der Grenze in die Mitte des Stromes durch die DDR-Seite entgegen, ein Ansinnen, das nur schiffahrtsunkundigen Politikern zugeschrieben werden konnte. Eine solche Regelung wäre in der Praxis undurchführbar gewesen.

Die friedlich verlaufene Revolution im Ostteil Deutschlands wird neben einer Belebung der Elbschiffahrt speziell für die Hansestadt einen nicht unbedeutenden Aufschwung nach sich ziehen. Der Verlauf der sich entwickelnden Verkehrsströme zwischen dem Hafen Hamburgs und seinem alten und neuen Hinterland werden dafür sorgen, daß Hamburg wieder ein wichtiger Transitplatz für den Elbhandel wird. Kein westeuropäischer Hafen war so eng mit dem Binnenland verflochten wie dieser, kamen doch vor dem zweiten Weltkrieg etwa 40% der aus dem ehemaligen Deutschen Reich stammenden und über Hamburg exportierten Güter aus dem Gebiet der ehemaligen DDR bzw. östlich der Oder-Neiße-Grenze. Bei den Importgütern wurden sogar mehr als 50% aus diesen Gebieten im Hamburger Hafen umgeschlagen.

Schon werfen große Maßnahmen ihren Schatten voraus, zu denen zweifelsfrei die Fertigstellung des Wasserstraßenkreuzes bie Magdeburg zählt, um für den Verkehr nach Ost bzw. West eine wasserstandsunabhängige Elbüberfahrt zu erreichen.

Oberstes Ziel der Verkahrsplaner sollte der Ausbau der Elbe als moderne Wasserstraße sein, wobei die Ausbaustufen schon zeitlich geordnet diskutiert werden:

1. Beseitigung der Unterhaltungsrückstände an den Regulierungsbauwerken der Elbe,
2. Bau einer Staustufe bei Heinrichsberg,
3. Realisierung der Trogbrücke bei Magdeburg,
4. Staustufenregulierungder Elbe zwischen Magdeburg und der CSFR.

Dadurch könnte von Magdeburg bis zur CSFR ein witterungsunabhängiger und brauchbarer Wasserstand gesichert werden. Dies bedeutet aber den Bau von mindestens 22-25 Staustufen, einen auf Jahre verteilten Kostenaufwand und einen langen Realisierungszeitraum. Auch die Modernisierung und Stärkung vieler Elbhäfen ist wichtig.

Nun, da die Elbe kein Grenzfluß mehr ist und sie ihre frühere Funktion als bedeutender, verbindender Transportweg im Herzen Deutschlands und Europas einnehmen wird, gilt es neben den schon erwähnten Baumaßnahmen auch den ernsthaften Problemen des Umweltschutzes zu begegnen. Erste Pilotprojekte zur Verbesserung der Schadtstoffbelastung des Flusses sind bereits bestätigt und in Angriff genommen. Dabei darf natürlich nicht der Fehler begangen werden, nur den Elbfluß zu betrachten; denn noch sind es zum großen Teil die Nebenflüsse der Elbe, die keinen geringen Anteil am derzeitig besorgniserregenden Zustand des Elbwassers haben.

Bleibt zu hoffen, daß die umweltverbessernden Maßnahmen an der Elbe die gewünschten Ergenbisse bringen und das sich mit den heute lebensgefährlichen Problemen in Jahrzehnten nur noch Historiker beschäftigen müssen. So wird die Elbe mit Sicherheit wieder ein Fluß, an dem es sich lohnt zu leben, auf ihm zu arbeiten und ihn gleichermaßen zur Erholung und Entspannung zu nutzen, sei es an Bord eines Fahrgastschiffes, im Sportboot, im Strandkorb eines Elbstrombades oder im Schilf mit der Angel.

Schlußwort

Jahrhunderte nutzten die Menschen aus unterschiedlichen Beweggründen die Elbe und damit ein Stück der Natur zu ihrer Existenz. Der Elbstrom wurde als Verkehrsweg erschlossen und durch Menschenhand als wichtige Verkehrsader geformt.

Anerkennung gebührt den Generationen vor unserer Zeit, die diese Pioniertaten vollbrachten. Diese Leistungen habe ich in den vorstehenden Abschnitten zu würdigen und dabei die gegenseitige Abhängigkeit zwischen der technischen Entwicklung der Fahrzeuge und der notwendigen Veränderung des Fahrwassers vordergründig herauszustellen versucht.

Neue Probleme und Aufgaben, besonders hervorgerufen durch immer größere Schiffstypen und verbesserte Transporttechnologien und immer häufiger auftretende Niedrigwasserperioden, rufen zur Wachsamkeit, um den Fluß und sein Landschaftsbild als Teil unserer Heimat zu schützen und zu pflegen.

Besonders dem Umweltschutz gilt es in den nächsten Jahrzehnten mehr Beachtung zu schenken, damit dieser Fluß neben seiner Funktion als europäischer Großschiffahrtsweg auch für Flora und Fauna die Existenzgrundlage garantiert, trotz der notwendigen Staustufenregelung.

Es sollte nicht nur angestrebt, sondern auch vollendet werden, den Fluß als Erholungs- und Freizeitgebiet für unsere Bürger attraktiver zu gestalten. Die Erfüllung dieser Aufgabenstellung wäre ein gelungener Beweis für die gesunde Kooperation zwischen Mensch und Natur und ist zugleich Verpflichtung späteren Generationen gegenüber.

Erklärung von Fachbegriffen

Bake	–	am Ufer aufgestelltes Schiffahrtszeichen
Bloße	–	an der Seite der Fahrrinne schwimmendes Schiffahrtszeichen
Bomätscher	–	Treidelknechte, Schiffszieher
Brummstall	–	Raum zur Aufbewahrung von Schiffsgeräten (Segel, Tauwerk), teilweise auch Übernachtungsort der Zugknechte
Buhne	–	steinerne Stromleiteinrichtung
Butze	–	Wohnraum der Bootsleute
Defrauden	–	Vergehen, Gesetzeswidrigkeit
Drehjoch	–	bewegliches Brückenteil zur Durchfahrt der Schiffe
Einbaum	–	vorgeschichtliches Fahrzeug, aus einem Stamm hergestellt
Ewerschiff	–	Schiffstyp der Unterelbe (Niederelbe)
Faschine	–	Reisigbündel für Uferbefestigung
Fiskus (Fiscus)	–	Staat
Haupter	–	Lotse
Heger	–	zeitweilige Kiesbank im Fluß
Helling	–	Schiffbauplatz
Helmholz	–	Teil des Steuerruders bei Frachtkähnen
Kaffe	–	Bezeichnung für das Vorder- oder Hinterende eines Kahnes
Kahnraum	–	Laderaum eines Schiffes
Kai	–	steinerner Uferbau, meist senkrecht ausgeführt
Karrzeug	–	Hilfsmittel zur Be- und Entladung
Kettenfähre	–	sie hing an einer quer zum Fluß gespannten Kette
Kimmgang	–	Verbindung zwischen Boden und Bordwand
Klafter	–	altes Längenmaß
Klisten	–	Querholz zur Verbindung nebeneinanderliegender Stämme
Kolli	–	Warenstück, Warenballen
Konvention	–	Kontrolle
Lizenz (Licent)	–	Städtische Verkehrssteuer
Mäler	–	Synonym für Mummen und Bloßen
Manifest	–	Zusammenstellung (Liste) aller an Bord befindlichen Waren
Mauthen	–	Land- oder Straßenzölle
Mumme	–	wie Bloße, jedoch mit einem Strohbündel versehen zur Kennzeichnung des Fahrwassers
Oes	–	tiefster Punkt eines Schiffes
Partikulär	–	Schiffseigner, fährt auf eigene Rechnung
Pätschen	–	früher das Steuer kleiner Kähne, heute Ruder der Beiboote
Pflicht	–	überdeckte Fläche des Vorschiffs
Prahm	–	flach gebautes Fahrzeug ohne eigenen Antrieb
Reihefahrt	–	früheres Reglement bei der Be- und Entladung von Schiffen

Rekognitationsgebühr	–	Durchgangszollgebühr
Ruthen	–	früheres Längenmaß
Sachsenkreuz	–	Kennzeichnung der Uferlänge, nur in Sachsen gebräuchlich
Sänder	–	bewegliche Untiefen im Flußgrund
Schrick	–	Staken zum Abdrücken der Schiffe
Schrickfähre	–	Handfähre, wurde mit Staken und Pätschen bewegt
Schute	–	kleinere offene Kähne ohne Takelage
Spanten	–	hölzerne oder eiserne Rippen der Schiffe
Standfeste	–	Treckgurt der Bomätscher
Stapelrecht	–	Vorkaufsrecht der Uferstädte
Talje	–	schiffahrtsgeschichtlich für Flaschenzug gebraucht
Ungeld	–	mittelalterliche Bezeichnung für Verbrauchs- oder Aufwandsteuer
Vloze	–	frühere Bezeichnung für Floß
Vorstag	–	Leine zum Aufrichten und Versteifen des Segelmastes
Wassereiche	–	jahrzehntelang im Wasser befindlicher Eichenstamm
Wasserhaltung	–	Speicherung von Wasser durch Schleuse oder Wehr
Weichen	–	Vorläufer der Buhnen
Wieden	–	dünne Fichtenäste zum Verbinden der Flöße
Zapfeltage	–	Wartezeit für Schiffer, bevor genügend Fahrwasser aufgetaut ist

Umrechnungstabelle preußischer Maße und Gewichte

Längenmaße

	Linie	Zoll	Fuß	Elle	Klafter	Ruthe	Meile	Meter
Linie	1	1/12	1/144					0,00218
Zoll	12	1	1/12					0,02615
Fuß	144	12	1			1/12		0,31385
Elle		25 1/2		1				0,66694
Klafter		72	6		1	1/2		1,88312
Ruthe		144	12		2	1		3,76624
Meile			24 000		4 000	2 000	1	7532,48

Flächenmaße

1 Quadratfuß			=	0,0985 m^2
1 Quadratruthe	=	144 Quadratfuß	=	14,1846 m^2
1 Quadratmeile			=	56,7383 m^2

Raummaße

1 Klafter	=	108 Kubikfuß	=	3,34 m^3
1 Scheffel	=	16 Metzen		
	=	48 Quart	=	54,96 l
1 Metze			=	3,44 l
1 Wispel	=	24 Scheffel	=	1 319,04 l
1 Ohmfaß	=	40 Preuß. Metzen		
	=	120 Preuß. Quart	=	137,44 l

Gewichte

1 Preuß. Pfund = 1/110 Zentner = 32 Lot = 128 Quentchen = 0,468 kg
1 Schiffslast = 36 Zentner zu 110 Preuß. Pfund = 1825 kg

Sonstige Umrechnungen der Maß- und Gewichtseinheiten

100	Hamburger Fuß	=	99 1/9 preuß. Fuß	
100	Hamburger Zoll	=	99 1/9 Preuß. Zoll (gemäß Elbschiffahrtsakte vom 23. Juni 1821)	
1	Hamburger Zentner	=	112 Pfund	= 116 preuß. Pfund
1	Elbzoll-Zentner	=	1 Hamburger Zentner	
1	Hamburger Last			= 4 000 preuß. Pfund
1	Sächsische Meile	=	9 062 m	
1	Norddeutsche Meile	=	7 500 m (nach 17.8.1868)	

Leistung

1 PS = 0,7355 kW
Die Maßeinheit PS_n (nominelle Pferdestärke) ist nicht umrechenbar, da sie auf einer empirischen, noch von *Watt* stammenden Formel beruht.

Währungseinheiten

1 Taler (Thlr.) = 24 gute Groschen (Gr.) = 288 gute Pfennige (PF.)
(galt bis zum 31. Dezember 1821)

1 Taler (Thlr.) = 30 Silbergroschen (Sgr.) = 360 Silber-Pfennige
(galt ab dem 1. Januar 1822 für Preußen; setzte sich im 19. Jahrhundert als gängige Münze durch; wurde 1907 durch das 3-Mark-Stück ersetzt)

1 Florin (fl)	= 1 Silbergulden	= 21 gute Groschen
1 guter Groschen (Gr.)		= 12 Pfennige
1 Schilling (S.)	= 1 1/2 Batzen	= 12 Pfennige

Abkürzungen der Reedereien und Schiffahrtsgesellschaften

CPSL	Tschechoslovakische Elbschiffahrts-Aktiengesellschaft, Prag
CSPLO	Ceskoslovenská plavba labsko-oderská, Praha
CSPL	Tschechoslowakische Elbe Schiffahrts AG; Prag (ab 1992)
D.Ö.D.	Deutsch-Österreichische Dampfschiffahrt, Dresden
DSU	Deutsche Schiffahrts- und Umschlagzentrale, Berlin
„Elbe"-DAG	„Elbe"-Dampfschiffahrts-AG, Hamburg
HDAG	Hafen-Dampschiffahrt-AG, Hamburg
KETTE	KETTE Deutsche Elbschiffahrts-Gesellschaft, Dresden
KSO	Ketten-Schleppschiffahrt der Ober-Elbe, Dresden
N.D.B.E.	Neue Deutsch-Böhmische Elbeschiffahrt, Dresden
NNFDG	Neue Norddeutsche Flußdampfschiffahrts-Gesellschaft, Hamburg
NNVE	Neue Norddeutsche und Vereinigte Elbeschiffahrt AG, Hamburg
Ö.N.W.D.G.	Österreichische Nordwest-Dampfschiffahrts-Gesellschaft, Wien
P.T.G.	Privatschiffer-Transport-Genossenschaft, Magdeburg
SBDA	Sächsisch-Böhmische-Dampfschiffahrts-Aktiengesellschaft, Dresden
SBDG	Sächsisch-Böhmische-Dampfschiffahrts-Gesellschaft, Dresden
SDC-BL	Schlesische Dampfer-Compagnie / Berliner Lloyd AG, Hamburg
V.E.G.	Vereinigte Elbschiffahrts-Gesellschaften, Aktiengesellschaft in Dresden
V.E. & S.S.	Dampfschleppschiffahrts-Gesellschaft Vereinigter Elbe- und Saale-Schiffer, Dresden
V.H.M.D.C.	Vereinigte Hamburg-Magdeburger Dampfschiffahrts-Compagnie, Hamburg/Magdeburg

Quellennachweis

Kapitel 1

1 Münnich, 1845, S. 1
2 Die Stromgebiete des Deutschen Reiches, 1900, S. 29
3 Eckoldt, 1987, S. 19
4 Wittenberger Kreisblatt, 1842, S. 305
5 Denkschrift über die Ströme..., 1888, S. 160
6 Schiffahrts-Kalender 1929, S. 326

Kapitel 2

1 Dammann, 1975, S. 47
2 Dammann, 1975, S. 47
3 Ellmers, 1973, S. 4
4 Prange, 1979, S. 99
5 Mertens, 1925, S. 313
6 Dammann, 1977, S. 79
7 Eckoldt, 1972, S 78
8 Kettmann, 1959, S. 10
9 Weissenborn, 1900, S. 8
10 Zöllner, 1896, S. 9
11 Werner, o. J., S. 1
12 Weissenborn, 1900, S. 23ff
13 Kettman, 1959, S. 10
14 Wieske, 1927, S. 35
15 Nissen, 1984, S. 99
16 Nissen, 1984, S. 100
17 Zöllner, 1896, S. 10
18 Wieske, 1927, S. 56ff
19 Wieske, 1927, S. 78ff
20 Marpenger, 1723, S. 85ff
21 Kausch, 1927, S. 96ff
22 Das Schiff, Zeitung für die gesamten Interessen der Binnenschiffahrt, Nr. 25 - 1904
23 Mai, 1925, S. 749
24 Wieske, 1927, S. 105ff
25 Kettmann, 1959, S. 61ff
26 Nissen, 1984, S. 101
27 Heinrich, 1987, S. 9

Kapitel 3

1 Denkschrift über die Ströme..., 1888, S. 209
2 Wernicke, 1913
3 Bindewald, 1903, S. 73
4 Uhlemann, Folge 15

Kapitel 4

1 Bindewald, 1903, S.37
2 Kriele, 1894
3 Fischer, K., 1907, S. 16
4 Bindewald, 1903, S 75
5 Additional=Acte zur Elbschiffahrts=Acte vom 23. Juni 1821

Kapitel 5

1 Bindewald, 1903, S. 57
2 Bindewald, 1903, S. 60ff
3 Denkschrift über die Ströme..., 1888, S. 222
4 Roloff, 1916, S. 8
5 Roloff, 1916, S. 9
6 Hübbe, 1864, S. 17ff

Kapitel 6

1 Rosenthal, 1937, S. 36ff
2 Kettmann, o. J., S. 19
3 Die Stromgebiete des Deutschen Reiches, 1900, S. 42
4 Beiträge zur Gewässerkunde, 1905, S. 10ff
5 Berghaus, 1837, S. 290
6 Hoffmann, F.W., 1885, S. 364
7 Dielhelm, 1741, S. 362, 822
8 Eckoldt, 1984, S. 94ff
9 Wittenbergisches Wochenblatt, 20. Mai 1791
10 Eckoldt, 1972, S. 79
11 Staatsarchiv Dresden, Fach 164, Nr. 41
12 Wittenberger Kreisblatt, 20. Juli 1864
13 Die Stromgebiete des Deutschen Reiches, 1900, S. 61

Kapitel 7

1 Eckoldt, 1987, S. 13
2 Uhlemann, Folge 3ff
3 Flügel, 1987, S. 72ff
4 Bindewald, 1903, S. 55
5 Elbe-Wochenblatt, 1822, Nr. 16
6 Eckoldt, 1987, S. 28

Kapitel 8

1 Jäger, 1977, S. 12
2 Fischer, H., 1890, S. 260
3 Weichold, 1968
4 Das Elbeschiff, 1935
5 Fischer, H., 1890, S. 268, 278
6 Fischer, H., 1890, S. 269
7 Niems; Wachs, 1981, S. 26
8 Der goldne Reiter, 1940, S. 104ff

9 Der goldne Reiter, 1940, S. 103
10 Szymanski, 1958, S. 271

Kapitel 10

1 Stoerk, 1892, S. 366
2 Keweloh, 1985, S. 37ff
3 Oppermann, 1897
4 Mangers, 1938
5 Mänß, 1898, S. 364
6 Jüngel, K., 1984, S. 91
7 Anhalter Anzeiger, 1934, Nr. 115
8 Führer auf den Deutschen Schiffahrtsstraßen, 1912
9 Staatsarchiv Dresden, C II 15.h.1. (Privatfähren)
10 Staatsarchiv Dresden, C II 15.h.1. (Fährordnung)

Bildnachweis

Voratz vorn und hinten

(Karte 1)
Titelblatt einer Elbstromkarte von 1850 bis 1855; Quelle: Staatsarchiv Dresden, Rißschrank K, Fach VIII, Nr. 5[a]

(Karte 2)
Blatt Nr. 29 der „Karte des Elbstromes in 73 Sektionen", aufgenommen 1820 bis 1827 durch *W. G. Lohrmann*, sächsischer Hofkartograph (heute Elb-km 73,5 bis 75,2); Quelle: Staatsarchiv Dresden, Fach 176, Nr. 1

(Karte 3)
„Plan Von den ersten Theil des Elb-Strohms in Amte Wittenberg, von der Fürstl. Anhalt-Deßauischen und Zerbstischen Grentze an, bis auf die Hohendorffer und Dabruner Dorffschaffts Fluhren" von 1764; aufgenommen durch den Ober-Landmesser *Dietz* (heute Elb-km 210 bis 219); Quelle: Staatsarchiv Dresden, Rißschrank L, Fach II, Nr. 19

(Karte 4)
„Die Elbe bei Pretzsch", 1. Hälfte des 18. Jahrhunderts (heute Elb-km 184 bis 187,5); Quelle: Staatsarchiv Dresden, Schrank L, Fach II, Nr. 17

Schwarzweißbilder

Archiv Wasserstraßenaufsichtsamt Magdeburg
Autor
Bor, M.; Prag
Elbschiffahrtsmuseum Lauenburg
Heimatmuseum Aken
Knoll, C.; Berlin
Mahr, W.; Ruppertsgrün
Museum für Hamburgische Geschichte; Hamburg
Sächsische Landesbibliothek Dresden, Abt. Deutsche Fotothek
Siersdorfer, T.; Essen
Steisinger, J.; Dresden
Staatsarchiv Dresden
Weise, H.; Magdeburg
Wünsche, U.; Riesa

Farbbilder

Autor
Hinsch; Lauenburg
Jüngel, W.-B.; Roßlau
Zimmermann; Magdeburg

Hinweis

Fotos sind zum Teil einmalige historische Aufnahmen
(eventuelle Qualitätsmängel

Literaturverzeichnis

- Additional=Acte zur Elbschiffahrts=Acte vom 23. Juni 1821. – Dresden, 13. April 1844
- Beiträge zur Gewässerkunde der Märkischen Wasserstraßen. – Berlin 1905
- Das Elbeschiff, H. 3. – Aken, 1935
- Das Schiff, Zeitung für die gesamten Interessen der Binnenschiffahrt, Nr. 25. – 1904
- Denkschrift der Sächsisch-Böhmischen Dampfschiffahrts-Gesellschaft zur Erinnerung ihres fünfzigjährigen Bestehens 1886. – Dresden, 1886
- Denkschrift über die Niedrigwasserregulierung der Elbe von der Reichsgrenze bis zur Seevemündung. – Berlin, 1935
- Denkschrift über die Ströme Memel, Weichsel, Oder, Elbe, Weser und Rhein. – Berlin, 1888
- Die Elbzölle. Aktenstücke und Nachweise 1814. – Leipzig, 1860
- Die freie Elbeschiffahrt und Preußen. – Leipzig, 1850
- Die Rolle der Privatschiffahrt in der Entwicklung der Elbeschiffahrt – In: Das Elbeschiff, H. 11. – Aken, 1938
- Die Stromgebiete des Deutschen Reiches. – Berlin, 1900
- Elbe-Wochenblatt polytechnischen Inhalts, Jg. 1822, Nr. 16
- Führer auf den Deutschen Schiffahrtsstraßen, 3. Teil, Das Elbe-Gebiet. – Berlin, 1912
- „Magdeburg“ – das erste Dampfschiff auf der Mittelelbe. – In: Der goldene Reiter, Nr.4. – 1940
- Museum und Gaststättenschiff Schleppdampfer „Württemberg“ in Magdeburg. – Magdeburg, 1978
- Schiffahrtskalender für das Elbe-Gebiet, die Märkischen Wasserstraßen und die Oder. – Teplitz, Dresden, 1883 – 1943
- Verzeichnis der Genossenschaftsfahrzeuge 1905. – Magdeburg, 1905
- *Ahrends, G.; Prange, C.:* Der Einbaum vom Messeberg. – In: Beiträge zur deutschen Volks- und Altertumskunde, Bd. 18. – Hamburg, 1979
- *Bäter, H.:* Die Elbe als Auswanderungsstrom – In: Lauenburger Elbschiffahrtstag 1986. – Lauenburg, 1986
- *Berghaus, H.:* Allgemeine Länder und Volkskunde, Bd. 2. – Stuttgart, 1837
- *Bindewald, G.:* Entwicklung des Abgabewesens und der Regulierungskosten der Elbschiffahrt 1871 – 1900. – Leipzig, 1903
- *Bose, H. von:* Allgemein-geographische und hydrotechnische Beschreibung der Elbe. – Annaberg, 1852
- *Bose, H. von:* Bericht über die „Königlich Sächsische-privilegierte-Dampfschiffahrts-Gesellschaft“. – o. O., o. J.
- *Dammann, W.:* Der Vietze-Einbaum und andere Elb-Einbäume – In: Das Logbuch, 11. Jg., H. 2. – Hamburg, 1975
- *Dammann, W.:* Einbäume aus der unteren Elbe und ihren Nebengewässern – In: Das Logbuch, 13. Jg., H. 3. – Hamburg, 1977
- *Dielhelm, J. H.:* Denkwürdiger und nützlicher Antiquarius des Elbstroms. – Frankfurt a. M., 1741
- *Düntzsch, H.; Zesewitz, S.:* Die Schiffahrtsgesellschaften auf der Elbe. – In: Sächsische Heimatblätter, H. 5. – Dresden, 1985
- *Eckold, M.:* Aus der Frühzeit der Flußkunde im deutschsprachigen Raum. – Koblenz, 1984

- *Eckold, M.:* Die geschichtliche Entwicklung der Elbe in Sachsen als Wasserstraße. – In: Binnenschiffahrts-Nachrichten, H. 5. – Duisburg, 1972
- *Eckold, M.:* Schiffahrt auf kleinen Flüssen. – In: Deutsches Schiffahrtsarchiv, Jg. 1987, H. 10. – Hamburg, 1987
- *Ellmers, D.:* Kultbaken, Fähren, Fischerboote – Vorgeschichtliche Einbäume in Niedersachsen. – Hildesheim, 1973
- *Fischer, H.:* Einführung und Entwicklung der Dampfschiffahrt auf der Elbe und im Königreich Sachsen. – In: Der Zivilingenieur. – Dresden, 1890
- *Fischer, K.:* Eine Studie über die Elbschiffahrt in den letzten 100 Jahren. – Jena, 1907
- *Flügel, H.:* Zur Baugeschichte des Floßkanals Elsterwerda-Grödel. – In.: Sächsische Heimatblätter, H. 2. – Dresden, 1987
- *Heinrich, F.:* Elbschiffahrt gestern und heute. – Dresden, 1987
- *Hinsch, W.:* Dampfschiffahrt auf der Elbe. – In.: 1. Jahresheft des Heimatkundlichen Arbeitskreises Lüchow-Dannenberg. – 1969
- *Hoffmann, F. W.:* Geschichte der Stadt Magdeburg, Bd. 2. – Magdeburg, 1885
- *Hübbe, H.:* Denkschrift betreffend die Mängel des Fahrwassers und sonstige Schiffahrtshindernisse der Elbe von Melník bis Hamburg. – Hamburg, 1864
- *Jäger, W.:* Das Mittelrad-Dampfschiff „Prinzessin Charlotte von Preußen“ 1816. – Hamburg/Oldenburg, 1977
- *Jüngel, K.:* Schiffmühlen, eine Flotte die fast immer vor Anker lag. – Bad Düben, 1987
- *Jüngel, K.:* Unser Heimatstrom. Die Elbe und die Umgebung Wittenbergs – einst und jetzt. – Wittenberg, 1985
- *Jüngel, W. B.:* Josef Ressel – Eine Erfinderpersönlichkeit. – In: Jahrbuch der Schiffahrt 1982. – Berlin, 1982
- *Kausch, F.:* Von der Elbeschiffahrt zu Anfang des 18. Jahrhunderts. – In.: Die Elbe. – 1927
- *Kettmann, G.:* Die Sprache der Elbschiffer, Bd. 1. – Halle, 1959
- *Kettmann, G.:* Die Stromstellennamen des Elbgebietes. – o. O., o. J.
- *Keweloh, H.-W.:* Flößerei in Deutschland. – Stuttgart, 1985
- *Kratzmann, R.:* Die obere, insbesondere die sächsische Elbe und ihre Schiffahrt. – Leipzig, 1888
- *Kriele, M.:* Die Regulierung der Elbschiffahrt 1819 – 1821. – Straßburg, 1894
- *Mai, E.:* Die Magdeburger Elbschiffahrt im 18. Jahrhundert. – In: Magdeburgs Wirtschaftsleben in der Vergangenheit, Bd. 1. – Magdeburg, 1925
- *Mangers, L.:* Elbflößerei in alter und neuer Zeit. – In: Zeitschrift für Binnenschiffahrt, H. 9. – 1938
- *Mänß, J.:* Etwas über die Fischerbrüderschaft zu Magdeburg. – In: Geschichts-Blätter für Stadt und Land Magdeburg. – Magdeburg, 1898
- *Marpenger, P. J.:* Wasserfahrt auf Flüssen und Kanälen. – Dresden/Leipzig, 1723
- *Mertens, A.:* Die Einbäume im Magdeburger Museum. – In: Natur- und Heimatkunde in Magdeburg. – Magdeburg, 1925
- *Mörtsch, O.:* Zur Geschichte der Elbschiffahrt. – Dresden, 1922
- *Münnich, C. H. W.:* Der Elbstrom von seinem Ursprunge bis zu seiner Mündung in die Nordsee. – Dresden, 1845
- Niems, G.; Wachs, R.: Personenschiffahrt auf der Oberelbe. – Rostock, 1981
- *Nissen, N.:* Hansische Binnenschiffahrt und Oberelbeverkehr vom 15. bis 17. Jahrhundert. – In: Beiträge zur deutschen Volks- und Altertumskunde. – Hamburg, 1984

- *Oppermann, O.:* Das sächsische Amt Wittenberg. – Leipzig, 1897
- *Rehbein, M.:* Zur Geschichte der Dampfschiffahrt auf den märkischen und angrenzenden Wasserstraßen. – In: Schiffbau, H. 22. – 1941
- *Rindt, H.; Trost, H.:* Dampfschiffahrt auf Elbe und Oder, den Berliner- und Märkischen Wasserstraßen. – Lauenburg, 1982
- *Roloff:* Fünfzig Jahre Elbstrombauverwaltung. – Berlin, 1916
- *Rosenthal, M.:* Volkskunde und Brauchtum der Schiffahrt und des Schiffers. – Schönebeck, 1937
- *Schmidt, B.; Nitzschke, W.:* Ein mittelalterlicher Einbaum von Kemberg, Kreis Wittenberg. – In: Ausgrabungen und Funde, Bd. 22, H. 5 (Sonderdruck). – Berlin, 1977
- *Schmoller:* Studien über die Wirtschaftspolitik Friedrichs des Großen. Edikt vom 12. Januar 1749
- *Schönknecht, R.; Gewiese, A.:* Auf Flüssen und Kanälen. – Berlin, 1988
- *Stoerk:* Handbuch der Staatswissenschaften. – Jena, 1892
- *Szymanski, H.:* Die alte Dampfschiffahrt in Niedersachsen. – Hannover, 1958
- *Trost, H.:* Die Lauenburger Personenschiffahrt. – Lauenburg, 1987
- *Uhlemann, H.-J.:* Die Entwicklung der Binnenwasserstraßen und des Verkehrswasserbaus. – In: Binnenschiffahrt, 29. – 32. Jg. – Berlin
- *Voelkel, G.:* Einbäume aus dem Kreisgebiet in „Hannoversches Wendland". – In: 6. Jahresheft des Heimatkundlichen Arbeitskreises Lüchow-Dannenberg. – 1976/77
- *Wawra, J.:* Die Elbe und die Moldau als Schiffahrtsstraßen. – In: Österreichische Revue. – Wien, 1863
- *Weichold, A.:* Johann Andreas Schubert. Lebensbild eines bedeutenden Hochschullehrers und Ingenieurs aus der Zeit der industriellen Revolution. – Dresden, 1968
- *Weissenborn, B.:* Die Elbzölle und Elbstapelplätze im Mittelalter. – Diss., Halle a. S., 1900
- *Werner, E.:* Elbe und Elbeschiffahrt in Anhalt. – o. O., o. J.
- *Wernicke, G.:* Wartenburg – einst und jetzt. – Wittenberg, 1913
- *Wieske, A.:* Die Rolle der Privatschiffahrt in der Entwicklung der Elbeschiffahrt. – In: Das Elbschiff, H. 11. – Aken, 1938
- *Wieske, A.:* Elbhandel und Elbhandelspolitik. – Halberstadt, 1927
- *Zesewitz, S.; Düntzsch, H.; Grötschel, T.:* Kettenschiffahrt. – Berlin, 1987
- *Zöllner, W.:* Die Bedeutung der Elbe für den mittelalterlichen Handel Sachsens. – Chemnitz, 1896

Plan

Von den ersten theil des Elb-Strohms in Amte Wittenberg, von der Fürstl: Anhalt-Deßauischen und Zerbstischen Grentze an, bis auf die Hohendorffer und Dabrüner Dorffschaffts Fluhren, mit allen in diesen Gegenden liegenden Heegern, Insuln, Sand-Anlagen, Schiff-Mühlen und Fehren: es bemercket hierinnen,

Lit: A. der Chur Fürstl. grosse Krauben Heeger, die Gräserey darauf ist verpacht.
B. ein Heeger, die Wiesen genannt, so der Ryppolkendorffer Gemeinde gehöret.
C. ist der Chur Fürstl: Ryppolkendorffer oder Dresmer-Lug Heeger, die Gräserey darauf ist verpacht.
D. der kleine oder Krebs-Horn Heeger, ist theils Chur Fürstl., so von Forwerg Pläsern bishero genutzet worden, theils gehöret selbiger dem Rath zu Wittenberg, wie solches das Stück Sub Sig. O besaget.
E. ein Heeger so der Pistritzer Gemeinde gehöret.
F. der Chur Fürstl. Pistritzer Heeger, in zweyen Stücken bestehend, hierauf ist keine Gräserey.
G. ein Stück Heeger, so Johann Friedrich Schombergen in Wittenberg, zu seinen so genannten Friede-Holtz-Heeger eigenthümlich gehöret.
H. ein Heeger, davon gehöret das Stück Sub Sig. D. dem Rath zu Wittenberg, das Sig: G. Doctor Reinhardten in Wittenberg, und das Sub Sig: L. der Gemeinde zu Pratau.
J. der Chur Fürstl. neue Ziegel-Heeger, bestehet in zwey Stücken, und ist darauf keine Gräserey.
K. der Chur Fürstl. schwartze Sand Heeger, lieget in dreyen Stücken, und hat gleichfalls keine Gräserey.
L. marquiret die Chur Fürstl. Fehre bey Wittenberg.
M. der Fehr-Heeger ist Chur Fürstl., und die Gräserey darauf verpacht.
N. die Schiff-Mühle gehöret Christian Schultzen eigenthümlich.
O. der Schies-Graben-Heeger, ist Chur Fürstl., und hat die Gräserey darauf, dem Vorgeben nach, der Hof Jäger und Ober Förster Günther zu Pratau zu seinen Dienst.
P. der Chur Fürstl. Kuh-Heeger, die Gräserey alda gehöret dem Förster Johann Gottlob Jähnisch dem Vorgeben nach, zu seinen Dienst.
Q. ein von den Ritter-Guthe zu Pratau neu ausgesteckter Heeger.
R. der Pappel oder Sand-Heeger, gehöret dem Rath zu Wittenberg.
S. der Chur Fürstl. Probstey Heeger, die Gräserey darinnen, wie vorgegeben worden, gehöret zu des Hoff-Jäger und Ober Förster Günthers zu Pratau Dienst.
T. ein Heeger vor den so genannten Fleischer-Werder, gehöret dem Rath zu Wittenberg.
V. ein Heeger so der Hohendorffer Gemeinde gehöret, hierbey hat der Rath zu Wittenberg das Stück Sub Sig: L. sich zu geeignet.
W. der Chur Fürstl. Dabrüner-Heeger, die Gräserey darauf soll gleichfalls zu des Hof Jäger und Ober-Förster Günthers zu Pratau Dienst gehören.
X. ein Heeger, so der Gemeinde zu Dabrun eigenthümlich zustehet.

Gefertiget in Monats August: 1764. durch

Christoph Moritz Dietz
Ober Land-Feld Meßer

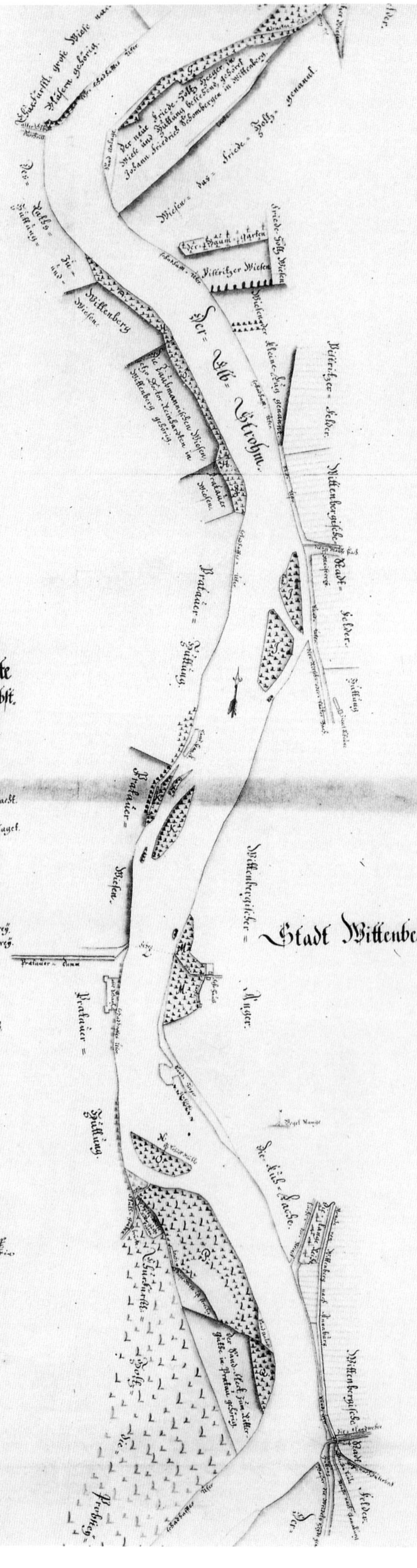